지은이는 이 책의 인세 가운데 10퍼센트를 유니세프에 기부합니다.
이 책은 인류학자 레비스트로스의 이론에 빚을 지고 있습니다.
원주민에 대한 그의 '객관적 사랑'을 존경하는 뜻에서 기부합니다.
제3세계의 적합하고 지속가능한 발전에 조금이나마 도움이 되고 싶습니다.

기업문화 오디세이 3

기업의 정신분석
에 관한
달콤한 강의

신상원 지음

강의를 시작하며

기업의 치유와 거듭남을 위하여

기업문화 오디세이의 마지막 여행입니다. 이 여행에서는 기업의 무의식이 치유되고 회복되어 성장했거나 혹은 그렇지 못해 변화에 실패한 여러 기업과 조직을 찾아갑니다.

자아를 잃어 자신이 누구인지를 정의하지 못하고 있던 어떤 프랜차이즈,
점령군들에 의한 상처로 인해 외부와의 관계를 단절한 어느 사업부,
'호부호형'을 못하는 홍길동 콤플렉스를 갖고 있던 어느 자회사,
그리스 신화의 디오니소스와 아폴론이 절묘하게 만난 판매 사원 조직,
이분법적 세계관을 갖고 불안과 공포를 서로에게 투사하던 일본 회사
그리고 여러 크고 작은 마음의 병을 안고 있던 회사와 조직들.

그들이 들려주는 기업문화의 비밀을 여러분과 함께 귀 기울여 듣고자 합니다.

2006년부터 2013년까지 아모레퍼시픽 그룹이라는 한 기업집단 안에서는 놀라운 실험이 벌어지고 있었습니다. 그것은 화학적 실험이 아니라, 인문사회과학적 실험이었습니다. 그 실험의 한가운데에 마치 신화 속의 트릭스터trickster 같은 매개자가 하나 있었죠. 바로 기업문화 오디세이였습니다. 인류학과 종교학, 신화학과 정신분석 등의 낯선 지혜가 기업 경영과 직접 만나,

'인문적 경영'이라는 한 편의 새로운 신화를 쓰는 작업이었습니다. 그 신화의 주인공들과, 그 신화가 밖으로 전파되어 또 다른 실험을 만든 회사와 조직들이 이 여행을 함께합니다.

'기업의 정신분석'이라는 이름을 달고 있는 책이니 만큼 이번 오디세이는 기업의 무의식을 치유한 이야기들을 담고 있습니다. 물론 그 치유의 방은 1권에서부터 찾아오던 비밀 열쇠-기업문화의 유형, 문화적 유전자로서의 신화와 문화 코드, 기능 구조들이 같이 맞춰질 때 열리게끔 되어 있습니다. 더불어 또 하나의 비밀 열쇠-기업문화 변화 관리를 위해 자크 라캉을 비롯한 정신분석학의 이론을 소개할 것입니다.

기업문화 오디세이 1권과 2권을 읽고 이해한 후에 이번 여행을 함께한다면 더할 나위 없이 좋겠지만, 앞의 책을 읽지 못하고 3권을 접한 독자들을 위해, 그리고 이미 읽은 독자들의 반복적인 이해를 위해, 매 사례마다 조금씩 맥락을 달리하여 방법론에 대한 이론적 해설을 더했습니다. 각 장이 별도의 책 한 권이 될 수 있기 때문에, 사례가 소개된 장을 먼저 펼쳐 읽으셔도 좋습니다. 그러다 막히는 부분이 있으면 앞의 이론 편이나 1, 2권을 다시 뒤적거릴 것을 권합니다.

왜 '달콤한 강의'냐고요?

1권은 '기업의 인류학에 관한 친절한 강의'라는 부제를 달았습니다. 독자들의 반응도 좋았습니다. 기업문화를 인류학적으로 접근하려는, 듣기만 해도 머리가 아파지려는 시도를 비교적 쉽고 친절하게 풀어놓았기 때문일 것입니다. 그만큼 '이성적-과학적' 논지 전개를 추구했습니다.

2권 '기업의 신화학에 관한 낭만적 강의'는 그에 비해 신화적 논리를 따랐습니다. 뫼비우스의 띠처럼 논리를 꼬아 놓았습니다. 명확하지 않고 혼란스럽게 느껴질 위험을 감수했습니다. 덕분에(?) 1권에 비해 '어렵다'는 의견이 다수였습니다. 그러나 인간의 '신화적 사고'의 작동 방식에 대한 논의는 어느 자리에서건 꼭 해야 한다고 생각했습니다. 그게 문화를 만든 본질이기에 욕심을 냈습니다.

3권이 '달콤한' 이유는 한마디로 '쓸모 있기' 때문입니다. 인문과학에 기반하고 있지만 결국 이 책은 경영서입니다. 경영은 쓸모의 이론입니다. 유용함은 최상의 달콤함입니다. 혀에 닿듯이 경영에 닿고자 했습니다. 그래서 이론보다는 사례를 중심으로 했습니다. 심지어 실패도 달콤하지 않습니까?

이 책이 달콤한 또 다른 이유는 지적인 달콤함 때문일 것입니다. 이름만 들어도 어렵게 느껴졌던 구조주의, 신화학, 인류학, 정신분석 같은 학문들, 그리고 위상학, 콤플렉스, 정체성 같은 용어들을 여러분들이 다니는 회사나 옆의 부서, 혹은 동네 가게의 사례에서 만날 수 있기 때문입니다. 물론 이해가 쉽다고만은 할 수 없겠지요. 그러나 지적인 달콤함은 어떤 '이해의 시간'을 지날 무렵 비로소 마법처럼 찾아오는 게 아닐까요? 주석으로 최대한 해설을 달았으니 교양 차원에서 읽어도 좋을 듯합니다.

책의 앞부분에서는 이론적인 부분인 기업문화 변화의 방법론을 소개한 다음 기업문화 오디세이의 1권과 2권에서 다루었던 내용을 압축하여 다시 정리했습니다. 역시 달콤함을 위해서입니다. 3권부터 접하는 독자분도 사례의 내용을 최대한 흡수할 수 있도록 하고 싶었습니다. 기업문화의 정의에서부터 문화 상대주의에 기반한 기업문화 유형론, 소명과 문화 코드를 담고 있는 기업의 신화학 등의 이론을 다시 정리할 수 있을 것입니다.

'기업문화를 어떻게 변화시킬 수 있나요'라는 질문에 전 영화 〈인셉션inception〉의 비유를 자주 듭니다. 인셉션은 '타인의 무의식으로 들어가 그 삶을 변화시키는' 놀라운 이야기입니다. 영화를 기억하신다면, '타인'의 자리에 '기업'을 놓아보십시오. 영화는 이 책이 기반하고 실현하고 있는 기업문화 변화의 방법론을 그대로 적용하여 한 사람의 삶 그리고 그 사람이 앞으로 펼쳐나갈 경영의 미래를 바꾸고 있습니다. 기업문화의 비밀을 찾아 들어가 원하는 방향으로 변화시키고자 하는 우리들의 이야기입니다.

자, 이제 인셉셔니스트가 되어 기업의 무의식 깊은 곳으로 같이 들어가 보시죠.

1

기업문화,
그
비밀의
마지막
열쇠

진짜 변화와 가짜 변화

변화는, 그냥 변화가 아닙니다.

살고 있는 집을 고치려면 집 구조를 바꾸면 되겠지만, 문화는 구조를 바꾼다고 변하지 않습니다. 아, 변하기는 하겠지요. 문제는 의도한 대로 변하지 않는다는 데 있습니다. 집이 바뀐다고 갑자기 가족들이 화목해지지는 않는 것과 마찬가지입니다. 문화는 '사람의 문제'이기 때문입니다.

사람은 마음을 갖고 있고, 마음은 의식보다는 무의식이 더 큰 영향을 미치는 미지의 존재니까요. 게다가 사람 하나하나를 바꾼다고 해서, 즉 개개인이 바뀐다고 해서 문화가 바뀌지도 않습니다. 예를 들어볼까요? 관료적인 기업을 혁신하기 위해 창의적인 사람들을 계속 채용하거나 유능한 리더를 스카우트 해와도 이상하게 한 달만 지나면 그들 모두 책상 앞에만 앉아 있게 됩니다. 더 나아가 훌륭한 강사를 모셔 혁신 사례도 들어보고 코칭 교육도 해봅니다. 그런데 다시 기계나 책상 앞에 앉으면 예전과 똑같습니다.

부분의 합은 전체가 아닙니다. 그게 문화의 힘입니다.[1] 《기업

1
존 듀이(미국의 철학자이자 교육자. 실용주의 학파의 창시자)는 사회적 관습이 개인 아무개의 행동에 미치는 영향은 그 반대에 비해 압도적인 위력을 갖고 있다고 했습니다. 그 상대적 위력을 비유적으로 말해보자면 아무개의 모국어 전체 어휘의 크기와 아무개가 어릴 적에 말하던 아어兒語가 그 집안의 일상 어휘에 편입되는 크기와 비슷하다는 것입니다. 《문화의 패턴》(루스 베네딕트 지음, 이종인 옮김, 연암서가, 2008, 31쪽)

문화 오디세이 2》의 프랑스 산림청 사례[2]를 기억하시는지요? 그게 신화의 힘입니다. 1권에서 다룬 PR대행사의 사례[3]도 기억하시나요? 그게 기업문화 유형의 힘입니다. 국내 최고 패션기업의 진화 과정과 화장품 판매 조직인 뷰레이터들[4]도 기억하실 겁니다. 문화 코드의 힘이고, 바로 기능 구조의 힘입니다. 이번 여행에서 여러분은 많은 사례를 통해 숨겨진 문화의 힘을 느끼게 될 것입니다.

기업인류학자 마크 르바이Marc Lebailly는 기업이 어떤 변화를 꾀하고자 할 때는 세 가지 차원을 고려해야 한다고 말합니다. 바로 전략, 조직 그리고 문화입니다. 그런데 대부분의 기업에서는 앞의 두 차원을 문화적 차원보다 우선시하는 경향이 있습니다. 아니, 문화적 차원은 아예 고려하지 않는 경우가 더 많죠.

2
20세기에 설립된 프랑스 산림청의 직원들은 그들의 기원을 13세기에서 찾고 있었습니다. 당시 절대왕정을 수립하기 위해 교황청과 대립하던 필립 4세가 상징적 에덴동산인 숲을 조성하고 그 숲을 외부의 침략자로부터 지키기 위해 만든 '숲의 천사단'이 그들 신화 속의 기원이었죠. '지키는 것'이 소명이었기에, 숲에 오는 사람이나 외부의 혁신 시도를 모두 일종의 침략으로 간주하는 것이 그들의 무의식 속에 내재되어 있었습니다.

3
카리스마 있는 창업자를 중심으로 자급자족 공동체로 창업하여 정복자형 공동체로 발전했으나, 이후 제국주의적 경영전략과 시스템을 도입하면서 애초의 소명을 잃어버리고 용병화가 급격히 진행된 사례였습니다.

4
방문 판매 사원들이기에 기능 구조상 전사 중심의 조직이 되어야 하고 전사들이 '귀족'이 되어야 하는 구조를 만들었어야 하지만, 성직자/학자가 전사들을 '부리는' 구조가 되어 사업에 큰 어려움을 겪었던 케이스였습니다. 이후 전사-성직자-생산자가 서로 평등한 균형을 이루는 구조로 전환하면서 사업 역시 제 궤도에 다시 올랐습니다.

문화 변화를 고려하지 않고, 전략과 조직의 변화만을 추진할 때 기업에 어떤 현상이 나타날까요? 경영자 혹은 변화를 추진하는 담당자들은 다음과 같은 경험을 많이 해보았을 겁니다.

첫째, 머리로만 받아들인 상태입니다. 겉보기에는 변화를 무리 없이 받아들이는 듯이 보입니다. "문제없습니다. 그렇게 해야죠." 사람들은 그렇게 '말로는' 변화를 받아들입니다. 아, '머리로도' 변화를 받아들이죠. 이성적으로는 변화를 받아들이지만, 행동은 예전과 다름없습니다. 이해를 위해 단순한 예를 들어봅니다. 결재 판을 가지고 결제 받으러 다니는 비효율성을 없애기 위해 전자 결재 시스템을 도입하기로 합니다. 모두가 이에 동의합니다. 그래서 시스템이 도입되지만, 행동은 예전과 같습니다. 전자 결재용 문서를 따로 출력하여 결재를 받은 후 다시 자리로 돌아와 결재 요청 버튼을 클릭하는 거죠. 행동과 말의 모순을 인식하지 못한 채 예전과 다름없는 행동 방식을 따릅니다. 변화하지 않은, 아니 이상하게 변화한 것이죠.

둘째, 변화에 대한 또 다른 저항은 변화에 대한 '역설적 지지' 혹은 '과도한 지지'라고 할 수 있습니다. "동의한다. 하지만 프로세스가 완벽히 정립되어야 우리는 움직일 것이다." 프로세스와 시스템을 만들기 위해 끊임없이 일하는 경우라고 할 수 있습니다. 겉으로는 새 제도와 시스템을 지지하는 것처럼 말하고 그것을 위해 일하지만, 단순한 형태로 진행되던 일에 새로운 프로세스를 도입하여 복잡하고 어려운 형태로 만듦으로써 그것이 실패하게끔 하는 것이죠. 또 예를 들어봅시다. GE의 경영혁신 운동으로 유명한 6시그마[5] 프로그램을 도입한 한 회사가 있습니다. 그냥 하루에 기획하고 실행하면 될 아이디어성 제안을 6시그마로 진행하여 프로세스를 복잡하게 만들고 며칠을 허비하게 함으로써 결국 '이것 봐라. 그냥 하면 될 것을 6시그마로 하니까 문제가 되는 게 아니냐'라며 변화가 흐지부지되게끔 하는 것이죠. 모든 것을 예전으로 돌아가게 하기 위한 무의식적 저항입니다.

셋째, 사람에 대한 저항으로 나타납니다. 변화를 추구하는 사람, 혹은 변화를 위해 새로 부임한 리더를 '왕따'시켜 변화 자체를 무산시키는 경우죠. 집단 속 개인이 가장 무서워하는 것은 '왕따'가 되는 것입니다. 문화의 첫째 기능이 바로 집단에 개인을 소속되게 해주는 것이니까요. 문화에 속하지 못하면 문화 밖으로 나가게 됩니다. 이런 유형의 저항은 종종 기존 문화를 지키는 신성한 임무로서 정당하고 가치 있는 행동으로 여겨지기도 합니다. 변화를 추구하는 사람에게 '저 사람은 우리 기업문화에 부적절한 사람이다'라는 낙인을 찍으면, 그걸로 변화는 사라지게 됩니다. 그 사람은, 사람이기에 버텨내기 힘듭니다. 어쩌면 가장 무서운 형태의 저항이죠.

5
시그마(Σ)란 통계에서 표준 편차를 말합니다. 6시그마는 100만 개의 제품이나 서비스 중에서 단, 3~4개의 불량만을 허용하는 것을 목표로 하는 경영혁신 활동입니다. 생산뿐 아니라 영업, 마케팅, 연구개발, 인사 관리 등 모든 업무 프로세스에 시그마라는 통계척도를 사용하여 품질 수준을 정량적으로 평가하는 것이 주요 골자입니다. '측정되지 않는 것은 존재하지 않는 것이다'라는 믿음을 갖고 있죠. 모토로라에서 시작되어 GE에서 큰 성공을 거두었습니다.

문화를 고려하지 않고 전략과 조직 혹은 제도와 시스템을 변화시키려고 할 때 흔히 나타나는 이러한 행동 양태에는 어떤 심리적 과정이 함께 일어나게 되는데요, 이렇게 정리할 수 있습니다.

· 사람들은 변화의 이유를 '안 보려' 합니다. 심리적으로 불쾌하니까, 무의식적으로 회피하려는 겁니다.
· 그러나 결국 변화되어야 한다는 것은 감지하므로, '머리로는' 이해하게 됩니다. "이렇게 바뀌는구나. 이런 행동은 이제 하지 말아야겠구나."
· 그러나 하지 말아야 할 것에 대한 '이성적 이해 vs 무의식 속에서 자발적으로 포기하고 버리는 것' 사이의 심리적 간극은 생겨날 수밖에 없고 이는 알아차리기가 어렵기 때문에 극복하지 못하게 됩니다.
· 결국, 위의 세 가지(혹은 변형되거나 합쳐진 다른 형태의) 방식 중 하나를 무의식적으로 택하여 변화 시도 이전의 문화 상태로 다시 돌아가려 합니다.

중요한 것은 이 같은 과정이 겉으로는 정당하고, 마치 변화를 받아들이는 것처럼 보인다는 데에 있습니다. 그들 스스로도 그렇게 생각하고 있고요. 원인도 모른 채 알 수 없는 여러 현상을 접한 조직은 당황하게 됩니다.

· 관리자는 의욕이 저하되고('아니, 다들 좋다고 해놓고 나중에 왜 이러는 거야?')
· 예전 방식의 지지자와 새 방식의 추진자 간 분열이 생겨나 응집력이 약화되거나
· '지방 호족'이라 할 수 있는 알력 집단들이 생겨나기도 합니다.
· 실행 프로세스의 속도가 저하되며
· 서로 간의 소통이 잘 안되어 효율성이 떨어지고
· 경영 목표 달성에 불안감을 느끼게 되다가
· 심하면 자포자기의 상태가 되어,
· '이게 다 쓸데없이 변화를 시도해 그런 거야', '예전이 훨씬 더 좋았어'라는 말을 주고받습니다.

어떻게 해야 할까요? 물음에 답이 있습니다. 이 모든 것은 문화 변화를 고려하지 않고 전략과 조직의 변화만을 꾀할 때 나타나는 현상입니다. 즉, 어떤 전략적 변화를 추진할 때에는 문화의 변화를 같이 고려해야 한다는 것입니다. 일단 여기까지가 중요합니다. '기업문화의 변화를 고려해야 한다.' 이를 인식하는 것 자체가 시작입니다. 조직에서 어떠한 변화를 꾀하든, 그 조직의 문화 변화를 같이 꾀해야 합니다. 비유하자면, 시스템이나 조직 구조 등이 병원의 외과나 내과의 영역이라면, 조직문화는 정신

분석의 영역입니다. 겉으로 보기에는 신체에 아무런 문제가 없기에 정신적인 문제는 문제로 인식하지 못하는 경우가 태반입니다. 정상적인 생활이 힘들고 심지어는 삶을 포기하게까지 만드는 큰 문제인데도 말이죠. 정신분석이라는 영역이 따로 있는 이유이기도 합니다. 기업문화는 기업의 무의식입니다. 그러므로 기업문화 변화의 시작 역시 기업문화의 분석 혹은 진단입니다.

기업의 무의식 분석과 진단

진단이 있어야 치유 방식을 결정할 수 있습니다. 체질을 알아야 식습관이나 생활 방식을 바꾸기 쉽습니다. 자기 성격을 알아야 알맞은 직업을 선택할 수 있습니다. 우울증이 있는지, 정신분열이 있는지, 신경과민인지, 어떤 콤플렉스가 삶을 움직이는지, 나아가 자신의 마음이 어떻게 움직이는지를 안다면 그 사람은 다른 미래를 써나갈 수 있습니다. 마찬가지로 기업문화의 분석과 진단은 새로운 문화로 이행하는 데 결정적인 도움을 줍니다.

《기업문화 오디세이 1》에서 선보였던 비밀의 열쇠들이 진단 과정에서 일차적으로 결합됩니다. 첫 번째 열쇠인 기업문화 유형 찾기, 두 번째 열쇠인 문화적 유전자를 파악하기 위한 신화 분석과 금기와 의무, 문화 코드의 발견, 세 번째 열쇠인 기능 구조의 분석이 진행됩니다. 일반적으로 진단 과정은 인류학적 작업이라 할 수 있으므로 작업은 두 번째 열쇠, 즉 신화의 채집과 분석부터 시작합니다. 이 과정에서 특별한 집단 무의식적 현상들이 발견됩니다. 정체성의 형성 과정에 특이한 분열 현상은 없는지, 신화 안에 집단적 트라우마가 있는지, 하위문화 집단이 존재하는지, 기타 특별한 콤플렉스가 있는지 등등을 분석합니다.

기업문화 진단은 현재 문화의 성격을 이해하게 해줍니다. 회사가 어디에서 와서 어떻게 존재하는지, 현재의 문화가 사람들의 행동과 의식을 어떤 경향으로 만들고 있는지, 어떤 문화적 금기가 있어 사람들이 변화를 거부하는지, 직원들의 소속감이 어떻게 형성되고 어느 방향으로 향하고 있는지, 나아가 경영이 지금까지 왜 그렇게 이루어질 수밖에 없었는지를 알게 해줍니다.

또한 현재의 문화에 나타나는 징후들을 포착함으로써 이후 일어나게 될 경영상의 위험을 예방해줍니다. 앞으로 설명할 사례에서 보겠지만, 기업문화 유형에 따른 특정 징후들이 포착됩니다. 예컨대 제국주의 갱 유형에서는 하위의 갱 두목들이 집단을 만들어 문화적 분열을 일으키기 쉽고 개인주의화되기 쉬운데 이러한 징후들을 이해하면 전략에 활용할 수 있습니다.

기업문화의 진단 과정

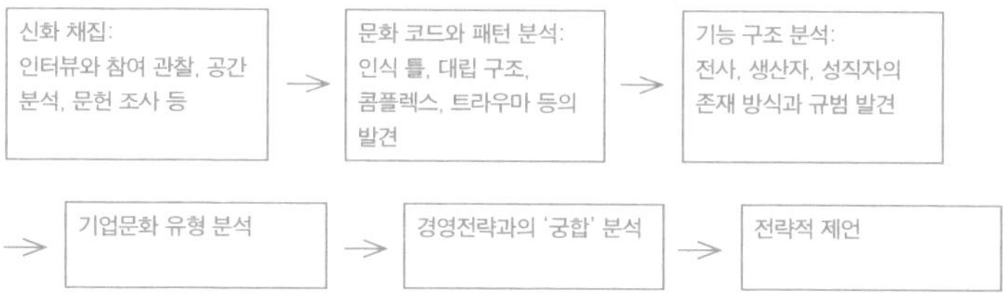

더불어, 변화하고자 하는 새 문화에 필요한 행동 양식이 현재의 문화와 어떻게 충돌하고 있는지를 추적할 수 있게 해줍니다. 문화는 강한 패턴을 만들기에 억지로 바꾸려고 하면 실패하기 쉽습니다. 패턴의 흐름을 바꾸거나 패턴이 향하고 있는 대상을 바꾸어야 합니다. 현재 문화의 어떠한 점을 어떻게 활용해야 새 문화 체계로 쉽게 변화할 수 있는지에 대한 전략을 짤 수 있게 해줍니다.

그러므로 기업문화 변화의 전체 과정을 이렇게 정리해볼 수 있습니다.

새 문화로 가는 여정

그러나 위의 그림은 '기업의 정신분석가' 입장에서 그려진 것입니다. 진단과 분석, 변화 작업은 정신분석가의 역할이니까요.

하지만 그 대상이 되는 기업이나 조직 입장에서는 진단이니 변화니 하는 것은 별로 중요하지 않습니다. 거듭나기만 하면 됩니다. 새 문화를 가지면 되는 것이지요. 그렇다면 기업문화의 변화 과정은 좀 더 단순한 그림으로 다시 그려져야 합니다.

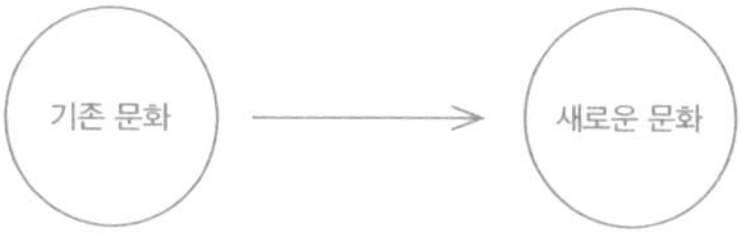

그런데 '새로운 문화로 가자!'라고 하면 바로 변화가 될까요? 이는 물리적 시간이 지나면 변화가 일어난다는 것을 전제로 한 기계적 시간관입니다. 그러나 정신분석에 따르면 '마음의 시계'는 달리 작동합니다. 프랑스의 정신분석학자 자크 라캉Jacques Lacan에 의하면 화살표의 방향은 거꾸로 되어 있습니다.

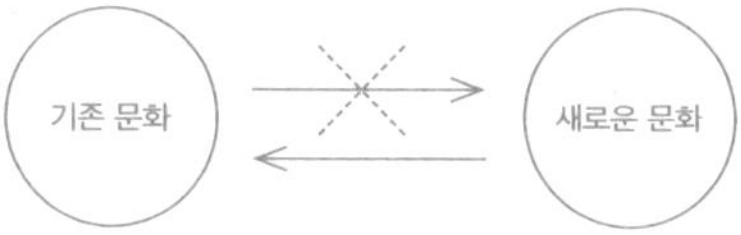

과거에서 미래로 이행하는 것이 아니라, 미래에서 과거로 이행한다는 것입니다. 마음속 시계는 거꾸로 돌아간다는 겁니다! 달리 말하면, 과거는 언제나 현재에 의해 재해석된다고 할 수

있습니다. 인식에서 일어나는 이러한 시간의 전환을 자크 라캉은 '논리적 시간'이라고 이름 붙입니다.[6] 그에 따르면, 어떠한 변화 과정이든 그 안에는 '보는 순간'이 있고 '이해의 시간'이 있고 '결론의 순간'이 있는데, '이해의 시간'이라는 복잡한 마음의 과정을 거쳐 '결론의 순간'에 다다르면 과거는 오직 '결론의 순간'에 의해 재해석된 상태로만 존재한다는 것입니다. "과거에 우리가 어땠는지 기억이 안 나요"라고 말하면서요! 마음속에서 '기존 문화의 장례식'을 치른 것입니다. 그렇다면 우리에게 관건은 기존 문화의 장례식을 잘 치러내어 이해의 시간이라고 하는 복잡한 심리 상태를 성공적으로 통과하게끔 하는 것이겠죠. 저는 이 논리적 시간을 '마법의 순간'이라고 부릅니다.

'마법의 순간'을 기업문화 변화의 전체 그림에 끼워 넣겠습니다. 지금까지의 기업문화 오디세이에 빠지지 않고 등장했던 열쇠가 여기에서 추가됩니다. 기존 문화에서 새로운 문화로의 이행은 이런 그림으로 다시 그려집니다.

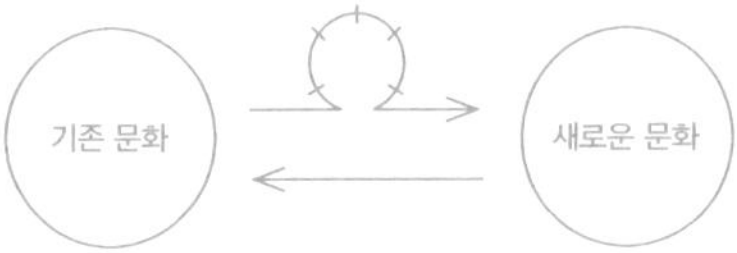

6
라캉에게 있어 논리적 시간이란 일련의 연속적인 시간의 흐름에 따라 사건이 분절되는 것이 아니라 주체 상호 간의 관계가 시간적 흐름을 거슬러 최초 사건에 의미를 부여한다는 뜻입니다. 프로이트가 개념화한 '사후 작용'과 통하는 개념인데요, 물리적 시간으로 보면 '보는 순간 → 이해의 시간 → 결론의 순간'으로 사건이 진행되지만, 사건의 의미는 '결론의 순간 → 이해의 시간 → 보는 순간'으로 거꾸로 부여된다는 논지입니다. 라캉은 세 명의 죄수 우화를 이용하여 비유적으로 이를 설명하는데, 그 흥미로운 추론 과정을 쉽게 알고 싶다면《에크리, 라캉으로 이끄는 마법의 문자들》(자크 라캉 지음, 김석 해설, 살림, 2007) 95~97쪽을 참고하기 바랍니다.

마법의 순간과 과거의 장례식

'마법의 순간'은 실재합니다. 우리 모두 경험했고, 지금도 경험하고 있습니다. 군대 갔다온 남자 분들은 모두 알죠? 이등병 때는 병장들의 행동이 너무나 싫고 이해도 안 갔는데 2년 후엔 자신이 그 병장과 같은 행동을 하지 않았나요? 실로, 마법입니다.

영화 〈밀양〉을 기억하시나요? 전도연이 연기한 주인공은 아들이 유괴당해 살해된 후 말할 수 없는 마음의 고통에 시달리다 어느 날 종교 의식에서 갑자기 마법처럼 치유가 되었다고 느낍니다. 그리고 완전히 다른 사람으로 거듭납니다. 이를 종교학에서는 개심改心이라고 합니다.

마법의 순간은 단 1초일 수도 있고, 10년일 수도 있습니다. 사랑에 빠지는 경우를 생각해보세요. 첫눈에 반해서 사랑에 빠졌을 때, 지금까지의 인생은 오직 이 사람을 만나기 위해 존재했던 것으로 재해석되지요. 인생의 모든 우연들이 하나하나 의미를 가지게 되고 그 모든 것들이 사랑하는 사람을 만나기 위한 필연이 됩니다. 첫눈에 반한 그 짧은 순간이 마법의 순간이었던 것입니다. 한편 10년 넘게 친한 친구로만 지내온 이성 친구가 있었는데, 10년 동안 '밀고 당기기'를 하며 정을 쌓아가다가 후에 사랑하는 연인이 되었다면, 마법의 순간은 10년 간 진행되었던 것이죠. 마찬가지로 마법의 순간을 지난 이후에는 그 10년이 사랑을 위한 인고의 세월로 재해석됩니다. 사랑에 빠지는 '같은' 사건이지만 마음의 시계는 개인마다 '다르게' 째깍거렸던 것이죠.

마법의 순간 안에서는 아래 그림과 같은 심리적 과정이 진행됩니다. 예를 들어 설명해볼까요?

제게는 사랑하던 여인이 있었습니다. 어느 날 그녀는 헤어지자고 합니다. 저는 놀랍니다. 제 마음속에서 '보는 순간'이 시작된 것입니다. 변화해야 하는 상황을 처음 인식한 것이죠. 그러나 저는 그 사실을 믿을 수 없습니다. '그럴 리 없어, 그냥 화가 나서 하는 말일 거야'라며 현실 자체를 부정합니다. 이때부터 제 마음 안에는 '이해의 시간'이 시작됩니다.

첫 단계는 '부정'입니다. "말도 안 돼!" 아아, 그러나 그녀의 결심이 진지하다는 것을 알게 됩니다. 저는 받아들일 수 없습니다. '분노'합니다. '어떻게 네가 나한테 그럴 수 있어!'라고 마음속으로 외칩니다. 한편에서는 죄책감도 생깁니다. 마음은 언제나 양가적兩價的이니까요. '그래, 다 내 잘못이야. 나는 앞으로 여자를 사귈 수 없는 사람이야.' 얼마나 걸렸는지는 모르겠습니다만, 다행히 저는 이 단계를 벗어납니다. 마음속에서 '흥정'을 하기 시작합니다. '예전에 난 그녀 때문에 많이 힘들었지. 이젠 더

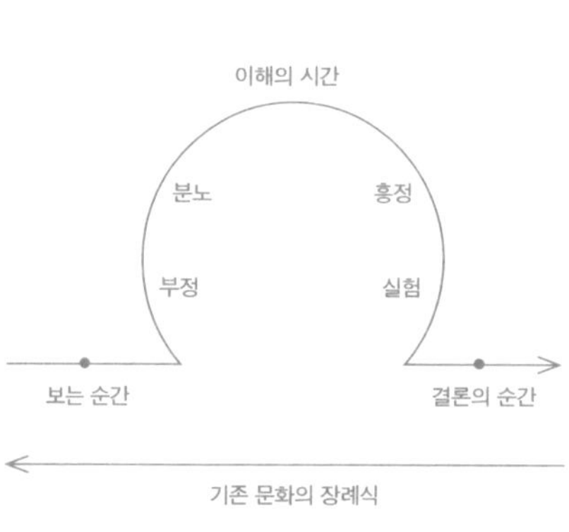

마법의 순간

이상 힘들지는 않을 거야'. 더 나아가 체념을 하고 '실험'을 모색합니다. '이제 과거로 돌아갈 순 없어. 새로운 인생을 시작해야지' 하며 새 여자를 소개받습니다. 그리고 새로운 사랑에 빠집니다. '결론의 순간'이 지난 것입니다. 그러자 갑자기 마법처럼 화살표가 거꾸로 흘러 과거의 인생이 다시 쓰입니다. 과거 연인과의 헤어짐은 새로운 연인을 만나기 위한 운명 같은 일이 되어버립니다. '옛날에 내가 그랬단 말이야?'라고 하면서요. 제 여자 친구의 자리에 '과거의 기업문화'를 넣고, 새 여인과의 사랑에 '새로운 기업문화'를 넣으면 '마법처럼' 기업문화가 변합니다.

이러한 심리적 과정을 '마음속에서 장례식을 치르는 것'에 비유할 수 있을 것입니다. 모든 인류 문화는 자기만의 장례식 문화를 갖고 있습니다. 그리고 모든 장례식은 3일장, 5일장, 49제처럼 '상당한 기간'과, 상복을 입고 곡을 하는 등의 '특정한 형식'을 포함하고 있습니다. 그것은 '죽은 이를 마음속에서 잘 떠나보내기' 위해서입니다. 저의 옛 연인이건, 과거의 기업문화이건 마찬가지입니다. 그 '(과거형으로서) 존재했음'을 감사히 여기고 떠나보내는 과정, 즉 '과거와의 장례식'을 심리적으로 치르는 과정이 있어야만 새로운 현실이 자리할 수 있습니다.

또한 이 이론은 죽음과 관련한 실제 임상 심리에서 쓰이고 있습니다. 특히 '이해의 시간'의 작동 방식은 퀴블러 로스Kübler Ross

의 '죽음을 받아들이는 5단계'로도 유명합니다.[7] 자신들의 집단 무의식에 대한 진단 결과를 듣거나 볼 때가 '보는 순간'의 시작이라 할 수 있습니다. 그리고 그에 대한 '부정' - '분노(또는 죄책감)' - '흥정(또는 협상)' - '(체념과) 실험'의 단계를 거쳐 '결론의 순간'에 이르러 새로운 문화에의 진입을 시도하는 것이죠.

물론 문화에는 관성이 있어서 결론의 순간에 이르렀다고 바로 바뀌지는 않습니다. 계속 회귀하려고 합니다. 과거 문화로의 회귀를 막기 위한 다양한 장치가 있는데, 뒤의 사례에서 더 자세히 다루기로 하겠습니다. 요점은, 과거의 문화에서 새로운 문화로 이행할 때 구성원들의 마음 안에서 이러한 '마음의 시계'가 작동한다는 것을 이해하는 것입니다. 그리고 다음 단계로 잘 넘어갈 수 있도록 관리하는 것이고요.

저항의 세 차원, 무의식의 레지스탕스

여기에 그림 하나를 더 끼워 넣겠습니다. '마법의 순간'을 지

7
심리학자이자 호스피스 운동가인 엘리자베스 퀴블러 로스는 평생 임종 환자를 돌보는 일을 하며, 죽음을 앞둔 환자들은 5단계의 공통된 심리적 변화를 겪는다는 것을 발견했습니다. 부정, 분노, 협상, 우울, 수용의 다섯 단계입니다. 처음엔 부정과 분노로 일관하다 나중엔 운명과 협상을 하기도 하지만 절망과 우울에 빠진 뒤 마지막엔 어쩔 수 없이 수용하고 만다는 것입니다. 핵심 메시지는 질병이나 죽음을 부정하지 말고 정직하게 대면하는 것이 중요하다는 것이죠. 기업문화 변화 방법론에서는 이를 조금 변형하여 사용하고 있습니다. 퀴블러 로스의 책 《인간의 죽음》(원제: On Death and Dying, 퀴블러 로스 지음, 성염 옮김, 분도출판사, 1979)에 관련 내용이 '감동적으로' 실려 있습니다.

날 때 마음속에서는 다양한 심리적 저항이 발생하는데 여기에는 세 가지 차원이 있습니다.

헤어짐이라는 사건을 접한 저는 상상을 합니다. 아마도 부정의 단계 혹은 분노/죄책감의 단계일 것입니다. '다른 남자가 생긴 걸까? 아냐, 내가 너무 무능해서 그래. 아니면 혹시 어떤 사람이 나에 대한 안 좋은 얘길 한 건 아닐까?' 등등 사실과 다른 이미지를 만들어놓고 그것을 현실과 동일시합니다. 상상적 차원의 저항입니다. 또 이런저런 사회적 위치에 대해 걱정합니다. '결혼을 얘기했던 우리 가족한테 나는 뭐가 되지? 우리가 같이 하던 모임엔 어떻게 얼굴을 내밀까? 회사에서도 다 알고 있는데 내 체면이 말이 아닐 텐데' 등등 나라는 정체성이 위치해온 자리나 체면과 관계된 심리적 저항입니다. 즉, 문화적 저항입니다. 마찬가지로 부정 혹은 분노/죄책감의 단계입니다. 쩨쩨하지만 돈 생각도 들 수밖에 없습니다. '내가 지금까지 쓴 돈이 얼마인데? 결혼할 줄 알고 난 빚까지 내서 다 해주었는데….' 계속 쩨쩨해지지만 한편 (위에서 보았던 '이해의 시간' 중) 흥정/협상의 단계에서 이런 생각도 합니다. '그래, 이제 데이트 비용은 안 들겠네….' 경제적 차원의 저항입니다.

포스트모더니즘의 사상과 문화 분석에 결정적 영향을 끼친 자크 라캉에 따르면 무의식은 세 가지 차원으로 구조화되어 있습

무의식(정체성)의 세 차원

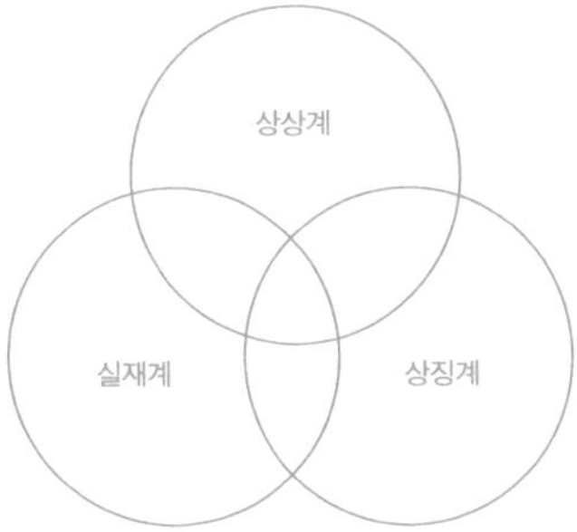

니다. 1) 상상계(이미지계), 2) 상징계(문화 · 규범계), 3) 실재계(물질계)입니다. 이 세 차원이 '동시에' 작동하여 무의식은 정체성을 형성합니다. 마음의 구조는 1) 갓 태어난 아기와 어머니의 신체 관계를 토대로 형성되는 이미지 중심의 상상계, 2) 언어 체계를 받아들임으로써 사회화된 자아를 형성하는 상징계, 3) 모든 것이 물질로서 작동하는 곳으로 마음의 유물론적 층위라고 할 수 있는 실재계, 이렇게 세 영역으로 구성되어 있습니다. 그리고 이 세 차원은 서로 맞물려 있어 분리가 불가능합니다. 여기서 이 책의 열쇠가 되는 또 하나의 기호가 등장합니다. 바로 '보로메오 매듭'입니다.[8] 정체성을 분석할 때는 이 세 차원을 모두 고려해야 합니다. 앞으로 만날 다양한 사례에서 무의식의 세 차원에 따라 정체성이 분열되고 또한 통합되는 모습을 보게 될 것입니다.

무의식의 세 차원은 외부 변화에 대한 '무의식적' 저항에서도 같이 작동합니다.[9] 저는 상상계, 상징계, 실재계에서의 저항을 상상적 저항, 문화적 저항, 경제적 저항이라고 부르고자 합니다.

8
원래 유명한 가문의 문장인 보로메오 매듭은 세 개의 고리가 하나로 연결되어 있어서 하나만 떨어져나가도 모두 흩어집니다. 라캉은 자신의 사상을 상상계, 상징계, 실재계라는 세 개의 위상으로 정립하고 이를 보로메오 매듭으로 상징했습니다. 인간의 마음은 상상 · 상징 · 실재적 차원을 모두 고려해야만 접근이 가능하다는 것이지요. 관련 내용은《라캉 정신분석의 핵심 개념》(슬라보예 지젝 외 지음, 대니 노부스 엮음, 문심정연 옮김, 문학과 지성사, 2013) 180쪽을 참고하시면 됩니다.

9
《기업인류학》(마크 르바이 · 알랭 시몽 지음, 편혜원 외 옮김, 철학과현실사, 2010) 103~104쪽.

1) 상상적 저항 : 말 그대로 '상상에 의한 가상의 이미지' 때문에 (자기도 모르게) 강하게 저항하는 상태입니다. 근거 없는 믿음에 의해 저항을 한다고 할 수 있죠. 하지만 마음속에 그려진 이미지로 인하여 개인의 상상은 '진실'이 됩니다. 이러한 심리는 종종 '종교적 박해'의 형태로 드러납니다. 문화적, 경제적 차원의 저항을 무의식이 정당화하는 메커니즘으로서, 상상적 차원에서 무의식은 자아에게 '나는 박해받고 있어. 부당하게 피해받고 있어. 그러니 저항하는 것은 당연해'라고 속삭이는 겁니다. 현실과 괴리되어 도착(倒錯)된 상상에 대한 확신은 결국 좌절로 귀결되기 마련이라, 기업문화의 변화에서는 상상적 저항을 벗어나게끔 도와주는 것이 아주 중요합니다.
2) 문화적 저항 : 문화는 행동 양식을 결정합니다. 문화에 '따라' 행동해야 소속될 수 있기 때문이죠. 다른 사람과의 관계, 타자의 시선이 중요합니다. 새로운 문화에서 기대되는 행동 양식과 교류 방식, 관계 맺기 방식 등에 대한 저항과 거부입니다.
3) 경제적 저항 : 실제로 자기가 잃을 것이라 여기는 물질적 부분과 관계된 저항입니다. 수입, 업무, 복리후생 등에서 위협을 느끼는 상태입니다.

예를 들어볼까요? 조직의 개방성을 높이기 위해, 관리자의 방이 따로 있고 칸막이로 구획되어 있는 현재의 사무실 형태를 개방형으로 바꾸려고 합니다. 이러한 변화를 사람들이 알게 되었

심리적 저항의 세 차원

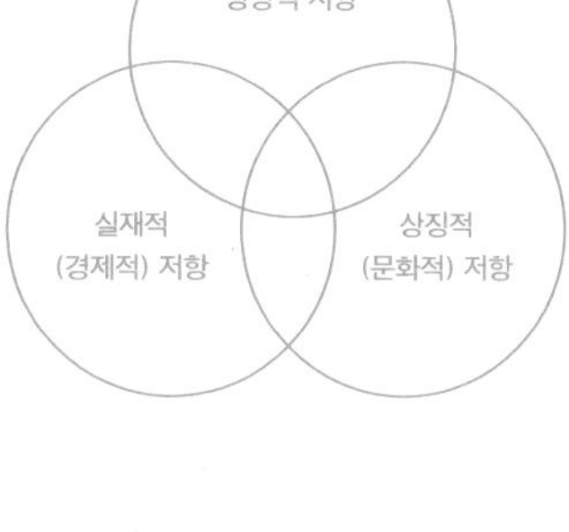

을 때 나타나는 저항의 세 차원은 다음과 같습니다.

1) 상상적 저항 : "이건 구조 조정의 신호탄이야", "이건 인간적이지 않은 공간이야", "이건 우리가 하는 일을 모두 감시하려는 회사 측의 의도야. 사생활 침해라고"
2) 문화적 저항 : "이건 우리 조직의 전통과 맞지 않아. 서로 간섭 없이 각자 일하는 게 우리 방식이란 말이야", "내 사무실은 내 지위를 말해주는 건데, 이러면 격이 떨어지잖아", "어떻게 문화가 다른 팀끼리 벽 없는 공간에서 일할 수 있어? 팀들끼리 반목만 생길 거야"
3) 경제적 저항 : "불편해", "피곤해도 잠깐 눈도 못 붙이잖아", "일이 많아질 게 뻔하군"

상상적 저항은 대부분의 경우[10] 다른 저항을 더 심화시키기 때문에 '탈구축, 해체'의 방법을 써야 합니다. 그리하여 상상적 저항이 문화적, 경제적 저항으로 슬쩍 옮겨가게 해야 합니다. 상상적 저항이 문화적 저항으로 넘어오면 '재코드화'를 통해 다룰 수 있습니다. 개인은 이전의 문화적 전통에 '코드화'가 되어 있죠. 새로운 문화적 전통을 만들고 그 과정에서 '스스로 새로운 문화를 만드는 자가 되게 함으로써', 새로운 문화적 전통에 코드화되는 것이 필요합니다. 경제적 차원의 저항은 기본적으로 협

10
여기서 대부분이라 함은, 때로는 상상적 동일시가 문화적으로 긍정적인 효과로 작용하는 때가 있기 때문인데 이는 뒤의 스위티 조직문화의 사례에서 보게 될 것입니다.

상을 통해 다룰 수 있습니다. 지금까지의 내용을 정리하면 아래 표와 같습니다.[11]

저항의 차원	욕구	반응의 성격	치유 방안
상상적	심리적 욕구	좌절, 불안	탈구축, 해체
문화적(상징적)	소속의 욕구, 자아실현의 욕구	타당성, 전통성 상실에 따른 분노, 죄책감	재코드화
경제적(실재적)	기본적 욕구	물질적 피해	협상

다시 앞으로 돌아가겠습니다. 기업이 '진짜 변화'를 꾀하려면 이성적 이해와 무의식 사이의 간극을 메워주는 작업이 핵심입니다. 그 간극 안에서 발생하는 심리적 저항을 깨끗이 청소하기 위해 그 구조를 살펴보았고요. 그렇다면 이제 그 심리적 간극의 청소법에 대해 알아야 할 차례입니다. 구성원들이 여러 차원의 저항을 극복하고 새로운 문화로 '재코드화'되려면 어떻게 해야 할까요?

저항을 잠재우는 마법의 순간

세 차원의 저항과 마법의 순간은 '동시에, 같이' 진행됩니다.

11
《기업인류학》(마크 르바이 · 알랭 시몽 지음, 편혜원 외 옮김, 철학과현실사, 2010) 104쪽의 내용을 필자의 적용 사례를 통해 재해석했습니다.

변화를 받아들일 때는 마음속에서 특정한 감정의 연쇄가 일어나고, 그 순간에 저항이 생기는 것이니까요. 그러므로 상상적 · 문화적 · 경제적 저항을 다룰 수 있는 비밀 역시 '마법의 순간'에 있습니다. 부정, 분노/죄책감, 흥정/협상, 체념 · 실험의 각 단계에 맞게 저항을 다루어야 합니다.

부정의 단계에서는 개인(혹은 집단)에게 지속적으로 새로운 현실을 상기시키는 것이 필요합니다. "그녀는 널 찼어!"라고 말해주는 거죠. 현실을 부정하지 않고 인정함으로써 분노하게 하는 겁니다. 분노 · 죄책감의 단계로 넘어갈 수 있도록 말입니다.

분노/죄책감의 단계에서는 저항의 세 차원 중 어느 부분이 주로 작동하는지를 찾고, 각 차원에서 개인이 적절한 해답을 내릴 수 있도록 도와주어야 합니다. 특히 상상적 저항은 그것이 '가상의 현실'임을 증명해주어야 합니다. 그래서 문화적 저항이나 경제적 저항으로 바뀌도록 해야 합니다. "그녀는 남자가 생긴 게 아냐! 네가 못나서 그런 게 아냐!" 이렇게요. 그러고는 새로운 현실이 줄 수 있는 이점을 제시합니다. "더 예쁘고 현명한 여자를 만날 수 있단 말이야." 그리하여 흥정의 단계로 넘어갈 수 있도록 도와줍니다.

흥정/협상의 단계에서는 저항의 세 차원에서 어떻게 하면 좋은 흥정을 할 수 있을지를 이해시키고 돕는 것이 필요합니다. 과거로는 돌아갈 수 없다는 것을 명확하게 인식시켜야 하고요. 현재 만들고 있는 해결책 안으로 들어오게 합니다. "새 여자를 만나봐. 여기 사진 보여줄게. 네 삶이 바뀔 수 있어"라고 하는 거죠. 이제 체념 · 실험의 단계로 들어갑니다.

체념 · 실험의 단계에서 개인은 모든 것이 예전 같을 수 없다는 것을 인정하게 됩니다. 재코드화가 가능한 상태가 된 겁니다. 아직 행동은 하지 않았지만 이미 변화에 동참하고 있습니다. 이제 '손을 잡고 소개팅 자리에 데리고' 가면 됩니다. 이 단계에서는 노력이 보상받을 수 있게 하는 것이 중요합니다. 새로운 기업문화가 남(경영진, 외부 컨설턴트 등)에 의해 주어진 것이 아니라 '스스로 선택하여 자발적으로 만든' 것이 되게끔 인식해야 합니다.

앞으로 이야기할 사례에서는 '서클링'이라 명명한 워크숍 과정을 만나게 됩니다. 그 과정에서 상상적 · 문화적 · 경제적 저항의 양상에 따라 새로운 문화로 이행하는 전략이 달라지며, 마법의 순간을 지난 이후 신화를 계시하는 여러 상징적 장치와 의례를 통해 새로운 문화 '안'으로 들어와 재코드화되는 과정을 보시게 될 것입니다.

앞서 얘기했듯이 세 가지 차원의 무의식은 정체성의 형성과 긴밀히 연관되어 있고 따로 분리할 수 없습니다. 예컨대, 저항의 행동을 보일 때 마음속에서는 '나의 정체성을 새로이 형성하려고 하는' 양상에 대해 저항하는 것이죠. 또한 세 가지 차원의 저항은 서로 떼려야 뗄 수 없으며 '동시에' 통합적으로 나타납니다. 기업문화의 변화 사례에서 정체성에 대한 분석과 치유의 과정은 동시에 저항의 관리임을 염두에 두면 이해가 편할 듯합니다.

집단 무의식의 서클링

이해를 돕기 위해 개인의 이별을 예로 들었습니다만, 기업문화의 변화는 결국 집단의 변화입니다. 개인 인터뷰와 상담도 필요하지만, 기본적으로 일련의 집단 워크숍 과정을 통해 상승 작용을 일으켜야 합니다. 문화는 구성원이 서로 교류하며 '눈치를 보고, 인정받으려 하며, 학습하고, 가르치는' 과정에서 만들어집니다. 집단 활동 자체가 하나의 문화이고, 문화란 그 자체로 힘이 있기에 그 힘을 받아 집단 안에서 계속 변화가 일어나게 됩니다. 개인의 정신분석과 치유가 아니라 기업이라는 집단의 치유와 변화이기에 당연히 집단적인 변화 과정을 함께해야 합니다.

《기업문화 오디세이 1》에서 기업문화를 정의하며 든 장기와 바둑의 비유로 되돌아가 봅시다. 제가 장기에서 졸을 하나 잃어

버려 바둑알 하나를 졸의 자리에 놓습니다. 그러면 그 바둑알은 더 이상 바둑알이 아니라 졸입니다. 체스의 비숍을 가져다 놓아도 마찬가지겠지요. 이 책의 방법론이 기반하고 있는 구조주의의 '구조'는 전체로서의 체계입니다. 기업문화 변화에도 같은 논리가 적용됩니다. 유능한 사원을 몇 명 투입하거나 리더를 교체한다고 해서 문화가 바뀌지는 않습니다. 마찬가지로 개개인의 교육이나 상담만을 통해서도 변화는 일어나지 않습니다. 단언합니다. 장기판 위에서 바둑알은 졸입니다. 그러므로 기업문화 변화에는 집단이 '한꺼번에' 참여하는 작업이 반드시 필요합니다.

집단의 변화는 또한 단계를 밟아나가야 합니다. 기업이라는 집단은 '탑다운top-down' 형태로 만들어진 조직입니다. 기업의 구조상, 전략은 경영진 차원에서 만들어지고 결정됩니다. 기업문화의 핵이 되는 기원 신화도 창업자로부터 비롯되는 경우가 많습니다. 그런 다음 각 기능의 관리자들에게 전달되어 전술화되고, 그 아래 직원들에 의해 다양한 형태로 실행됩니다. 경영자-관리자-일반 직원은 전략적으로 다른 층 혹은 위상을 점유하고 있는 것입니다. 그러므로 변화는 언제나 '위로부터의 변화'이어야 하고, '각 층별로 구분된 변화'이어야 합니다.

'위로부터' + '각 층별로 구분된' + '전체가 한꺼번에' 변화시키는 방법이 바로 서클링circling입니다. 위로부터 시작하여 경영

단계별로 서클링이 진행되는 과정

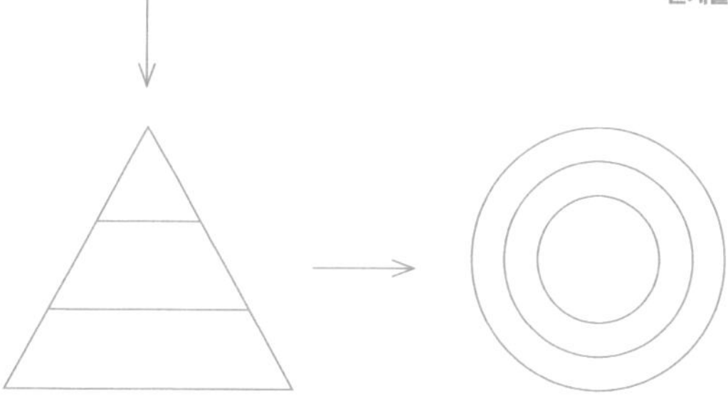

자층, 관리자층 등 각 층의 전체가 한꺼번에 참여하여 변화 단계를 밟아나가는 겁니다. '최고 경영자의 서클 → 경영자층의 서클 → 관리자층의 서클 → 일반 직원들의 서클'로 단계별로 기존 문화에서 새로운 문화로 이행할 수 있게 해야 합니다.

각 서클별로 워크숍을 수차례 진행합니다. 그리고 워크숍 전후 혹은 사이사이에 개인 · 집단별 인터뷰를 갖습니다. 워크숍 안에서 그리고 인터뷰 속에서 '마법의 순간'이 계속 흐르도록 해야 합니다. 워크숍의 횟수와 내용은 기업의 규모와 조직문화를 다루는 전략적 이유 등에 따라 달라져야 합니다만, 일반적으로 다음과 같은 순서를 밟고 있습니다.

서클링	참가 대상	내용 (*각 서클별 1~3회 워크숍)
1차 서클	최고 경영진	· 진단 결과에 대한 이해 심화 · 경영전략과 비전을 고려한 기업문화 변화 전략 수립 · 기업문화 유형 결정: 새로운 유형으로 이행하기 위한 '결정적 경로' 결정 · 회사의 존재 이유에 대한 고찰(혹은 소명의 결정) · 신화의 기본 대립 구조 및 기원 신화 결정 · 기능 구조에 따른 조직의 큰 틀 마련 · (*프로젝트 위원회committee 구성) · 2차 서클에 보내는 메시지
기업문화 프로젝트 위원회(가칭) 구성	1차 서클의 결정에 따르나 주로 각 기능별 임원진으로 구성	· 진단 결과와 1차 서클 결과에 대한 이해 심화 · 후속 서클링의 전체 운용 전략 수립 › 서클링의 범위(전 사원 또는 관리자급? 전 사원 교육을 담당할 기업문화 전파자 양성?) › 담당팀 결정(프로젝트팀? HR팀? 기업문화팀?)
인터뷰	1차 서클 참가자들	· '이해의 시간'과 '저항의 세 차원' 점검 및 코칭

2차 서클	임원진 전체(*최고 경영진 다음 계층)	· 진단 결과에 대한 이해 · 1차 서클 결과에 대한 이해 · '기존 문화의 장례식 치르기'(각 기능별) · 기업문화 유형에 따라 목표하는 기업문화 정의 : 결정적 경로에 대한 이해 · 기업문화, 경영전략을 일관되게 재배열 · 새로운 소명 찾기(한 쌍을 이루는 소명-비전 체계 만들기) · 기존의 신화에서 벗어나기, 새로운 신화의 대립 구조 만들기 · 전사-생산자-성직자 중 각자의 기능 알기, 기능의 규범 찾기 및 기능으로 거듭나기 · 핵심 가치 연결 및 금기와 의무 체계 만들기 · 금기와 의무 체계의 실천 계획 수립 · 3차 서클 운영 계획 및 3차 서클에 보내는 메시지 만들기
인터뷰	2차 서클 참가자들	· '이해의 시간'과 '저항의 세 차원' 점검 및 코칭
3차 서클	관리자급 전체(*2차 서클 참가자 다음 계층 전체)	· 진단에 대한 이해 심화 · 1, 2차 서클 결과에 대한 이해 · '기존 문화의 장례식 치르기'(각 기능별) · 기업문화 유형 전략에 따른 '우리 회사의 기업문화' 정의, 실천 방안 마련 · 새로운 신화 만들기, 스토리 구성 · 소명의 선언 · 각 기능별 소명 정립 · 새로운 교류 관계 정립 · 금기와 의무 체계 만들기 · 기능별 정체성 강화 및 상호 보완성 강화 작업 · 새로운 유형에 따른 관리 규범 정립 · 상징 체계의 정립 · 의례 체계 만들기 · 커뮤니케이션 계획 및 4차 서클 운영 계획 수립
인터뷰	3차 서클 참가자(인원이 많은 경우 주요 참가자에 대한 인터뷰)	· 참가자들의 '이해의 시간' 점검 및 저항의 극복
변화 관리를 위한 교육	HR 및 기업문화 담당팀	· 기업문화 관리 방법론 이해 · 기업문화 변화 관리를 위한 별도 조직 구성
4차 서클	전 사원	· 위원회의 결정과 3차 서클의 전략에 따라 운영

지금까지의 논의를 종합해봅시다. '집단적 서클링'을 통하여 개인들이 '마법의 순간'을 지나고 심리적 '저항'을 극복하여 새로운 문화로 이행하는 것이 기업문화 변화의 경로입니다. 거꾸로 말하자면, 기업문화를 변화시키기 위해서는 개인이 겪는 마법의 순간과 심리적 저항에 대한 관리가 있어야 하고, 이와 더불어 집단적 서클링을 진행해야 합니다.

결론적으로 기업문화의 변화 과정은 다음과 같이 그려집니다.

기업문화의 변화는 기업의 무의식이 달라짐을 의미합니다. 겉모습은 같을지 모릅니다. 하지만 내면은 달라진 상태지요. 지나온 삶의 사건 자체는 같아도 그 해석이 달라집니다. 트라우마를 치유한 사람의 일생이 어린 시절부터 다시 쓰이듯, 기업은 새로운 신화를 갖게 됩니다. 새로운 소명을 부여받습니다. 앞으로의 행동 방식, 즉 하지 말아야 할 행동이 무엇이고 해야만 하는 행동이 무엇인지 알게 됩니다. 새로운 문화로의 진입은 완료되었습니다. 그러나 아직은 문을 열고 갓 발을 디딘 상태입니다. 무

의식의 변화는 존재가 거듭나야 가능하며 기업문화 안으로 들어오는 새로운 성원들에 의해 계속하여 재생되어야 합니다. 그것은 신화 · 상징 · 의례가 가능하게 합니다.

신화 · 상징 · 의례 체계의 재구축

인류학과 종교학에서는 모든 문화의 공통적인 구조가 신화 · 상징 · 의례에 있음을 전제합니다. 비교종교학자인 미르치아 엘리아데Mircea Eliade는 신화 · 상징 · 의례를 통해 역사와 문화의 차이를 초월한 문화의 원형을 찾아내려 하였습니다. 기능주의 인류학, 구조주의 인류학, 구조기능주의 인류학 그리고 칼 융의 분석심리학에 이르기까지 많은 학문이 논지는 조금씩 다를지라도 모두 신화와 상징과 의례를 문화의 연구 대상으로 삼았습니다. 신화 · 상징 · 의례는 문화의 매트릭스입니다. 변화의 마지막 단계는 신화 · 상징 · 의례의 매듭을 만드는 것입니다. 그래야 마법

신화 · 상징 · 의례의 매듭

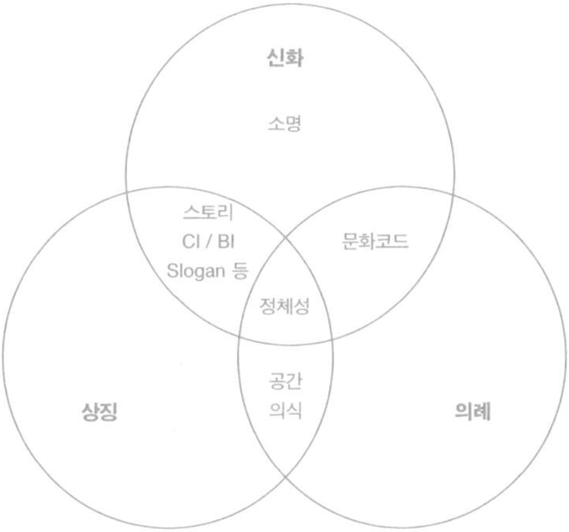

의 순간을 지속시키고 새로운 문화로 들어오는 성원들에게 마법의 순간을 경험케 하는 것이 비로소 가능해집니다. 변화된 기업문화는 이제 '원래 그 자리에 있던 기업문화'가 되는 것입니다.

신화, 믿음 엔진의 연료

"1906년 미국 매사추세츠주 보스턴에서 윌리엄 라일리라는 청년이 신발을 만들고 있었다. 발에 장애가 있는 사람들과 경찰, 소방관, 우체부 등 온종일 서서 일하는 사람들을 위한 신발을 고민하던 중 닭이 세 개의 발톱으로 사뿐사뿐 균형을 잡고 걷는 것을 보고 아치형의 받침을 고안해낸다. 이후 그는 발에 문제가 있는 사람들을 위한 신발을 만드는 데 평생을 바치기로 했다…"

100년이 지난 지금까지도 뉴발란스의 기업문화를 만들어가고 있는 신화입니다. 《기업문화 오디세이 2》의 용어로 다시 말하자면 '기원 신화'죠. 인간은 끊임없이 이야기를 만들어내고 이야기를 통해 세계를 해석하는 존재입니다. 진화생물학에서는 이러한 인간의 특성을 '믿음 엔진'이라는 개념으로 설명합니다. 인간이라는 동물은 자신을 둘러싼 불확실한 상황을 논리적으로 꿰어 맞춤으로써 자신이 세계를 이해하고 있다는 믿음을 갖게 되고,

이런 과정을 통해 비로소 안정적인 집단생활을 할 수 있다는 것입니다.12

신화는 소명vocation을 계시합니다. 신화를 통하여 그 집단의 소명이 '믿음 엔진'을 가동 시킵니다. 이해의 시간을 통과하여 기존 소명의 장례식을 치르고 변화된 소명을 받아들였다면 새로운 신화는 그 소명을 끊임없이 재생산할 수 있습니다. 뉴발란스의 신화는 특정한 소명을 계시합니다. 바로 '불균형한 발에 새로운 균형을 창조한다'입니다. 신화가 이야기의 형태로 존재한다면, 소명은 원자의 핵처럼 사람들을 일관된 행동 패턴, 즉 문화 코드로 달라붙게 합니다. 그리고 시간이 지남에 따라 조직의 핵심 가치로 진화합니다. 새로운 문화 코드 혹은 핵심 가치 역시 신화 안으로 포섭되어 계속하여 사람들에게 심어질 수 있습니다.13

그리하여 신화 · 상징 · 의례의 매듭 중 가장 위의 원이 그려지게 됩니다.

상징, 호모 심볼리쿠스

인간은 호모 심볼리쿠스Homo Symbolicus, 즉 '상징을 만들어 낼

12
《믿음의 엔진》(루이스 월퍼트 지음, 황소연 옮김, 에코의서재, 2007) 50쪽. '믿음 엔진'에 대한 마이클 셔머의 TED 강의는 www.ted.com/talks/michael_shermer_on_believing_strange_things.html('Why people believe weird things'), www.ted.com/talks/michael_shermer_the_pattern_behind_self_deception.html('The pattern behind self-deception')에서 보실 수 있습니다.

13
참고로 뉴발란스는 현재 진실성, (균형적) 협동, 고객 만족이라는 핵심 가치를 갖고 있습니다.

수밖에 없는 존재'입니다. 잠시 대문호 헤르만 헤세Hermann Hesse의 말을 들어보겠습니다.

"현실에서 벌어지는 모든 현상은 하나의 상징이며, 그 상징은 열려진 문이다. 그 열려진 문을 통하여 우리는 내면의 세계로 들어갈 수 있다. … 소수의 사람만이 상징의 문을 통과하며, 그 길과 문을 통해 영혼과 영혼이 서로 이어지는 것이다."[14]

'내면의 세계로 들어가는 문'이라는 말에 주목해주십시오. 신화 안에는 집단이 가진 문화의 '모든 것'이 '상징적'으로 들어 있습니다. 상징은 신화가 계시하는 소명에 직관적으로 닿을 수 있는 장치이자 소통의 창입니다. '이어진다'라는 말에도 주목해주십시오. 성원들은 상징을 통해서 서로 이어지고, 그리하여 응집력이 형성됩니다. 신화가 발달한 기업은 상징 역시 발달해 있습니다. 뉴발란스의 경우엔 '뉴 발란스(새로운 균형)'라는 기업명이자 브랜드 자체가 신화를 품고 있는 대표 상징입니다. 뉴발란스 매장에 들어서면 닭 한 마리를 발견할 수 있습니다. 바닥의 카펫에는 닭이 그려져 있고 그 아래에 'since 1906'이라는 글자가 새겨져 있습니다. 카펫 위 공간에 들어서는 순간 1906년으로 돌아가는 타임머신을 타게 되는 것입니다. 실내 인테리어도 모두

14
《의자와의 대화》(헤르만 헤세 지음, 신현철 옮김, 책나무, 1992) 9쪽.

신화의 내용을 그대로 현실로 소환하여 상징적으로 재현합니다.

신화 · 상징 · 의례의 매듭 그림을 다시 봐주십시오. 상징의 두 원이 맞물린 부분에 자리한 스토리, CI Corporate Identity, BI Brand Identity, 슬로건 등을 구축하는 작업을 통해 기업문화를 고착시킬 수 있습니다. 물론 상징의 활용은 기업문화 변화 과정에서 이해의 시간을 통과하기 위한 장치로도 활용 가능합니다. 거듭 말하지만, 인간은 상징적 동물이기에 그러합니다. 앞으로 함께할 사례들에서는 기업문화 변화 과정에서 어떻게 상징을 활용하는지, 어떻게 상징 체계를 구축하여 기업문화로 정착시키는지 등 그 활용 방법과 중요성을 살펴볼 것입니다.

의례, 여러 의식과 제도의 일관성

기업문화의 재생산과 진화는 의례가 담당합니다. 의례는 집단으로 이루어지는 상징 행위이자 금기와 의무 체계를 전수하는 과정입니다. 모든 문화권에 신화가 계시하는 건국일과 새 우주를 맞는 신년회, 풍요를 축하하는 추수 의례 등이 있듯이 기업에도 크게는 신입 사원 입문 교육에서부터 승진에 따른 교육 및 파티, 창립 기념일과 월간 조회, 영업 전진 대회, 팀별 회의 등등 수없이 많은 의례가 있습니다. 이 의례들을 정렬한 다음에는 그 안에 신화와 상징이 존재하게끔 해야 합니다. 신화는 상징을 낳고, 상징은 의례에 의해 현실에서 살아나며, 의례에 의해 신화는 현재에서 반복될 수 있습니다. 의례 체계를 구축하고 의례 속에 신화와 상징을 심으십시오. 신화와 상징과 의례의 맞물림과 순환 속에서 기업문화는 강해질 수 있습니다.

기업의 여러 제도들 역시 인류학적으로 보자면 일종의 의례 행위라 할 수 있습니다. 기술 개발, 마케팅, 인사 제도 등의 정책이 신화, 소명, 금기와 의무 체계와 일관되게 펼쳐진다면 강한 기업문화가 만들어집니다. 뉴발란스의 생산과 공급 정책을 그 예로 살펴보겠습니다. 뉴발란스는 전체 생산량의 25%를 제3세계가 아닌 미국에서 생산합니다. 나이키에서는 고작 '몇 센트'의 시급을 주고 제3세계에서 신발을 생산하여 문제가 되었던 데 반해, 뉴발란스는 미국 내 공장 비율을 계속 늘리며 '수십 달러'의 시급을 주고 있습니다. 삶과 일의 '발란스'를 추구하는 인사 제도도 병행합니다. 신화와 소명, 핵심 가치를 중심으로 한 '균형과 조화'의 일관된 정책이라고 할 수 있습니다.

그렇다고 경영전략이 무조건 기업문화를 위해 존재해야 한다는 얘기는 아닙니다. 당연히 경영전략은 수익을 창출해야 합니다. 그러나 경영전략을 만드는 방식 역시 기업문화에 적합하게 이루어질 때 수익과 지속 가능성이라는 두 마리 토끼를 모두 잡을 수 있습니다.

뉴발란스 미국 공장은 직원들의 엄청난 충성도와 높은 생산성 그리고 '신화의 무대에서 생산되는 특별한 제품에 대한 고가 정책'으로 높은 인건비 비중에도 불구하고 수익성을 유지하고 있습니다. 중요한 것은 어느 한 편의 옳고 그름이 아니라 기업문화와 제도의 일관성입니다. '균형'을 역설하는 뉴발란스의 인사 제도가 만일 차별적 성과주의에 기반한다면, 기업문화나 인사 제도 둘 중 하나는 무너지겠죠. 기업문화는 가치의 문제가 아닙니다. 무의식입니다. 의식이 무의식을 배반하면 일상생활에 문제가 있듯이, 기업문화 변화라는 이름 아래 번듯한 가치 체계나 이념을 만들어놓고 인사 제도 등은 이와 별개로 운영한다면 기업문화 변화 작업은 아니함만 못한 게 됩니다. 앞서 자크 라캉의 정체성 이론에 따르자면 사람들의 상상계, 상징계, 실재계가 분열을 일으켜 사회적 분열 유형으로 진행하게 됩니다.[15] 요컨대 기업문화에 '적합한' 제도가 만들어져야 더욱 강한 문화와 정체성을 가질 수 있습니다.

지금까지의 이야기를 정리해볼까요. 기존 문화를 진단하고, 심리적 저항을 극복해가며, 서클링을 통한 마법의 순간을 거친 후, 신화 · 상징 · 의례의 삼원 매듭이 잘 맞물려지면 변화된 문화는 잘 굴러갑니다. 굴릴수록 커지는 눈덩이처럼 말입니다.

15
기업문화와 인사 제도와 경영 시스템의 부조화가 어떤 결과를 낳는지에 대한 사례는 이 책의 마지막 장인 〈기업문화 오디세이 Q&A〉에서 볼 수 있습니다.

기업의 라스코 동굴 벽화

이제 기업문화 오디세이의 모든 방법론이 담긴 벽화를 그려보겠습니다.

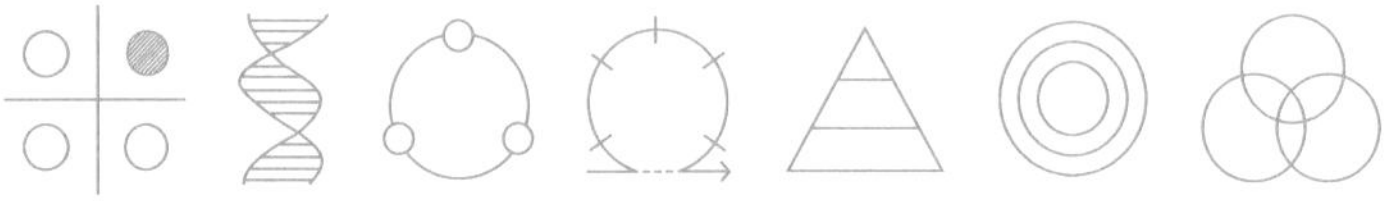

각각의 기호는 기업문화라는 비밀의 문을 여는 열쇠입니다. 각 열쇠는 진단과 변화에 모두 활용되며 51쪽의 도식과 같이 돌려집니다.

기업문화 변화 과정을 축으로 하여 마치 거울상처럼 위쪽은 진단 과정에서 드러난 기업의 모습이고 아래쪽은 전략 수립과 변화 이후의 기업 모습입니다. 그 구조는 같으나 속은 완전히 달라지고, 이제 왼쪽에 위치한 기업의 모습은 '장례식을 치러' 지워지게 됩니다. 진단으로 드러난 기존의 기업 무의식은 기업문화의 변화라는 '마법의 순간'을 거쳐 새로운 기업으로 거듭나게 됩니다.

기업문화의 변화 과정

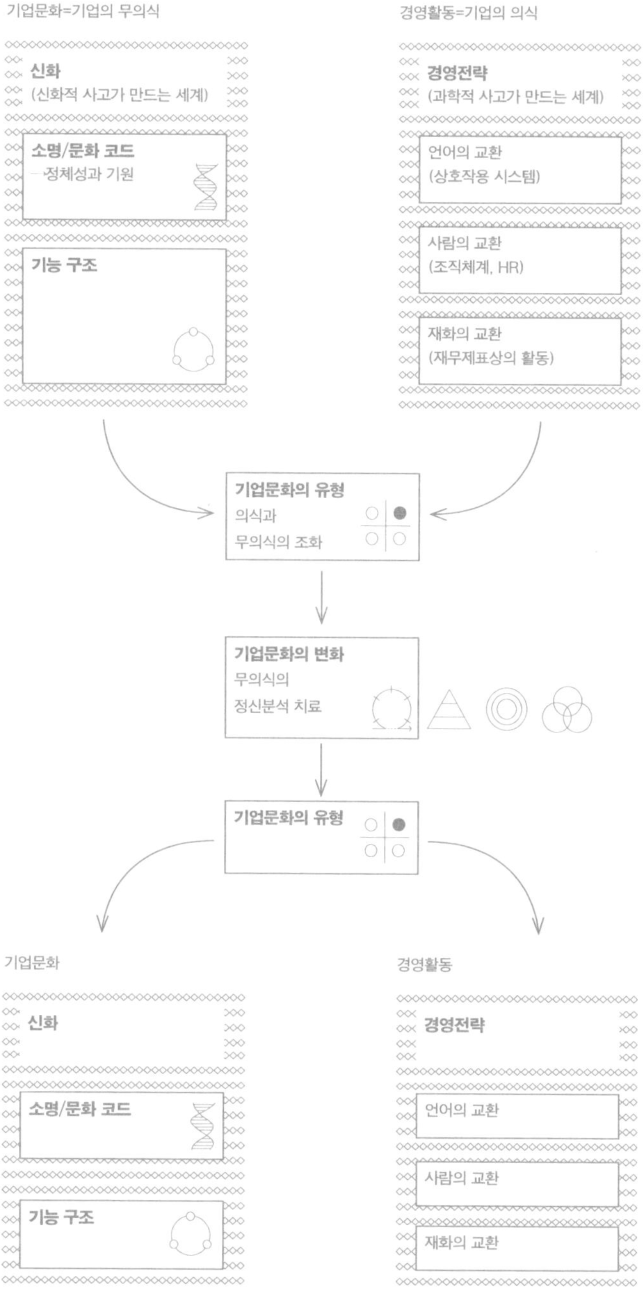
기업문화=기업의 무의식
경영활동=기업의 의식
신화
(신화적 사고가 만드는 세계)
소명/문화 코드
—정체성과 기원
기능 구조
경영전략
(과학적 사고가 만드는 세계)
언어의 교환
(상호작용 시스템)
사람의 교환
(조직체계, HR)
재화의 교환
(재무제표상의 활동)
기업문화의 유형
의식과
무의식의 조화
기업문화의 변화
무의식의
정신분석 치료
기업문화의 유형
기업문화
신화
소명/문화 코드
기능 구조
경영활동
경영전략
언어의 교환
사람의 교환
재화의 교환

각각의 열쇠를 정리해보면 다음과 같습니다.

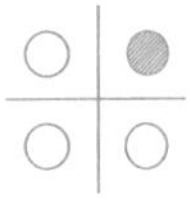

기업문화의 유형

- 경영전략에 적합한 기업문화, 기업문화를 고려한 경영전략 수립에 활용
- 응집력, 교류, 체계의 정도에 따라 8개의 유형으로 분류
- 각 유형은 특정한 문화적 패턴에 의해 움직임
- 기업문화 진단을 통해 유형을 파악
- 목표로 하는 기업문화 유형을 설정해 기업문화의 변화 전략 수립

신화 · 문화 코드

- 신화를 통해 드러나고 전수되는 문화 코드
- 특정한 소명을 내포, 특정한 의식과 행동의 패턴을 형성
- 기존의 신화와 소명, 코드를 분석한 후 '신화적 사고의 특성에 따라 살짝 비틀어' 새로운 신화와 소명, 코드로 변형

기능 구조

- 전사, 생산자, 성직자(학자)의 세 기능으로 구조되는 자본주의 기업
- 각 기능 집단은 그에 적합한 규범을 갖고 있어야 하고,
- 세 기능은 평등한 위계를 가져야 함
- 기업문화에 적합한 기능 구조를 갖고 있는지, 각 기능은 적합한 규범을 갖고 있는지 등을 진단한 후, 전략적으로 변화
- 조직 구조의 변화를 수반

마법의 순간

- '보는 순간 → 이해의 시간 → 결론의 순간'으로 진행되고, 결론의 순간이 지나면 화살표가 거꾸로 흘러 과거가 새롭게 써지는 마음의 시계
- 이해의 시간은 '부정 → 분노/죄책감 → 흥정/협상 → 체념 · 실험'의 감정 단계를 거침
- 이를 고려하지 않은 무조건적인 가치 체계 정립과 교육은 저항을 불러일으킴
- 진단을 위한 인터뷰와 진단 결과를 접할 시에 '보는 순간'이 주로 시작됨
- 각 단계를 파악하고 이를 통과해 나갈 수 있도록 워크숍과 코칭을 진행

서클링

· 집단적으로 '마법의 순간'을 지나게 하기 위한 방법론
· 기업문화는 직원들을 대상으로 하는 캠페인과 교육으로는 변화되지 않음
· TOP → DOWN의 순으로 변화를 진행
· 케이크의 층을 잘라가듯이, 경영진 전체 → 관리자급 전체 → 전 사원의 순으로 단계적으로 워크숍 진행

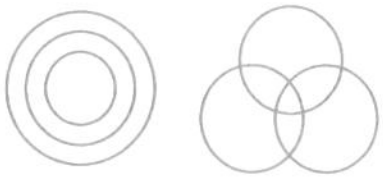

정체성의 세 차원 : 상상계, 상징계, 실재계

· 일차원적으로 '보이는' 정체성이나 행정상의 소속만으로는 기업문화를 파악할 수 없고 변화시킬 수 없음
· 상상적 · 상징적(문화적) · 실재적(경제적) 차원에서 형성되는 정체성의 양상을 분석하여, 일관성이나 분열 여부를 진단
· 진단에 따라 정체성에 대한 각 차원의 조정 전략 수립

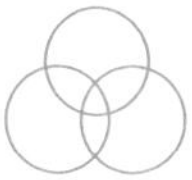

저항의 세 차원

· 정체성의 세 차원과 같은 구조에서 심리적 저항이 발생
· '이해의 시간'을 통과해 나갈 수 있도록 심리적 저항을 '청소'해야 함
· 이를 위해 상상적 · 문화적 · 경제적 저항의 정도를 파악하고 각각에 대응

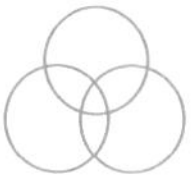

신화 · 상징 · 의례의 삼원 구조

· 모든 문화의 매트릭스로서, 변화된 기업문화를 '안착'시켜 재생산이 가능하도록 하는 장치
· 새롭게 쓰인 신화에 따라 상징 체계와 의례 체계를 정립
· 상징 속에 신화가 있고, 의례 안에서 신화가 반복되도록 함
· 의례 체계 안에는 인사 제도 등 각종 제도적 장치들이 포함되며, 기업문화 전략과 일관성을 갖도록 제도를 정비해야 함

고대인들이 그린 라스코 동굴 벽화가 인류학의 발전을 이끌었던 것처럼, 기업문화의 방법론을 기호화한 하나의 벽화가 여러분들만의 기업문화를 만들어가는 데 도움이 되길 바랍니다. 이제 이 벽화가 어떻게 소환되어 현실에서 살아나는지를 구체적인 사례를 통해 살펴보겠습니다.

2

정체성의
분열을
치유한
토테미즘

"당신은 누구십니까?"

아…음… 저는 삼성의 정 차장…? 사번 SA875039? 두 아이의 엄마? 마케터…? 미래의 예술가? 사이버 세계의 군주? 어쩌면 전부 해당할지도 모르겠네요. 각각의 차원이 다르니 동시에 전부 가질 수 있는 정체성이죠. 그런데 만일 사이버 세계 군주의 정체성이 삼성 정 차장의 직장 생활을 지배한다면 어떻게 될까요?

정체성으로 번역하는 아이덴티티identity의 동사형은 아이덴티파이identify입니다. 목적어를 갖는 타동사로서 '○○과 동일시하다'는 뜻입니다. '나는 누구인가'라는 물음의 대답은 '나는 ○○과 나를 동일시한다'라는 의미를 내포하는 것이죠. 이를 기업문화, 조직문화의 관점에서 다시 보자면 '소속감의 대상을 어디에 두는가'의 문제라 할 수 있습니다. 자크 라캉에 의하면 우리는 상상적인 것, 상징적인 것, 실재적인 것에 각각/동시에 동일시를 한다고 합니다. 정체성은 (무)의식의 세 가지 차원을 동시에 갖고 있는 것이죠. 그래서 정체성은 (가장 먼저 형성되는) 상상적 차원, 상징적(문화적) 차원, 실재적(경제적) 차원을 모두 살펴봐야 합니다. 세 가지 차원으로 분석해야 정체성의 입체적 조감이 가능합니다.

이를 기계적으로 요약하면 다음과 같습니다.

· 상상적 차원은 이미지와의 동일시
· 상징적 차원은 문화적 동일시, 제도와 시스템과의 동일시
· 실재적 차원은 경제적 물질, 금전적 흐름과 동일시

분열된 정체성

한 화장품 회사로부터 의뢰를 받았습니다. 프랜차이즈 형식의 화장품 판매점에서 일하는 판매원이자 미용 컨설턴트(이하 뷰티 컨설턴트)와 경영주들의 조직문화를 컨설팅하는 것이었습니다. 편의상 'H프랜차이즈'라 하겠습니다. 전국적으로 몇 년 동안 H라는 브랜드 이름으로 운영되던 프랜차이즈를 새로운 AR브랜드로 전환하려는 프로젝트를 앞두고 있었죠. 브랜드 전환 시 예상되는 조직문화의 여러 문제점을 다루고, AR이라는 새로운 이름으로 조직문화를 정립하는 것이 목적이었습니다.

조직문화 진단 결과, 이 조직은 정체성의 형성에서 근본적인 혼란을 가지고 있었고 이를 해결하는 것이 변화의 열쇠였습니다. 물론 《기업문화 오디세이 1》을 보신 분들은 잘 아시겠지만, 기업문화의 진단은 다각도로 이루어집니다. 기업문화 유형과 그

안의 패턴, 신화, 소명과 문화 코드, 정체성, 기능 구조, 콤플렉스나 트라우마 등의 열쇠로 자물쇠를 돌립니다. 그중에서 '엇!' 하고 잘 맞아떨어지는 열쇠를 찾는 것인데 이 조직의 경우 정체성이 문제였습니다.

H프랜차이즈는 시각적 아이덴티티를 어느 정도 갖추고 있었습니다. 유니폼, 복장 규정, 배지 등의 상징물이 있었고 상징물 간의 공통성도 있었죠. 규율적 아이덴티티, 즉 공통된 행동 규범도 있었습니다. 브랜드 컨설팅에서 다루는 일반적인 영역입니다. 처음 프랜차이즈를 도입할 때 모 회사로부터 브랜드 컨설팅을 받아서 그에 따라 여러 아이덴티티적인 요소들을 도입한 상태였습니다. 여기까지 보면, '음, 아이덴티티가 잘 만들어져 있구나' 할 수도 있습니다. 그런데 의문이 생겼습니다. 왜냐하면 생김새나 분위기에서 일관성이 전혀 '느껴지지' 않았기 때문입니다. 그리고 그보다 더 중요한 것은 언어에서 드러나는 자기 동일시의 형태입니다. 여기서부터 기업문화 분석의 영역에 들어갑니다. 문화 분석에서는 사람들이 일상적으로 주고받는 말들이 중요합니다. 뷰티 컨설턴트와 매장 경영주들은 인터뷰에서 판매점의 H브랜드를 주어나 목적어로 거론하는 경우가 상당히 드물었습니다. 즉, '언어적으로는' 판매점의 브랜드와 자신을 동일시하고 있지 않다는 가설을 세울 수 있었습니다.

먼저 뷰티 컨설턴트들은 동일시의 대상을 '제품을 공급하는 회사'로 하려는 경향이 보였습니다. 인터뷰를 통해 좀 더 분석했더니 정체성의 세 차원이 분열되어 가고 있는 현상을 보였습니다. 의식과 행동은 각 지역 매장의 그것을 따르고 있고, 일정한 보수나 지위는 소속된 인력 관리 회사로부터 주어진다고 생각하지만, 상상 속에서는 대다수의 제품을 공급하는 A라는 대기업 소속으로 보이고자 했습니다. 명함에 A기업의 이름을 넣는다거나, 일상적 대화에서도 그 기업('1등 기업의 제품이잖아요')에 소속된 사람으로 보이려 했습니다. 이를 정리하면 다음과 같습니다.

상상적(이미지적) 동일시의 대상	프랜차이즈 모기업인 A기업
상징적(문화적) 동일시의 대상	소속된 매장 (*각 지역 매장의 규범과 문화에 따라 다른 행동을 보였습니다.)
실재적(경제적) 동일시의 대상	인력 관리 회사 (*각 판매점에서 일하는 뷰티 컨설턴트들은 대부분 지역별로 나눠진 두 개의 인력 회사에 정규직으로 소속되어 있었고 그 회사에서 지역 매장에 파견하는 형식으로 일하고 있었습니다.)

매장의 경영주들은 뷰티 컨설턴트와는 다른 양상을 보였습니다. 프랜차이즈 모기업도 판매점도 아닌 업業 자체, 즉 '화장품 판매'라는 사업에 대해 동일시하고 있었습니다. 이는 다음과 같은 현상에서 볼 수 있습니다.

- 모기업이 지금은 1등이고 잘 팔리니까 H프랜차이즈를 하고 있지만, 더 잘되는 프랜차이즈가 있으면 언제든 갈아탈 수 있다는 인식이 있었고,
- 경쟁 상대를 다른 기업의 프랜차이즈 브랜드가 아니라, 모기업의 다른 영업 경로(대형 마트 등)로 생각하며,
- 그러면서도 '1등' 안에 머물고자 했습니다. 즉 '1등'이라는 사실 자체가 중요했죠. 2, 3등 브랜드를 취급하는 경영주들과 자신을 구별하여 말하고 있었습니다. 그러나 역시 '타사가 1등이 되면 자신이 그 1등 회사의 제품을 취급하면 된다'는 인식에는 변함이 없습니다.
- 그러나 직업 자체에 대한 상징적 동일시는 강했습니다.('이게 내 업이지요.', '돈을 더 벌면 이것을 하면서 다른 화장품 브랜드의 매장도 하고 싶고….') 가능하면 같은 업종에서 좀 더 고급화된 매장에서 고급화된 판매를 하고 싶다는 욕망을 갖고 있었습니다. 이는 기업문화 관점에서는 긍정적인 요소이기도 합니다.

이론적으로 볼 때 정체성의 세 차원은 다를 수밖에 없지만, 어떤 일관된 흐름 안에서 달라야 합니다. 자크 라캉의 정신분석 이론에서도 (일체감에서 비롯되는 가상의) 어머니와의 동일시에서 아버지(로 상징되는 법과 규율, 문화)와의 동일시로 진행되고, 동시에 그 너머에 있는 어떤 물질적인 흐름과 질서를 감지할 때는 기본적으로 '가족 혹은 주체'라는 어떤 통합된 인식의 장

안에 있어야 합니다. 그렇지 않고 세 차원 간의 간격이 계속 벌어지면, 정신분석 용어로 '분열 증상'을 겪게 되는 거죠. 뷰티 컨설턴트 조직의 경우에도 심리적인 정체성 분열 현상이 발생하고 있었습니다. "나는 A기업을 위해 열심히 일하고 있는데, 정작 경영주가 하라는 대로 하는 매장 직원일 뿐이고, 그렇게 일해도 내 월급은 다른 데서 주고…." 무엇을 위해, 누구를 위해, 왜 일해야 하는지에 대한 혼란을 겪고 있었던 것이죠.

모든 문화적 현상에는 원인이 있다는 것이 인류학의 믿음입니다. 저는 원인을 찾아 좀 더 파헤쳐 들어가야 했습니다. 바로 신화 분석의 단계입니다. 《기업문화 오디세이 2》에서 역설한 바와 같이, 한 집단 안의 인간은 신화를 통해 자신의 정체성에 일관성을 부여하기 때문입니다. 개인으로 비유하자면, 한 사람이 어린 시절부터 현재, 더 나아가 미래까지의 삶을 재구성해나가며 자신이 누구인지에 대한 인식을 만들어가는 것과 같습니다.

신화 없음과 두려움의 신화

예상한 대로 뷰티 컨설턴트들에게는 정체성에 일관된 흐름을 부여하는 신화적인 요소가 '없었습니다'. H프랜차이즈가 갖고 있는 문화 코드는 어느 정도 분명한 형태로 발견되었으나, 이마저도 기원에 근거하고 있지 않았습니다. 이는 이 프랜차이즈의 탄생 자체에 어떠한 전복적 의미도 없다는 데 일차적 원인이 있었습니다. 즉 무언가 세상을 바꾸기 위하여 탄생했다는 기원 신화가 없다는 것입니다. 이후 이를 전략적으로 재생산하는 과정도 없었습니다. 전파자와 추종자도 없어 자체적인 문화 재생산의 능력도 없다고 볼 수 있었지요. 원인 없는 결과는 없습니다. 이러한 '신화 부재'와 '정체성 혼돈'은 모기업이 H프랜차이즈 사업에 대해 (기업문화 유형상) '제국주의적' 전략[16]을 택했기 때문입니다. 즉, 브랜드 가치보다는 시장 확장과 이윤 추구를 주된 목적으로 한 확장 전략을 택했던 것이 큰 원인이었습니다.

16
《기업문화 오디세이 1》을 읽지 못한 분들을 위해 제국주의 유형에 대해 설명을 덧붙입니다. 응집력이 약한 유형 중 대표적인 것이 제국주의 갱, 제국주의 시스템입니다. 역사적으로 제국주의 국가들이 원료와 노동력 그리고 소비 시장을 확보하기 위해 식민지 점령에 나섰던 것처럼 제국주의형 기업 역시 자본의 무한 증식이 기업문화의 핵심에 자리 잡고 있습니다. 구성원들은 대부분 '용병'으로서 모래(응집력이 강한 유형이 진흙이라면)와 같은 사람들이라고 할 수 있습니다. 소명보다는 비전이나 목표를 중시하며, 인사 관리는 성과 중심주의와 내부 경쟁 제도 등이 적절합니다. 제국주의 갱은 겉으로 보기에는 조폭처럼 뭉쳐 있어 하나의 공동체 같지만 사실은 이윤 추구 자체만을 위해 모인 조직이라고 보면 이해가 쉽습니다. 전 세계적으로 똑같은 로고와 옷을 사용하고 같은 맛을 내는 맥도날드지만, 장사가 안 되면 매장 주인은 당장 내일이라도 롯데리아로 갈아탈 수 있지 않을까요. 제국주의 시스템은 이윤 추구를 위해 고도의 시스템을 운영하며, 고객과 시장이 있는 곳이라면 어디든 전략적으로 분석하여 진출합니다. 사업 다각화와 인수, 합병, 매각을 상시적으로 검토합니다. 내부 직원 역시 최고의 보상을 받고 자신의 몸값을 높이기 위해 일을 합니다. 그러므로 고도의 인사 관리 시스템이 필요하며 내부에도 경쟁과 퇴화의 원리가 적용되므로 특히 인센티브 시스템이 발달해 있습니다. GE의 잭 웰치식 주주 중심 경영이 대표적이며, 삼성과 LG 등 국내의 그룹 역시 대부분 이 유형이라고 볼 수 있습니다. 응집력이 약한 유형이기에 성장이 둔화되면 직원들의 급격한 이탈이 발생하거나 이를 막기 위해 전체주의 유형으로 이행합니다.

한 업종에 오래 종사해온 경영주들에게는 특정한 신화가 있었습니다. 화장품 사업을 어떻게 해왔고 어쩌다가 H사업을 시작하게 되었는지에 대해 유사한 구조의 스토리를 들려주었습니다. 그런데 그 신화의 기원에는 '두려움'이라는 코드가 있었습니다. "이거 안 하면 그 기업한테 밉보이는 거 아냐? 밉보이면 이 바닥에서 장사하기가 좀…"이라는 경영주의 말이 이를 대변하고 있었습니다. '왜 (다른 화장품 매장이 아니라) H프랜차이즈를 해야 하는가'에 대한 이해나 '(당시 시장 상황에서) H프랜차이즈의 시작이 가지는 의의', '고객에게 줄 수 있는 남다른 가치' 등에 대한 내적 동의 없이, 기존의 화장품 판매점에서 H프랜차이즈로 전환을 한 것이었죠.

그러므로 H로서의 정체성보다는 기존 지역 단위로 화장품 가게를 하던 동네 이름을 딴 ○○점, 예컨대 '부천 상동점'이라는 정체성에 더 종속되는 경향을 보였습니다. 벌써 몇 년의 시간이 흘렀는데도 말이죠. 고객들도 '○○점'으로 매장을 기억하지 H를 언급하지 않았습니다. 결론적으로 기원 신화가 내적인 정체성을 만들지 못하는 상태였습니다. '나는 누구인가?'라는 질문에 답을 구할 수 없으니 질문은 내적으로 끊임없이 반복될 수밖에 없었습니다.

전사로서의 문화 코드

이처럼 신화가 부재하고 정체성에 혼돈이 있었음에도 뷰티 컨설턴트와 경영주들의 언어와 행동에는 어느 정도 공통된 패턴이 있었습니다. 앞에서 얘기했듯, 기원에 근거하고 있지는 않았지만 일정 기간 동안 자신들만의 문화를 형성하면서 저절로 생겨난 것으로 보입니다. 고객에 대한 열정, 근접성, 사람 중심, 신뢰 등이었죠.

알아보기 쉽게 표로 정리하면 다음과 같습니다.

고객에 대한 열정	공통적으로 일의 근원을 고객에서 찾고 있음 : 판매자로서 갖추어야 할 전사warrior적 마인드로서, 이를 활용하면 강한 긍정적 동인이 될 수 있다고 판단됨
근접성	지역적 근접성을 우선하고 있음. 지역 사회와의 밀착. 단골 위주의 장사. 개별 고객들에게 맞춤 서비스 제공. 친근감을 무엇보다 중요시하여 '거리감이 생기는 것을 두려워함'. '고객님'이라는 말보다는 '언니, 어머니' 등의 말을 선호함
사람 중심	단골 장사. H매장을 찾는 것이 아니라 '나'를 찾아와주는 것이라는 생각. '나'를 편하게 느껴야 찾아오니까 편하게 해주려고 함
신뢰	불만 처리, 교환 · 환불 등에서 공통적으로 신뢰를 원칙으로 삼고 있음 "신뢰를 잃는 게 가장 두려워요."

조직문화 유형: 제국주의 갱 조직의 분열

이제 조직문화의 유형을 살펴볼까요. 《기업문화 오디세이 1》에서 다룬 기업문화 유형론을 다시 복습해봅시다.

조직문화(기업문화) 유형을 나누는 세 가지 기준은 '응집력, 교류, 체계'입니다. 이는 조직문화의 3법칙에서부터 나옵니다. 집단생활을 하도록 진화해온 인간의 유전자에 각인된 것으로서 모든 집단은 '소속, 주고받음, 서열과 체계'의 법칙을 따릅니다. 소속의 법칙에 따라 응집력이 형성되고, 주고받음의 법칙은 교류의 정도를 결정하며, 서열과 체계의 법칙은 조직의 체계성을 결정합니다. 이 세 축에 따라 기업문화 유형은 여덟 가지로 나눌 수 있습니다.

누군가 이렇게 말씀하시는군요. "H조직의 정체성과 신화를 보니 응집력은 낮은 듯하고, 문화 코드를 보니 교류는 어느 정도

기업문화의 8가지 유형

이루어지는 것 같고, 매장마다 제각각인 걸 보니 체계는 잘 잡히지 않은 것 같은데…. 그럼 제국주의 갱 유형이 아닐까요?" 좋습니다. 유형론은 그렇게 직관적으로 적용해보아도 충분히 쓸모가 있습니다. 그만큼 과학적으로 만들어져 있으니까요. 그럼 조금 더 분석해 볼까요.

사회적 응집력 vs 네거티브한 결속력

만일 조직문화를 분석하지 않았다면 이 조직은 소속감이 강해 보였을지도 모릅니다. 공통된 이름을 쓰고, 고객에 대한 열정도 강하고, 비슷한 제품을 취급하고, 무엇보다 이들은 (인력 회사에 소속된) 정규직 사원이었으니까요. 사실 모기업의 내부 관계자들 역시 그렇게 파악하고 있었습니다.

그러나 조직문화 분석에 의하면 이 조직은 사회적 응집력이 약한 것이 분명했습니다. 정체성은 분열되어 있고, 기원은 신화를 만들지 못하고 있었으니까요. 하지만 공통의 행동 패턴이라 할 수 있는 문화 코드는 발견되지 않았냐고요? 맞습니다. 아, 그럼 뭐가 맞는 건가요? 《기업문화 오디세이 1》에서는 이러한 결속력을 '사회적 응집력'과 구분하여 '네거티브한否定的 결속력'[17]이라고 했습니다.

네거티브한 결속력	사회적 응집력
구심점이 없음	내부의 구심점(소명)을 중심으로 만들어짐
외부와 대비해서만 소속감을 가질 수 있음: 외부 대비 '1등 기업'이기 때문에 여기 있는 것임. 그러므로 시장이 변하여 그 지위가 상실되면 급격한 이탈의 가능성이 있음	외부와의 대비가 없어도 '우리'를 정의할 수 있음: 내부의 문화적 요소(신화 · 상징 · 의례 등)에 의해 소속감을 가지게 됨
내적으로 통합이 어려움	문화 코드에 의한 내적인 통합
외부와의 대비를 통하여 '상상'을 계속 충족시키려 함	'우리만의 무엇이 있다'는 인식이 있음

외부와의 강한 교류 vs 내부의 막힌 교류

앞서 보았듯이, H조직의 문화 코드에는 '고객과 시장에 대한 열정'이 있었습니다. 이는 고객과 시장에 대한 개방성으로 나타났습니다. 즉 '외부와의 교류 정도가 강하다'고 볼 수 있죠. 판매

17
네거티브한 결속력은 우리 사회의 반공 이데올로기와도 같습니다. 스스로 자신을 정의하고 응집력을 만들 요소들, 예컨대 집단이 존재해야 할 소명과 신화가 없으니 외부에 가상의 적을 만들고 그에 대비해서 내부의 결속력을 만드는 패턴입니다. 이러한 결속력은 한시적으로는 유용할 수 있습니다. 예컨대 기업의 위기 상황일 때는 외부에 위협적인 적을 만듦으로써 내부 사람들의 동기 부여를 이끌어낼 수 있습니다. 2013년 이른바 '갑甲의 횡포' 문제로 사회적 논란이 되었던 남양유업 같은 경우에는 이러한 전략을 쓸 수도 있죠. (물론 사회 전체의 윤리적 문제와는 별도로 내부의 기업문화에 한한 얘기입니다. 모든 기업문화를 상대적으로 보는 이 책에서는 어떠한 문화에도 가치 판단을 하지 않습니다. 예컨대 남양유업 영업사원이 대리점장에게 퍼부은 폭언을 윤리적 기준으로 판단하는 것이 아니라 숨겨진 원인을 조직문화 안에서 찾아가는 겁니다. 남양유업 사원의 폭언은 어쩌면 조직문화 안에서는 '영웅적' 행위일지도 모르니까요. 조직체는 그 조직체만의 가치관이 있는 법입니다.) 그러나 문화는 오래 가고 잘 변하지 않습니다. 기업문화의 성격을 '반공 이데올로기스러운' 것으로 만들어놓으면 '외부의 적을 가상으로 계속 만들어야 하는' 상황이 반복됩니다. 곧 패턴이 되는 것이지요.

자로서의 마인드도 강했는데, 이는 예전 화장품 전문점 시절에도 있었던 것으로 H프랜차이즈로 전환하면서 보다 강화된 것으로 보입니다. 모기업의 판매 교육과 서비스 교육, 인센티브 제도에도 영향을 받았습니다.

그러나 '내부 교류의 정도는 점차 약해지는 징후'가 발견되었습니다. 모기업과의 교류를 회피하거나 아예 포기하는 경영주도 있었고, 뷰티 컨설턴트의 경우에는 "이제 (고객보다는) 우리 이익부터 챙겨야겠어요", "우리가 원하는 제품이 아니라 본사가 팔려는 제품만 줘요. 본사와의 소통은 포기했답니다"라며 직접적으로 생각을 피력했습니다.

이 조직은 모기업, 인력 관리 회사, 매장, 뷰티 컨설턴트의 교류 형태가 조직문화를 만들고 변형해가고 있었습니다. 즉, 조직의 문화 안에서 필수적으로 기능하는 집단을 구분하면 네 개의 기능 구조가 만들어진다는 것이죠. 《기업문화 오디세이 2》에서 다루었던 세 개의 기능 구조(전사-생산자-성직자)가 여기에서는 네 개가 된 것입니다. 이들 간의 거시적 교류의 유형과 소속감의 양상에 대해서는 기능 구조를 다룰 때 더 자세히 살펴보겠습니다.

경험에 의존하는 관리 체계

H프랜차이즈의 물류 및 회계 시스템은 어느 정도 갖춰져 있었습니다. 그러나 '사람'과 관련한 부분은 그렇지 못했습니다. 채용, 교육, 파견 등이 체계적으로 이루어지지 않고 있었죠. 서열 구조 역시 각 매장마다 달랐습니다. 조직문화의 관점에서 더 의미 있는 것은 '인터뷰에서 어떤 표현을 하는가'입니다. 즉 체계성에 관해 사람들이 어떻게 인식하고 있는가가 중요한데, 인터뷰를 해보니 '뭐, 그때그때 달라요', '그건 각 매장마다 알아서 합니다'라는 표현이 다수를 이루었죠. 결론적으로 체계성이 낮고 경험적으로 움직이는 조직이었습니다.

낮은 사회적 응집력, 외부의 강한 교류/내부의 약한 교류, 낮은 체계성을 고려할 때 결론적으로 이 조직은 기업문화의 유형 여덟 가지 중 '제국주의 갱-사회적 분열 유형'으로 정리할 수 있었습니다. 조직문화의 유형을 아래와 같이 그려볼 수 있겠죠.

H조직의 기업문화 유형

단, 이에 대한 가치 판단은 하지 않습니다. 이를 부정적 요소라고만은 할 수 없다는 말입니다. 체계성이 낮다는 것은 빠른 시장 변화에 대응력을 갖출 수 있는 문화적 조건이기도 하니까요.

분석 단계에서 유형론을 활용하는 것의 장점은 '예상되는 징후'를 포착하기에 용이하다는 것입니다. 유형 안에서 일정한 패턴으로 움직이니까요.[18] 이 조직에서 제국주의 갱, 사회적 분열 유형과 관련되어 예상되는 징후들은 어떤 것들이 있었을까요?

제국주의 갱 관련 징후

가장 중요한 것은 소속감이 '가상의 것'이라는 데에 있습니다. 조폭이나 갱단을 보면 비슷한 옷을 입고 유사한 행동 양식을 보이며 의리로 똘똘 뭉친 것 같습니다. 하지만 사실 갱은 돈과 권력을 위한 이전투구의 장이지 어떤 숭고한 목적을 추구하거나 하지는 않지요. 마찬가지로 H라는 프랜차이즈의 이름 아래 공통된 색상 규정, 유니폼 등은 있었지만 이것이 문화적 동질성을 보장해주지는 않았습니다. 상상적 동일시를 위한 것이었지요. 그러므로 구성원들 스스로 '적합한 자리'를 찾는 것이 어려울 것

18
기업문화의 전략 수립과 변화 단계에서도 유형론은 유용한 방법입니다. 문화는 패턴이기 때문이죠. 한 유형 내에서 전략적 일관성을 가지면 ('문화 내 존재'인) 사람들의 전략 실행에도 일관성을 가져올 수 있으며, 그것이 하나의 기업문화로 만들어지게 됩니다.

으로 예상되었습니다. 여기에는 정체성과 관련하여 두 가지 이유가 있습니다. 실재적 정체성의 혼란('나는 A회사의 사람도 아니고, 그렇다고 H브랜드 소속도 아니고, 인력 회사 사람도 아니고…')과 문화적 · 상징적 정체성의 혼란('내 직업은 판매 사원도 아니고, 그렇다고 전문 카운슬러도 아니고…') 때문으로 정리할 수 있습니다. 이러한 상태에 체계성이 낮고 경험적이라는 유형상의 특성이 결합되면 '감정적인 대응과 관리'가 이루어지게 됩니다. 이후 지역에 산재한 '각 매장'의 문화에 점점 더 지배당하게 되어, 개인주의적 성향이 심화되는 패턴이었던 거죠. 윤리 상실의 가능성도 예상할 수 있습니다. 앞에서 보았듯이 탄생 동기 자체에 '제국주의적 전략'이 주로 자리했기에 강한 금기가 형성될 수가 없었죠. H브랜드 이전 화장품 전문점 시기에는 지나친 가격 할인 경쟁으로 화장품 소매 시장 자체가 무너졌었는데, 그때의 문화로 돌아갈 위험도 있었죠.

사회적 분열의 징후

이 조직에는 '모기업 A가 우리를 언제 버릴지도 모른다'는 불안감이 언제나 맴돌고 있었습니다. 앞서 분석에서 보았듯이 (경영주들에 의한) 기원 신화가 두려움의 코드에 근거하고 있다는 점을 고려한다면, 시간이 지날수록 이 불안감은 더 강해질 것으로 예상할 수 있습니다. 신화는 끊임없이 현실을 재생산하니까요. 실제로도 '우리가 소모품이란 걸 알아요' 같은 언급이 많이 발견되고 있었습니다.

정신분석학적으로 해석하면 경영주들에게는 일종의 심리적 방어기제가 작동한다고 할 수 있습니다. 즉, '버려질 것'에 대한 불안감을 감추고 마음의 상처(?)를 막기 위해 모기업의 정책에 대해 아예 무관심해지거나, 모기업의 이익과는 상관없이 일단 개인의 몫이라도 먼저 챙기려는 현상으로 나타났습니다.

이에 따라 모기업과의 소통을 아예 포기하거나 혹은 '시키는 대로만 하지, 뭐' 하는 태도도 드러났습니다. 공동의 이익을 추구하려 하지 않고 '내 방식대로 이익을 챙기는 것이 좋다'는 생각도 퍼져 있었죠. 미래에 대한 전망 역시 부재했고, 전망을 표현하더라도 조직과 상관없는 개인적인 비전의 형태로 드러났습니다. "내 매장을 갖는 것이 소박한 꿈이죠. 그러나 그것이 꼭 H브랜드일 필요는 없어요."

정체성의 분열과 양가감정

양가감정ambivalence[19]이 분명하게 드러난다는 점도 두드러진 특징이었는데, 이 역시 정체성과 관련이 깊었습니다. 한마디로 '열등감과 자부심의 공존'이라고 할 수 있을까요? 뷰티 컨설턴트들은 전문성을 갖춘 세련된 사람으로 보이고 싶다는 욕망을 직접적으로 드러냈는데, H프랜차이즈는 이러한 욕구를 충족시키는 데 한계가 있었습니다. 그래서 이에 대한 심리적 보상을 '1등 기업인 A사에 속해 있다는 사실'을 통해 '상상적'으로 채우려는 듯싶었습니다. 그러나 이는 공허할 수밖에 없는 자부심이지요. 왜냐하면 실제로 뷰티 컨설턴트는 A기업이 아닌 인력 회사에 소속되어 있고 문화적으로도 A기업의 상징성을 부여받고 있지 못했기 때문입니다. 앞서 정체성의 세 차원에서 얘기했듯이, '상상적'으로만 동일시를 반복함으로써 이러한 양가감정이 계속 심화되는 패턴이었습니다.

매장의 경영주들 역시 '상상적인, 가상의' 저항이 강한 상태였습니다. 예컨대 경영주들은 친목 동호회를 종종 만들었는데, '경영주들이 커뮤니티를 만든 것을 모기업에서는 못마땅하게 생각하고 무언가 조치를 취하려고 한다'는 소문이 팽배해 있었죠. 기

19
논리적으로 상반되는 두 감정을 동시에 갖고 있는 상태로, '애증'의 감정이나 '사도마조히즘 sadomajochism(가학적인 동시에 피학적인 성향)'을 예로 들 수 있습니다.

원 신화에 있는 '두려움'이라는 코드까지 겹쳐져 이러한 상상을 부풀리고 있었습니다. 세금 문제와 추가 인테리어 비용 등 경제적 교류에 대한 '실재적' 저항도 심화되고 있었습니다. '상징적', 즉 문화적 측면에서의 저항은 보이지 않았지만 상상적 저항이 강했기에, 모기업에서 변화를 시도할 때 원래의 의도가 왜곡되는 패턴 안에 있었습니다. 결론적으로, 상상적 차원에 있는 가상의 두려움을 제거하고 이를 상징적 차원으로 가져와 합리적이고 이성적인 해결을 시도할 필요가 있다고 판단되었습니다.

기능 구조: 사업 기능들 간 교류의 유형

"문화는 교류를 위해 만들어졌다!" 이렇게 말해도 과언이 아닙니다. 교류는 집단생활을 하며 생존할 수밖에 없던 인간의 진화론적 숙명이라고 할 수 있겠죠. 그런데 여기서의 교류는 물질적인 교환만을 의미하지는 않습니다. 언어로 이루어지는 상징적인 교류 그리고 신뢰와 책임 등 무형의 가치를 교류하는 것까지 포함합니다. 정체성을 형성하는 동일시 작용 역시 교류 안에 포함됩니다. 동일시는 언제나 '무엇과의 동일시'이기 때문입니다.

그러므로 정체성의 세 차원에 따라 교류의 양상이 달라질 수 있습니다. 또한 기업문화 유형별로 교류의 양상이 달라지는데, 그렇기 때문에 한 문화권에서 여러 집단 간 교류의 유형을 분석해 보면 그 문화의 성격과 문제점을 파악하는 데 도움이 됩니다. 기능 구조들의 교류 방향은 전략적으로 어떻게 변화해야 할까요? H프랜차이즈 사업을 구성하는 요소들을 보면 크게 네 개의 기능 집단이 형성됩니다. 우선 1)모기업 A, 2)H매장(과 경영주), 3)뷰티 컨설턴트들 그리고 이들을 관리하는 4)인력 관리 회사가 있습니다. 기업문화 유형론에 비추어볼 때 어떤 교류 방식을 택하고 있는지, 이에 따라 소속감의 교류는 정체성의 세 차원 중 어디에 해당하는지를 그림으로 그려보면 아래와 같습니다.

모기업 A는 H매장(경영주), 뷰티 컨설턴트와 제국주의적 유형의 교류를 하고 있습니다. H매장과 뷰티 컨설턴트 역시 제국주의적 유형의 교류를 하고 있고요. 비유한다면 '식구'보다는 '용병'이었다고 할 수 있습니다. 물론 경영주와 뷰티 컨설턴트는 매장이라는 한 문화권 안에 있으므로 인간적인 관계에서는 친밀

H프랜차이즈의 소속감의 교류

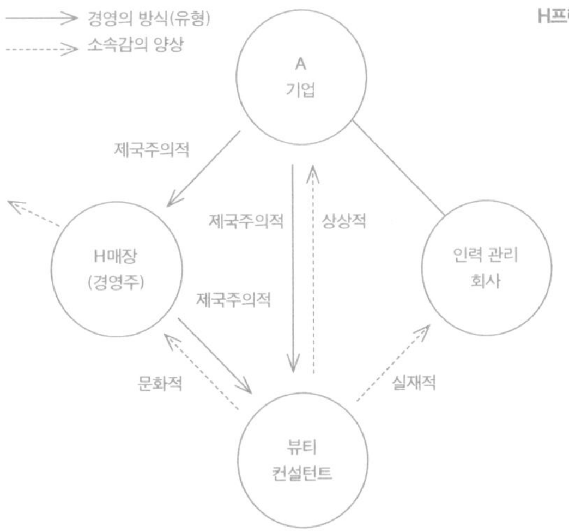

하지만, 경영상으로는 기본적으로 제국주의적인 관계를 맺고 있다고 할 수 있었습니다. 인력 관리 회사도 기본적으로 모기업의 제국주의적 정책을 따르고 있습니다. 앞에서 보았듯이 뷰티 컨설턴트의 동일시, 즉 소속감의 방향은 상상 · 상징 · 실재의 각 차원에 따라 나눠지고 있습니다. 상상적으로는 모기업에, 상징적(문화적)으로는 매장에, 실재적(경제적)으로는 인력 관리 회사를 향하고 있습니다. 각 매장이 어느 쪽에도 속하지 않은 점도 주목할 내용입니다. 소속감을 나타내는 화살표가 바깥을 향하고 있죠? 앞에서 보았듯이 화장품이라는 '업' 자체에 동일시를 하고 있었습니다. 이는 화장품 문화권 안에는 소속되어 있지만 언제든지 'H문화권'의 바깥으로 나갈 수 있음을 의미합니다.[20]

변화를 위한 제언

자, 진단은 끝났습니다. 지금까지 기업문화라는 비밀의 문을 열기 위해 열쇠들을 돌려보았습니다. 신화와 문화 코드, 유형 그리고 기능 구조의 열쇠를 돌리다보니, 문제의 핵심은 '정체성의 분열'에 있다는 것을 알게 되었습니다. 이제 어떻게 해야 할까요?

20
인력 관리 회사는 CSIM/HIM 등의 '뜻을 알 수 없는' 축약어로 존재하는 회사였는데, 그만큼 자신만의 정체성을 가지지 못했다는 상징적 방증입니다. 실제로도 뷰티 컨설턴트를 관리 · 교육 · 지원하는 여러 경영 정책들을 수행하지 않고 있었습니다.

기업문화 오디세이 방법론은 다음과 같은 대립 구조에 기반합니다. 마치 모든 신화가 대립 구조에 근거한 것처럼 말이죠.

의식 : 무의식 = 경영활동 : 기업문화

(= 비전 : 소명 = 과학적 사고 : 신화적 사고 = 좌뇌 : 우뇌 = …)

그리고 이 대립 구조의 매개자가 바로 기업문화 오디세이입니다. 모든 전략 역시 이 구조에 의해 만들어집니다. '경영전략에 적합한 기업문화(역으로, 기업문화를 고려한 경영전략)'가 목표입니다. 그러므로 당연히 경영전략을 먼저 고려해야겠지요. '앞으로 이런 목표 아래 이런 경영을 하고 싶은데, 그러려면 지금의 기업문화를 어떻게 바꿔야 할까?'라는 물음이 변화의 첫 단계입니다. 그때 사용되는 유용한 방법론이 바로 기업문화의 유형론이라는 열쇠입니다. 그러므로 '어떤 유형의 조직문화가 기업에서 추구하는 전략에 적합한가?'라고 물어야 합니다.

서두에서 말씀드렸듯, 모기업은 H프랜차이즈를 새로운 이름의 AR프랜차이즈로 전환하는 프로젝트를 추진하고 있었습니다. 좀 더 확실한 아이덴티티를 갖기 위해 프랜차이즈 매장 자체를 브랜드화하려는 전략이지요. 더불어 모기업 A의 제품 이외에 다른 회사의 제품도 판매할 수 있었던 기존의 H프랜차이즈 매장과는 달리 모기업의 제품만을 취급하는 유통 전략을 같이 추진했습니다. 이러한 전략을 고려하여, 기업문화 유형론의 세 가지 축인 응집력, 교류, 체계성의 방향을 다음과 같이 설정했습니다.

· 강한 응집력: AR이라는 새 프랜차이즈의 아이덴티티로 응집력이 강화되어야 한다. 또한 고객들이 (제품 외에) 프랜차이즈 브랜드(매장이라는 공간)의 마니아가 될 수 있도록 전략을 짜야 한다. 앞으로는 모기업의 제품만을 취급해야 하므로 각 매장의 경영주와 뷰티 컨설턴트들의 소속감도 강화되어야 한다.
· 높은 개방성: 모기업과 매장(경영주), 뷰티 컨설턴트 간의 교류가 활발해져야 한다. 새 브랜드로 고객을 유인해야 하므로 고객과 시장에 대한 개방성도 높아져야 한다.
· 유연한 체계: 각 매장이 지역사회에 유연하게 대응할 수 있도록 중앙집중식 시스템을 지양한다. 채용-배치-매장 운영에 있어 매장별 특수성을 유지하여 시장 대응력을 강화한다.

AR프랜차이즈의 기업문화 변화 전략 제안

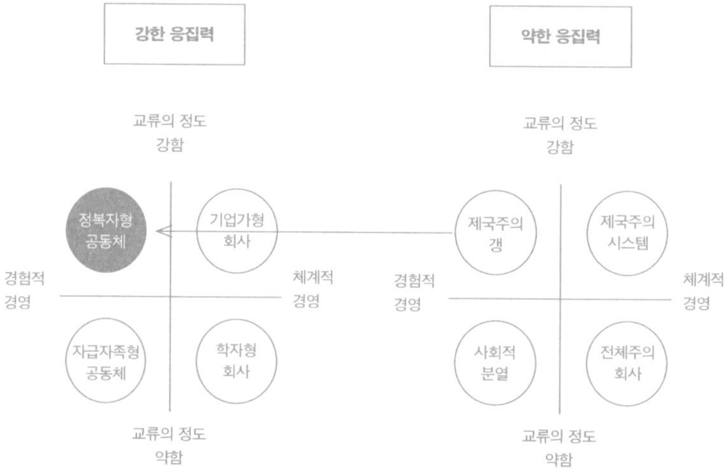

응집력, 교류, 체계성의 세 축을 기업문화 유형론에 대입하면 정복자형 공동체 유형이 나옵니다. 새 AR프랜차이즈의 경영전략에 따라 '정복자형 공동체'의 문화 도입을 제안했습니다.

그림에서 보듯, 제국주의 갱-사회적 분열 유형에서 정복자형 공동체로 이행하기 위한 첫 번째 조건은 응집력의 강화입니다. 《기업문화 오디세이 1》로 잠깐 돌아가 볼까요? '응집력은 어떻게 형성되는가'라는 질문에 아래와 같은 그림을 그렸습니다.

H프랜차이즈는 '신화 없이' 만들어졌습니다. 새로운 AR프랜차이즈 브랜드에서는 전복적transgression인 요소, 즉 '금기의 위반'이라는 신화적 요소를 추출하여 기원 신화를 만들고 소명vocation을 도출하여 신화에 담는 작업이 필요합니다.

또한 AR이 추구하는 가치에 맞추어 새로운 핵심 가치를 만들 것을 제안했습니다. 여기서 잊지 말아야 할 점은 '완전히 새로운 핵심 가치는 없다'는 것입니다. 즉, 조직문화 진단에서 드러난 기존의 문화 코드를 전략에 맞게 '살짝 비틀어 변용하는' 작업이어야 합니다. 그래야 기존 문화와의 충돌 없이, 자연스럽게 변화가 이루어질 수 있습니다. 경영자가 원한다고 아무 개념이나 핵심 가치로 갖다 놓으면 안 됩니다. 다음으로 새로운 핵심 가치에

응집력은 어떻게 형성되는가

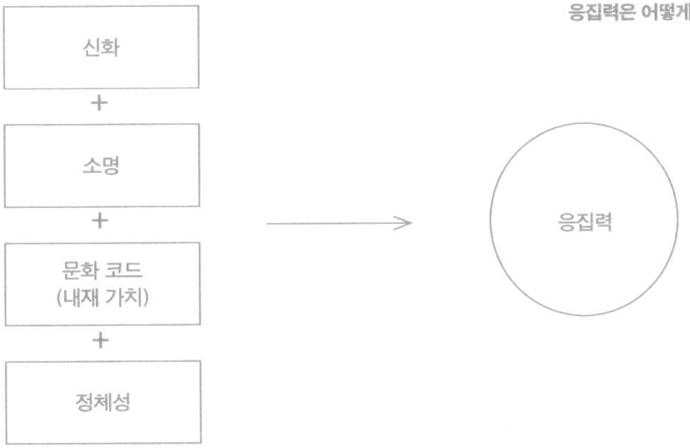

기반하여 경영주와 뷰티 컨설턴트의 금기와 의무 체계를 별도로 만드는 작업도 필요합니다. 반복해서 강조하지만, 새로운 핵심 가치와 금기와 의무 체계 역시 신화에 담기도록 해야 합니다.

자, 이제 문제의 정체성입니다. '분열된 정체성을 어떻게 통합할 것인가'의 문제가 이 조직의 문화를 치유하는 핵심 열쇠였으니까요. 응집력을 높이기 위한, 개방성을 높이기 위한, 그리고 유연한 체계를 갖추기 위한 '결정적 경로' 역시 여기에 있다고 생각했습니다. H프랜차이즈의 핵심적인 네 가지 기능 구조, 모기업, 매장(경영주), 뷰티 컨설턴트, 인력 관리 회사 모두가 동시에 바뀌어야 합니다. 기존의 '제국주의적' 유형의 전략을 포기하고 '정복자형 공동체' 유형으로의 변화 말입니다. 이를 아래처럼 다시 그림으로 그려 보겠습니다. 그러면 정체성을 형성하는 소속감의 차원이 어떻게 변해야 하는지가 분명해집니다.

인력 관리상 실재적 차원의 소속 자체는 변할 수 없었습니다. 그건 조직문화 컨설팅이 다루는 영역도 아니었고요. 즉, 뷰티 컨설턴트는 계속 인력 관리 회사에 소속된 직원입니다. 진단에서

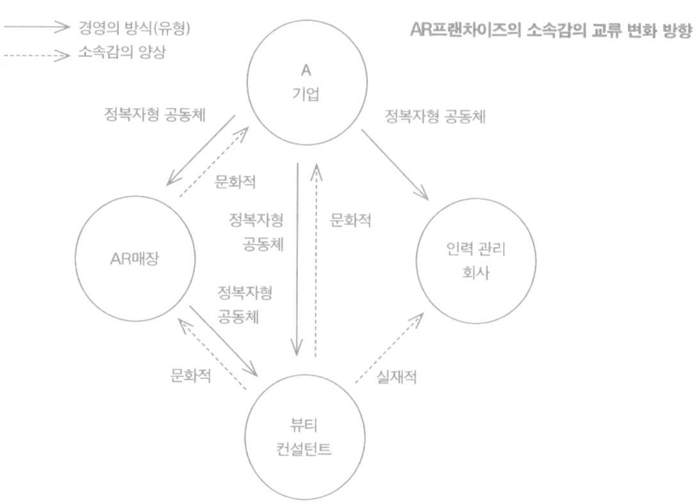

중요한 점은 뷰티 컨설턴트들의 모기업에 대한 상상적인 동일시가 양가감정을 심화시키는 패턴 안에 있다는 것이었습니다. 그에 따라 가상의 소속감만이 증폭되어 오히려 개인주의적 성향이 심화되고 자신의 '적합한 자리'를 찾지 못하다가 결국 오래지 않아 이직하는 악순환 안에 있었습니다. '적합한 자리'는 상징적 차원, 즉 문화적 차원에서의 소속감과 가장 관계가 깊습니다. 예컨대 유교 문화권에서 남녀노소의 정확한 자리와 규범이 정해져 있는 것과 같은 이치이죠. 그러므로 상징적(문화적) 동일시를 할 수 있게 하는 것이 중요합니다. 모기업에 대한 상상적 동일시를 상징적(문화적) 동일시로 전환할 필요가 있는 겁니다. 물론 위에서 얘기한 신화, 소명, 핵심 가치 등이 이와 깊은 관련이 있지만 그것만으로는 한계가 있습니다. 경영전략적 조치, 즉 정책이 바뀌어야 합니다. 왜냐하면 기존의 H브랜드도 겉으로 보기에는 공통의 상징이 있었음에도 문제가 발생했으니까요. 더불어 실재적 차원에서의 정체성 강화 정책도 같이 제안했습니다.

우선, 문화적(상징적) 정체성을 명확하게 하기 위해서, 다음 두 가지 중 하나를 택할 것을 제안했습니다.

- 'AR은 곧 A기업의 브랜드이다'를 대외적으로 명시하기: 이를 통해 '당신은 A기업의 사람이다. A기업의 가치를 전파하는 사람으로서 고객과 가

장 가까이에 있는 AR에서 일한다'라는 메시지를 받을 수 있도록 하기

· '(A기업이 아닌)AR브랜드'만 쓰기: '당신은 AR의 사람이다. 당신은 AR의 가치를 고객들에게 전파하는 사람이다'라는 메시지를 내면화할 수 있도록 하기

이후 워크숍에서 모기업은 전자의 전략을 택했고, 이는 이후 광고 · 홍보에 모두 반영되었습니다. 더불어 저는 뷰티 컨설턴트로서의 비전과 정체성을 강화하기 위해 기업에서 시행하고 운영하는 뷰티 컨설팅 자격증 제도의 도입을 제안했습니다.

그리고 지금부터가 중요한데요, 《기업문화 오디세이 2》의 핵심 중 하나였죠, 뷰티 컨설턴트의 '토템'을 만들 것을 제안했습니다. 토템은 강한 정체성을 가진 '부족 사회'를 창조하는 데 유용한 인류학적 장치입니다. 정체성의 세 차원과 관련하여 보자면, 스스로에 대한 문화적(상징적) 동일시의 조건을 만드는 데에 탁월한 기능을 합니다. 동일시의 대상이 생기기 때문입니다. 스스로 자신이 누구인지를 정의할 수 있고, 그것이 다른 이의 준거가 될 수 있으며, 그에 맞추어 스스로 자신의 조직을 위하여 행동 규범을 만들어갈 수 있는 '강한 부족 사회'를 하나 창조해내는 거죠. 이에 부합하여 옷, 메이크업, 장신구, 말투, 인사법 등의 여러 상징적 요소를 만드는 겁니다. 뷰티 컨설턴트라는 보통명사

서클링의 과정

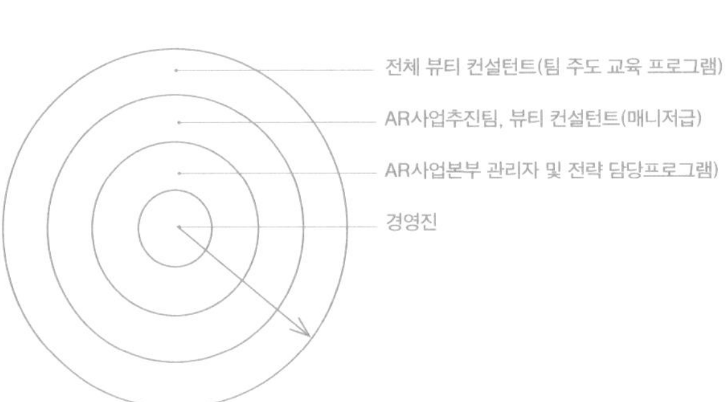

대신 그들만의 고유명사를 얻게 하는 장치로서 말이죠.

변화는 '결과가 아니라 과정' 속에서 이루어집니다. 컨설턴트가 모든 결론을 던져주면 변화는 결코 이루어질 수 없습니다. 조직의 구성원들이 직접 마법의 순간을 거쳐야 합니다. 그리고 그것은 언제나 위로부터 아래로 동심원으로 확장되는 형태, 즉 서클링이라 이름 붙인 과정을 거쳐야 합니다. 새로운 조직문화는 컨설턴트나 경영진이 만든 것이 아니라 이러한 과정을 통해 '우리 조직이 스스로 만든 것'이 되어야 합니다.

1차 서클 - 경영진

경영진은 '보는 순간'을 훌륭히 거쳤습니다. 진단 결과를 이해했고, 변화 방향에 대한 제언도 대부분 받아들였습니다. '보는 순간'을 위한 1차 세미나는 성공적으로 끝났습니다. 인터뷰 결과, 경영진 대부분이 부정-분노/죄책감-흥정/협상-체념 · 실험의 단계 중 체념 · 실험의 단계에 진입했음을 알 수 있었습니다.

2차 세미나는 '이해의 시간'을 위한 것이었습니다. 조직문화 유형을 이해하고, 목표 유형으로 가기 위한 '결정적 경로critical path'를 이해하고 정하는 시간입니다. 제국주의 갱-사회적 분열 유형에서 정복자형 공동체 유형으로 순조롭게 이행하기 위한 전략적 경로를 찾기 위해 오랜 토론을 벌였습니다. 다시 강조하지만 과정, 즉 토론 자체가 중요합니다. 토론 진행 과정 속에서 변화는 계속되었고, 1차 서클을 관찰한 결과 대부분 이해의 시간을 지났다고 판단되었습니다. 결론 내린 결정적 경로는 아래와 같이 도식화할 수 있습니다.

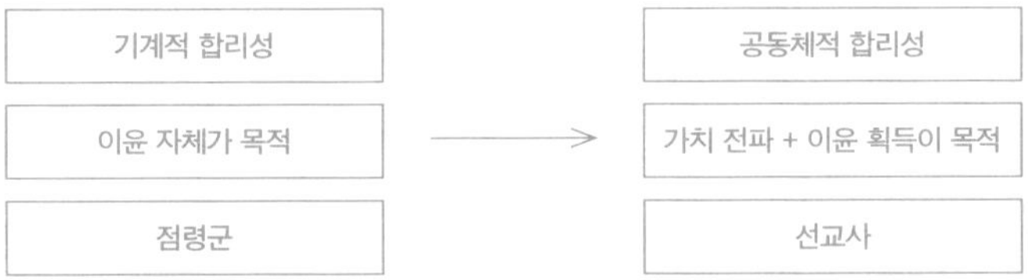

'선교사'의 비유가 말 그대로 결정적이었습니다. 그 비유 하나로 사람들은 무엇을 해야 하는지 '직관적으로' 알 수 있었습니다. 바로 비유가 가진 힘이지요.[21]

21
비유의 힘을 조직 운영에 활용하는 대표적인 사례가 바로 할리우드 영화계입니다. 할리우드에는 '하이 컨셉high concept'이 있다고 합니다.(《스틱》, 칩 히스 · 댄 히스 지음, 박슬라 외 옮김, 엘도라도, 2009) 영화 관계자들을 모두 이해시키고 움직이게 하는-말 그대로 영화를 제작하는 사람들의 문화를 만드는-핵심 메시지를 말하는데 이게 온통 비유랍니다. 영화 〈스피드〉는 '버스 버전 〈다이하드〉', 영화 〈에일리언〉은 '우주선 버전 〈조스〉'. 이 짧은 비유가 영화 〈스피드〉 또는 영화 〈에일리언〉에 관계된 사람들에게 막대한 의미를 부여하고 실제 행동을 낳습니다. '우주선 버전 〈조스〉'라면 당연히 독립 영화감독이 아니라 액션 감독이어야 하고, 예산은 〈다이하드〉의 다른 버전인 만큼 1억 달러는 기본이며, 배우는 연기파보다는 스타를 캐스팅해야겠지요. 〈에일리언〉의 미술감독은 어떨까요? 어떤 우주선을 만들어야 할지 고민하며 수많은 데이터에 빠져 패닉과도 같은 상태일 때, '에일리언은 우주판 조스예요'라는 말이 큰 도움이 되지 않을까요? 당장 〈스타트렉〉 같은 깔끔한 우주선은 배제하겠죠. 낡아빠진 보트와 고립된 바다, 습기와 안개로 가득 찬 분위기… 에일리언의 우주선은 조스의 그것이 살아 있는 공간이면 됩니다.

84쪽 도식의 화살표에 해당하는 내용을 구체화하기 위해 'AR의 삼위일체론'[22]을 만들었습니다. AR사업은 이제 선교사적 미션을 띠므로, 사업을 추진하는 요소는 모두 '개인인 동시에 전체'가 되어야 한다는 논지입니다. 공동운명체라는 인식을 강화하는 담론적 장치가 마련된 순간이었습니다.

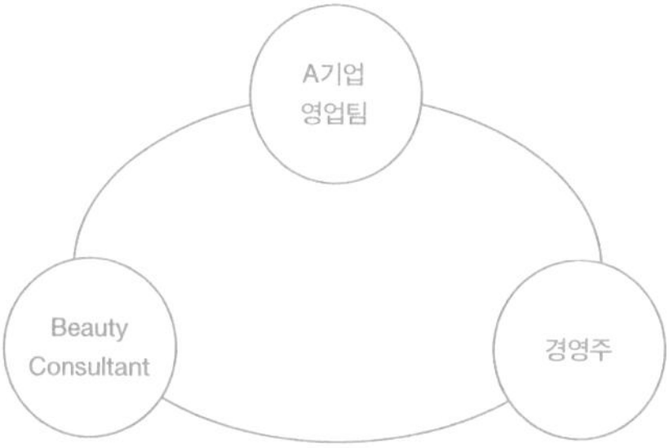

다음으로는 새롭게 심을 조직문화의 핵core을 만들 차례입니다. 핵에는 가장 근본적인 것을 담기 마련입니다. 그러므로 근본적인 질문을 던졌습니다. "무엇에 대한 열정이 AR사업을 하게 만들었는가?" 경영진들은 세 가지의 열정을 답으로 내놓았습니다.

- A기업이 추구하는 가치에 대한 열정: A기업의 소명을 담은 제품 추구
- 특별한 공간이 주는 체험에 대한 열정: 진정한 의미의 '소매' 공간 추구

22
저는 새턴이라는 미국의 자동차 브랜드를 사례로 제시했습니다. 회사 직원, 자동차 소매상, 판매직 계약 직원은 모두 새턴이라는 이름 아래 묶인 운명 공동체입니다. 회사는 마치 신종교와도 같은 느낌의 공동체 기업문화를 일관되게 만들어갔습니다. 매월 진행되는 자동차 클리닉, 새 고객 대상 파티, 다른 판매자의 고객까지 특별 관리하는 공동체 시스템, 차주들의 커뮤니티 구성 등의 정책은 그러한 문화에 따른 당연한 결과였고요. 새턴의 기업문화와 그 전략에 대해서는 《왜 그들은 할리와 애플에 열광하는가》(더글라스 애트킨 지음, 김종식 옮김, 세종서적, 2005) 245~276쪽을 참고하시기 바랍니다.

· 친밀성에 대한 열정: 지역적, 심리적으로 고객과 가까이 있음을 추구

이를 바탕으로 조직문화의 핵이 될 소명을 정초하고자 했으나, 문장으로 만드는 것은 실제 사업을 담당할 사람들의 서클에서 수행하기로 경영진들과 합의했습니다.

두 차례의 워크숍과 인터뷰로 1차 서클은 성공적으로 마무리되었습니다. 여기서 성공적이라 함은 모두 '이해의 시간'을 지났다는 말입니다.

2차 서클 - AR 추진 본부 관리자 및 전략 담당자들

2차 서클 워크숍의 문은 1차 서클의 임원진이 열었습니다. 지금까지 논의되고 결정된 사항들은 컨설턴트가 아니라 경영진들이 '직접' 만든 것이기 때문이고, 그러하다는 것을 2차 서클의 참가자들이 인식하게 하기 위해서입니다. 1차 서클의 결정 내용을 계승하여 AR사업의 가장 중요한 핵을 심는 것이 2차 서클의 임무임을 상기시켰습니다. 이처럼 각 서클이 진행될 때마다 앞선 서클의 참가자가 서클 전체를 대변하여 워크숍의 모두冒頭 발언

을 하는 것이 좋습니다. 기업은 기본적으로 계층 조직이기 때문에 하위 서클 참가자들의 집중도를 높일 수 있으며 무엇보다 그들의 '이해의 시간' 중 '부정'의 단계를 빨리 넘어가게 하는 효과가 있습니다. 자신보다 먼저 변화된 윗사람을 보면 그것이 '부정할 수 없는 현실'임을 인정하게 되는 것이지요.

2차 서클의 목적은 총 다섯 개입니다. 다른 업무에서도 활용할 수 있도록 워크숍에서 활용한 방법론을 중심으로 2차 서클링의 내용을 간략히 요약해보겠습니다. 실제 내용은 공란으로 남겨두었습니다.

1차 서클에서 결정한 '결정적 경로'의 실행 방안 마련

○ 기존 문화의 장례식 치르기

먼저, 현재의 조직문화에서 정복자형 공동체 문화로 전환하기 위해 '간직해야 할 행동/버려야 할 행동/보완할 행동/새롭게 추가해야 할 행동'을 추려봅니다.

간직해야 할 행동	버려야 할 행동	보완할 행동	새롭게 추가해야할 행동

'이해의 시간'에는 기존 문화의 장례식 치르기가 포함됨을 기억하시나요? 문화에는 관성이란 게 있어서 머리로는 옳지 않다는 걸 알면서도 마치 습관처럼 기존의 행동 양식을 따르기 마련입니다. 그러므로 기존 문화의 행동이 반복될 때 이를 '직관적으로 알아차리게 하는' 인지 습관을 심는 의례적 작업이 필요합니다. 저는 인도의 명상 방법 중 하나[23]를 활용했습니다. 바로 '극적으로 과장되게 표출하기'입니다. 일상생활에서의 행동을 '알아차리게' 하는 것이 목적입니다. 특히 '버려야 할 행동들'을 워크숍 동안 반복하여 드러내고 역할극을 수차례 함으로써 이후 일상생활에서 같은 행동이 일어났을 때 머릿속에 자동으로 떠오르도록 했습니다.

○ 상호작용, 접촉, 교류

1차 서클에서 도출한 경로, 즉 점령군에서 선교사로 변하기 위한 행동 방식으로 '상호작용, 접촉, 교류'를 제안했습니다. 이는 모르몬교에 대한 경영학적 연구 결과[24]를 적용한 것입니다. 신자들의 상호작용이 활발할수록, 교회 안 관계 맺기의 빈도가 잦아질수록, 교리 교육이 활발히 진행될수록 개인의 행동은 헌

23
정확히는 오쇼 라즈니쉬의 명상 방법 중 하나입니다. 과장된 몸의 움직임과 감정의 표출 후 찾아오는 침묵의 시간에 자신의 행동과 감정을 객관적으로 바라보는 것이 가능하게 하는 방법론입니다.

24
《왜 그들은 할리와 애플에 열광하는가》(더글라스 애트킨 지음, 김종식 옮김, 세종서적, 2005) 119~135쪽.

신의 징표를 많이 나타낸다는 연구 결과였습니다. 마치 신자들이 교단을 운영하듯이 매장의 경영주들이 스스로 정보 제공자가 될 수 있도록 회사와 프랜차이즈, 경영주들 간의 상호작용을 늘리는 방안, 뷰티 컨설턴트를 복음 교사로 만드는 교육, 지역사회와 빈번하게 접촉할 수 있는 프로그램 만들기 등의 방안을 도출하고자 했습니다. 이는 아래와 같은 표를 함께 채우는 작업이었습니다.

공동체성 강화 방안	행동방식	가능한 사업	시기	방법	담당부서	기대효과
상호작용						
접촉						
교류						

AR사업의 신화와 소명 만들기

○ 금기의 위반

소명을 핵으로 하는 신화를 만들기 위해 다음과 같은 질문을 던졌습니다. 소명을 잉태하는 신화의 핵심 테마는 '금기의 위반'이니까요. 소명을 찾고자 하는 조직이라면 이러한 질문을 변형해서 사용해보시기 바랍니다.

· AR 이전 기존의 시장 질서는 어떠했는가?
· AR은 기존 질서의 어떤 점을 위반하고자 하는가?
· 누가 만들었으며, 세상에 대해 어떤 새로운 비전을 제시하는가?
· 고객에, 사회에 기여하는 바는 무엇인가?

그리고는 1차 서클에서 추출해낸 'AR사업의 세 가지 열정'이 의미하는 바를 정의했습니다.

· 'A기업이 추구하는 가치를 담은 제품에 대한 열정'이란 무엇인가?
· '특별한 체험 공간에 대한 열정'이란 무엇인가?
· '친밀성에 대한 열정'이란 무엇인가?

다시 강조하면, 이 모두는 결과도 중요하지만 '이해의 시간'이라는 과정을 위한 작업입니다. 문장을 만드는 것 자체보다 참가자들이 어느 정도 '각성된 상태'로 접어드는 것이 중요합니다. 문장의 내용은 같더라도 '머리로만 만드는' 경영 이론의 미션 스테이트먼트mission statement와는 그래서 다릅니다. 멋있는 문장보다는 '각성'이 중요하지요. "AR은 고객과 가장 가까운 곳에서 A기업이 추구하는 건강하고 깊이 있는 아름다움을 전달한다."

'가까움'은 사업이 갖고 있는 특성과 일치하였고, 'A기업이 추구하는'이라는 부분은 A기업으로의 응집력을 강화하는 방향으로의 변화를, 그리고 '건강하고 깊이 있는'은 A기업의 제품과 서비스의 특징을 실현하겠다는 의지와 관계 깊었습니다.

소명 선언문의 완성과 함께 1차 워크숍을 마감했습니다. 다음 워크숍까지 이해의 시간이 무르익어갈 것입니다.

○ 신화의 건축학

2차 워크숍의 시작은 '이야기로서의 신화 만들기'였습니다. 《기업문화 오디세이 2》로 잠깐 돌아가 볼까요? 신화의 기본 구조는 두 항의 대립 구조와 그것을 매개하는 매개항입니다. 신화는 또한 여러 공통의 테마를 갖고 있죠. 신화학이 발견한 인류 공통의 신화 구조와 테마는 다른 여러 스토리텔링 기법에서 응용되고 있습니다. 사람들의 머릿속에 꼭 맞게 들어앉히기에 적합한 방법론인 거죠. 지난 워크숍에서의 심층 작업을 정리한 결과, AR 신화의 기본적인 대립 구조를 다음과 같이 설정했습니다. 소명으로부터 비롯된 대립 구조입니다.

대립 구조	대립의 특성	매개자
A 기업 vs 다른 기업	(-)	AR브랜드
가까움 vs 멈	(-)	AR매장
공간 vs 사람	(+)	AR의 뷰티 컨설턴트

표에서 (-)는 부정적 특성의 대립 관계, (+)는 긍정적 특성의 대립 관계를 뜻합니다. 전체 구조를 요약하면 다음과 같습니다.

· (기존의 H프랜차이즈와는 달리) 다른 기업이 주지 못하는(-대립 관계) A기업만의 제품과 가치를 전달하기 위해 탄생한 AR브랜드이고,
· 대형 마트나 백화점 등 먼 곳이 아니라(-대립 관계) 고객과 가까운 곳에 있기 위해 AR 매장이 동네마다 있으며,
· 특별한 공간 체험을 중시하지만 그 안에서 사람의 전문성과 친밀성도(+대립 관계) 느끼게 하기 위해,
· AR로서의 소명을 부여받고 탄생했다.

○ 신화의 테마 연주

다음으로 신화의 주요 테마에 따라 2차 서클 참가자들과 함께 이야기를 만들었습니다. 여기서 이야기 전체를 소개할 필요는 없을 듯합니다. 중요한 것은 신화의 구조와 테마입니다. 신화는 얼마든지 다른 이야기로 구전되더라도 구조는 변하지 않으니까요.《기업문화 오디세이 2》에서 여러 차례 나왔던 구조와 테마의 신화 이중주를 AR 버전으로 다시 한 번 들어볼까요.

신화	가까움 vs 멈 타기업 화장품 vs A기업 브랜드 공간 체험 vs 친밀성과 전문성 매개자: AR
↓	
소명	AR은 고객과 가장 가까운 곳에서 A기업이 추구하는 건강하고 깊이 있는 아름다움을 전달한다.
↓	
문화 코드	전문성, 친밀성, 신뢰, 배려, 열정

신화 구조	테마	주요 내용
우주 창조 신화	세계축	· 1930년대 개성 지방의 한 여인이 창성상점이라는 이름으로 조그만 화장품 가게를 시작함. · 전문 기술과 친밀한 정이 결합된 이 동네 가게를 아들이 이어받아 회사를 창립함. 이후 굴지의 화장품 회사 A를 이룸.
기원 신화	인간의 타락 금기의 위반	· 1990년대 화장품 시장은 난잡해지고 가격 경쟁으로 인해 시장 바닥에서 헐값으로 판매됨. · 화장품을 단지 화장이 아닌 문화로 생각하던 A는 이를 안타깝게 여겨 H프랜차이즈 매장을 시작함.
종말과 죽음의 신화	세계축 인간의 타락 저승 세계로의 하강	· 화장품 시장이 안정되고 '로드숍'이 새로운 화장품 판매 방식으로 자리 잡음. · 그러나 고객의 눈높이를 맞추지 못해 소통의 단절과 분열이 일어남. · 저가의 화장품 매장도 아니고 전문적인 카운슬링 매장도 아닌, 그저 정감 있고 친절한 동네 가게로 전락, 90년대 악몽이 되살아남.
부활과 번영의 신화	카오스의 살해 부활 낙원의 도래	· A기업의 이름을 걸고, 특별한 공간 체험과 최고의 브랜드를 갖춘 매장으로 거듭남. · 전문 기술과 친밀한 정이 함께했던 옛날의 창성상점처럼, 그리고 그 안의 특별한 한 여성처럼, '나와 가장 가까운 곳에서 만나는' 특별한 체험 공간과 전문 뷰티 컨설턴트가 있는 AR로 거듭남.

문화 코드의 변환과 핵심 가치 만들기

진단 결과로 돌아가 봅시다. 다행히도(?) 이 조직은 여러 문화 코드를 공유하고 있었습니다. AR사업의 열정 세 가지에 맞게 이 코드들을 '살짝 비틀어' 핵심 가치를 함께 만들었습니다. 이때 중요한 것은 역시 과정입니다. 핵심 가치를 만드는 동안 '아아, 우리에게 이런 가치가 내재해 있었구나. 맞아, 맞아' 하면서 '그래, 이제 AR사업을 하기 위해 이렇게 발전시키면 되겠구나' 하는 속삭임이 머릿속에서 계속 울리면서 변화하게 되는 거죠.

AR의 핵심 가치는 전문성, 배려, 열정, 친밀, 신뢰 등으로 정했습니다. 그리고 이들 핵심 가치 역시 다시 신화 안에 담았습니다.

삼위일체로서 각 기능의 행동 규범 만들기

각 핵심 가치별로 금기와 의무 사항을 뽑아내는 과정입니다. 문화는 구성원들이 '하지 말아야 할 행동'과 '해야 할 행동'을 규정하고, 문화 안의 구성원들은 사회화를 통해 저절로 이를 학습하게 됩니다. 이를 지키지 않으면 '문화 밖으로' 나가야 하거나

기존 문화코드(왼쪽)에서 새로운 핵심 가치(오른쪽)로의 변화

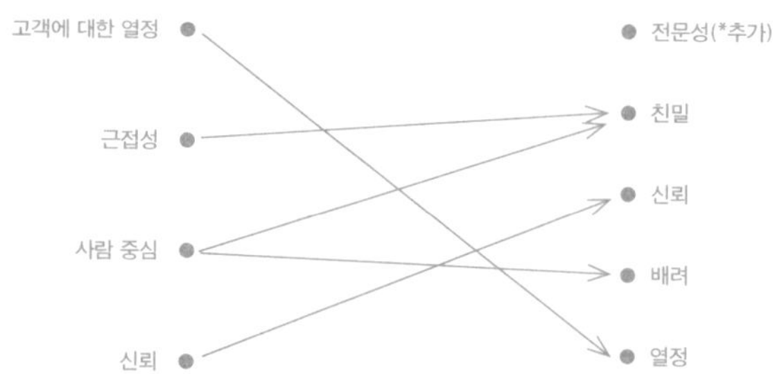

혹은 소위 '왕따'가 되니까요. 기독교의 제1계명을 어기고 다른 신을 섬기면 더 이상 기독교인이 될 수 없는 것처럼 말입니다. 새로운 조직문화를 만들기 위해서는 금기와 의무 사항을 규정하고 이를 문화에 뿌리 깊게 심는 작업이 필요합니다.

2차 서클의 참가자들은 A기업에 소속된 사람들입니다. 따라서 여기서는 AR사업 전략의 추진 주체로서 그리고 AR사업의 운영 담당자로서의 금기와 의무 사항을 각 가치별로 네다섯 가지를 규정했습니다. 아래의 표를 채우는 작업이었습니다.

핵심 가치	금기	의무
전문성		
배려		
열정		
친밀		
신뢰		

금기와 의무를 만드는 작업에서도 '기존 문화의 장례식 치르기'는 수반되어야 합니다. 말로만 규범을 정의하는 것은 문서상으로는 보기 좋을지 몰라도 문화적으로는 쓸모가 없으니까요. 마찬가지로 (주로 금기 사항에 대하여) '극적 과장'을 통하여 강하게 인식할 수 있도록 해야 합니다.

신화 · 상징 · 의례의 매듭 구조가 문화를 안착시키고 구성원을 문화의 일원으로 계속 재생산합니다. 그러므로 상징과 의례를 만드는 작업을 언제, 어떻게, 누가, 누구와 함께 시행할지에 대한 계획을 구체화하는 것이 필요합니다.

이를 대내외에 홍보하는 커뮤니케이션 계획 역시 필수적으로 다루어야 합니다. AR의 가치 선포식, AR의 가치 체계 교육, 홍보 책자 발간, 홍보 영상 제작과 매장에서의 상영, 임원진들의 퍼포먼스 영상 제작, 매장 디스플레이 반영 등의 아이디어를 도출했습니다.

더불어 3차 서클에게 전하는 메시지도 다루었습니다. 3차 서클 참가자인 뷰티 컨설턴트와 인력 관리 회사의 매니저들에게 지금까지의 작업을 전함으로써 그들이 '보는 순간'을 미리 갖게 하기 위함이었습니다.[25]

25
2차 서클에서는 참가자가 많고 컨설턴트의 수는 부족하여 개인 인터뷰는 하지 못했습니다. 다만 두 차례의 워크숍 내내 반응을 관찰하는 것으로 대신했는데, 초기엔 예상대로 부정, 심지어 강한 분노를 표출하는 참가자들도 있었습니다. 워크숍이 끝났을 때는 대부분 실험의 단계로 넘어간 것으로 판단되었고, 분노를 표출하던 1인의 경우에는 별도의 인터뷰를 통해 '마음으로 동의하지 않더라도 일은 잘 추진하는 것이 이익이 된다'는 마음 상태(실재적 저항), 흥정의 단계로 넘어갈 수 있도록 했습니다.

3차 서클 - 토템의 탄생

잠시 앞으로 돌아가 봅시다. H조직은 정체성의 세 차원에서 분열을 겪고 있었고, 상상적 동일시를 상징적(문화적) 동일시로 바꾸는 것이 치유의 핵심이라 했습니다. 인력 관리 회사로 향하고 있(을 수밖에 없)는 실재적 동일시의 힘보다 더 강하게 문화적으로 동일시를 가능하게 하고, 각 매장에서도 그 문화적 실체를 인정하게끔 하여 강한 공동체를 만드는 것을 대안으로 결론지었습니다.

그러기 위해서는 하나의 부족 사회, 즉 토템을 만들어야 합니다. 뷰티 컨설턴트들과 인력 관리 회사와의 3차 서클은 '뷰티 컨설턴트 토템 만들기'가 주제였습니다.

○ 이름과 상징

《기업문화 오디세이 2》에서 언급했듯이, 토템의 핵심은 '이름'에 있습니다. 곰 부족, 호랑이 부족, 천사 부족처럼 말이죠. 그 이름 아래 하나의 세계를 만들어 현실 세계와 일대일 대응을 하는 겁니다. 말 그대로 하나의 '세계'이기에 그 세계는 문화를 갖고, 그 문화 또한 신화 · 상징 · 의례의 매듭 구조를 갖습니다.

3차 서클은 뷰티 컨설턴트 조직문화에 대한 진단 결과를 소개하는 것부터 시작했습니다. '보는 순간'을 위해서였습니다. 부정과 분노의 반응은 없었습니다. 저항을 표출한 사람도 '왜 이제야 이런 작업을 하는가' 하는 정도의 긍정적 저항으로, 많은 참가자가 대안을 갈구하는 쪽이었습니다. 그래서 저항을 다루는 별도의 과정 없이 바로 1, 2차 서클의 성과물들 즉 AR사업의 신화와 소명, 핵심 가치와 더불어 향후 사업 전략을 충분히 알려준 후 '이름 정하기' 작업으로 들어갔습니다.

토템으로서의 이름은 언제나 상징성을 띠어야 합니다. 자크 라캉에 따르면 인간의 무의식 구조가 언어의 구조인 비유에 기초하고 있기 때문입니다. 특히 상징은 '비유의 비유의…비유'이기 때문에 그 안에 생길 수밖에 없는 언어의 잉여 영역이 사람들의 무의식을 서로 연결시켜 줍니다. 고대부터 현대까지 수많은 종교와 문화와 문명과 국가와 기업 등이 괜히 상징을 써온 게 아닙니다. 기존 명칭인 '뷰티 컨설턴트'는 개인의 직업적 기능을 설명하는 용어이지 상징성을 띤 이름은 아닙니다. 그마저 약어로 줄여 'BC'라 표기했고 다소 천대하는 듯한 어감을 주는 '삐씨'로 부르고 있었습니다.[26]

집단의 상징은 그 집단의 존재의 이유, 즉 소명을 내포합니다. 그러므로 이름 만들기는 소명 찾기로부터 시작합니다.

26
약어화는 개성과 주체의 상실을 의미합니다. 예컨대 사회에서의 주체 신상원은 회사에서는 사번 ○○○○이 되며 교도소에서는 죄수번호 ○○○○○이 됩니다. 약어화가 갖고 있는 기업문화적 의미에 대해서는 《기업문화 오디세이 2》의 69~70쪽을 참고해주시기 바랍니다.

○ 직무 vs 소명

고객을 직접 상대하는 뷰티 컨설턴트의 소명 찾기 작업을 시작했습니다. 이는 고객에게 어떤 가치를 주는 존재인지를 정의하는 것으로, 다른 말로 하면 Customer Output Responsibility(이하 COR)의 정의라고 할 수 있습니다. 예컨대 '자동차 부품 조립공'이 직무job 중심의 이름이라면, 고객 중심의 소명이라 할 수 있는 COR은 '안전 운전 수호자'라 할 수 있습니다. HR(인사 관리)의 직무 이론에 따라 자신을 자동차 부품 조립공으로 인식하는 사람은 단지 부품을 조립하는 것으로 역할을 한정 짓는 반면, 기업문화 방법론에 따라 자신을 스스로 '안전 수호자'로 인식하는 사람은 부품 조립을 하면서도 차량의 전체적인 안전성까지 신경을 쓸 것입니다. 무엇보다 '인간 대 인간'으로의 연결 고리를 갖게 되어 노동이 부품화되지 않고 의미를 지닐 수 있는 가능성이 높아집니다. 몇 가지 예를 제시했습니다.

JOB	COR
사물, 프로세스, 역할	사람, 결과, 책임
자동차 부품 조립공	고객 안전 운전 수호자
놀이공원 계약직	배우cast(디즈니랜드의 사례로서, 공원을 무대로 고객들에게 자신의 역할을 충실히 보여주는 배우를 의미함)
호텔리어	신사 숙녀를 모시는 신사 숙녀(리츠칼튼 호텔의 사례로서, 고객을 어떻게 응대하고 본인이 어떤 사람이어야 할지를 핵심적으로 나타내고 있는 비유)
판매 사원/뷰티 컨설턴트	?

마지막 행의 물음표를 채우는 것이 과제였습니다. 이는 당연히 AR의 소명과 핵심 가치에 부합하는 것이어야 합니다. 그러므로 아래의 표를 채우는 작업으로 넘어갔습니다.

고려해야 할 기준	COR	이름 짓기
소명	고객에게 꼭 맞는 아름다움을 찾아주는 뷰티 전문가	아리따
핵심 가치		아리스타
금기와 의무		뷰티 소믈리에 뷰티 크리에이터

최종적으로 도출한 COR은 조직문화의 진단 결과에도 부합하는 결론이었습니다. '열등감과 자부심의 공존'이라는 양가감정이 그들 문화의 특징이었죠. '전문가'는 이를 보완하기 위한 장치이자 동시에 AR의 핵심 가치인 전문성에도 잘 맞았습니다. '꼭 맞는'이란 표현은 친밀과 근접성이라는 가치에, '찾아주는'이라는 역할은 배려의 가치에 부합했습니다.

이름의 후보로는 '아리따' 등 여러 안이 나왔지만, 토템으로서 상징성을 띠는 것은 없었습니다. 그런데 당시 뷰티 컨설턴트의 교육을 담당하던 팀은 이미 오래전부터 시장 조사를 하며 뷰티 컨설턴트의 '이름 붙이기'를 고민해오던 터였습니다. 몇 가지 명칭을 대안으로 제시했는데 그중 '아리엘'이라는 이름이 돋보였습니다.

아리엘Ariel은 중세 유럽 신화에서 인간의 사랑과 아름다움을 지켜주는 요정의 이름입니다. 아리엘은 몇 가지 측면에서 토템에 더할 나위 없이 적합했습니다. 첫째, 새로운 AR프랜차이즈 이름과 음운적 유사성이 있습니다. 둘째, 요정의 이야기와 뷰티 컨설턴트의 신화가 서로 은유적으로 일대일 대응이 가능합니다. 셋째, 그 자체로 아름다움을 지니고 있습니다. 그리하여 워크숍에서는 이를 제시하고 동의하는 과정으로 바로 넘어갔습니다.[27]

○ **토템 부족의 신화**

하나의 토템은 그들만의 신화를 갖습니다. 물론 그 부족이 속한 더 큰 부족 사회의 신화와 '연결되어야만' 합니다. 그렇게 신화로 연결될수록 더 큰 집단에의 소속감까지 더해져 응집력이 확대됩니다. AR이라는 더 큰 부족 사회의 신화에 연결되면서도 '그들(아리엘)만의 고유성을 가진' 신화를 만드는 작업은 그래서 의미가 있습니다.

먼저 2차 서클에서 만든 AR의 신화를 들려주고 이해의 시간을 가졌습니다. 그리고 'AR 안에 있으며 동시에 밖에서 하나의 조직으로 존재하는' 뷰티 컨설턴트들만의 이야기를 만들어 달라고 했습니다. 앞에서 보았듯이, 신화의 구조와 테마를 골격으로 하여 공동 작업을 했습니다. 이후 담당 팀은 아리엘 요정 신화와

27
이후 상표권 문제 등을 고려하여 여성형 어미를 붙여 Arielle로 최종 결정했습니다.

이들의 이야기를 연결하여 아리엘 토템 신화를 완성했습니다.

○ 토템 사회의 금기

모든 토템에는 그들만의 금기와 의무 사항이 있습니다. AR 부족과 아리엘 부족은 '같으면서 다른' 사회입니다. AR의 신화와 아리엘의 신화를 연결시키는 전략과 함께 AR의 핵심 가치와 같은 표기 형식signifiant으로 다시 연결될 수 있도록 했습니다.

이번 작업은 이렇게 요약할 수 있겠습니다. 같은 핵심 가치에, 다른 행동 규범! AR의 핵심 가치인 전문성, 배려, 열정, 친밀, 신뢰에 대한 각각의 행동 규범을 3차 서클 참가자들이 스스로 정했습니다. 2차 서클처럼 핵심 가치별로 금기와 의무 사항으로 나뉜 아래의 표를 채우는 작업이었습니다.

핵심 가치	금기	의무
전문성		
배려		
열정		
친밀		
신뢰		

행동 규범은 실제 부족 사회에서 일상적으로 쓰여야 하기에 10개 정도로 간추렸습니다. 그리고 '요정 토템의 상징성을 살리

기 위하여' 10계명이라는 이름을 붙였습니다. '신의 사자로서 요정이 지켜야 하는 계명'이라는 비유적 의미를 만들어 토템으로 통합하기 위함이었죠.

아리엘의 10계명

매장과 나의 모습을 수시로 점검하여 가장 아름다운 상태를 유지한다.
가족이 집에 돌아온 듯 진실된 마음과 미소로 고객을 반긴다.
돈 되는 상품보다 고객의 피부 고민에 꼭 맞는 상품을 권해 드린다.
고객이 제품을 직접 체험해 볼 수 있도록 카운슬링 한다.
메이크업 제품은 고객 스스로 잘 활용할 수 있도록 방법을 알려 드린다.
늘 새로운 미용 정보와 화제로 고객에게 즐거운 경험을 제공한다.
고객의 혜택을 먼저 알려 드리며, 계산 시에는 가격을 복창하고 영수증을 발급한다.
미래의 고객을 대하듯 구매하지 않는 고객에게도 항상 친절함을 잃지 않는다.
추천하고 싶은 매장이라고 말할 수 있도록 끝까지 정중하게 배웅한다.
고객의 불만을 성장의 밑거름으로 여기고, 이를 경청하고 해결한다.

더불어 캐치프레이즈도 만들었습니다. '요정들이 외우는 만트라Mantra(주문)'라고나 할까요? 이처럼 비유만 활용하면 토템은 얼마든지 확장 가능합니다.

아리엘의 만트라

"아름다워지고 싶은 고객의 마음을 응원합니다!"

○ 상징과 의례: 토템 아카데미 설립

이름이야말로 토템의 가장 강한 상징입니다. 그리고 그 상징을 채우는 소명과 신화가 만들어졌습니다. 즉, 핵core이 만들어진 것입니다. 핵으로부터 파생되는 여러 상징물을 만드는 작업은 탄력을 받아 추진되었습니다. 마치 언덕에서 눈덩이를 굴리듯 말입니다. 유니폼, 장신구, 화장법, 화장 매너 등이 자연스럽게 만들어지게 될 것입니다. 워크숍에서는 담당 팀을 중심으로 앞으로의 계획과 방법에 대해 공유하고 의견을 받는 시간을 가졌습니다. 그들 '스스로' 계획을 만들어가는 시간을 가짐으로써 (미래의) 아리엘 모두가 객체가 아니라 주체로서 존재할 것이라는 신뢰를 주었습니다.

의례 중 가장 중요한 것은 교육입니다. 3차 서클에 이르는 동안 회사 내부에서 전략적 논의는 심화되어, 1차 서클에서의 결정 사항이었던 AR만의 뷰티 전문가를 양산하는 교육 기관을 설립하고 정부 인가를 신청하는 등의 작업이 진행되었습니다. 토템 부족의 관점에서 설명하자면, 그 사회의 응집력을 유지시키고 문화를 지속시켜주는 가장 중요한 장치가 만들어졌다고 할 수 있습니다.

정체성과 이데올로기론을 주창한 프랑스의 철학자 루이 알튀세르Louis Althusser의 말을 따르자면 '이데올로기적 국가 장치'가 만들어진 것이죠.[28] 당연히 아리엘이라는 이름의 브랜드 가치 역시 높여주고 동시에 그들의 전문성을 강화하고 직업 안정성까지 보장해주는 장치였습니다. 본 워크숍에서는 아카데미 설립과 앞으로의 계획을 공유하고 관련 콘텐츠에 대한 의견을 수렴했습니다. 그들이 하나의 집단으로 탄생한다는 데에 대한 강한 믿음을 주기 위함이었습니다.

서클 이후, 정복자형 공동체

조직문화 변화 작업을 끝내고 5개월 후에 AR프랜차이즈는 시장에 선을 보였습니다. 정복자형 공동체로서 단일 브랜드 광고가 만들어졌고, 기존 H프랜차이즈의 가맹점 전환도 빠르게 진행되었습니다. 내부에서는 AR의 가치 선포식이 있었습니다. AR의 신화와 더불어 아리엘의 탄생을 알리는 퍼포먼스와 홍보가 진행되었습니다. 아리엘 역시 하나의 브랜드가 된 것이죠. 교육 아카데미가 A기업 안에 세워졌고 자격증 과정이 마련되었습니다. 교육 과정에는 AR과 아리엘의 신화와 소명, 핵심 가치, 10계

28
루이 알튀세르는 한 사회에서 개인들을 그 사회 속의 '주체로 호명하는' 여러 기구들을 이데올로기적 국가 장치라고 불렀는데, 교육 장치, 종교 장치, 정치 장치, 커뮤니케이션 장치, 조합 장치 등을 그 예로 들었습니다. 우리가 지금 만들고 있는 여러 신화 · 상징 · 의례의 장치들이 바로 여기에 해당합니다. 그의 이데올로기론에 대한 자세한 논의는 〈이데올로기와 이데올로기적 국가장치〉(《아미엥에서의 주장》, 루이 알튀세르 지음, 김동수 옮김, 솔, 1991, 75~130쪽)라는 역사상 길이 남은 논문을 참고하시기 바랍니다.

명 등이 첫 과목으로 자리 잡았습니다. 경영주 교육 과정에도 역시 AR의 가치 교육이 자리를 잡았습니다.

중요한 것은 AR이 정복자형 공동체 전략에 따라 계속 움직였다는 사실입니다. 《기업문화 오디세이 1》에서 보았듯이, 정복자형 공동체는 하나 혹은 소수의 브랜드만을 가집니다. AR 단일 브랜드로서 광고와 홍보가 지속되었습니다. 서클링에서 도출한 세 가지 열정과 소명, 즉 '특별한 체험 공간으로서의 AR, 고객과 가장 가까이에 있는 단골 가게로서 AR, 더불어 최고 기업 A의 특별한 상품을 구매할 수 있는 AR'을 핵심 메시지로 계속 전달했습니다.

정복자형 공동체의 인사 철학은 용병보다는 가족 혹은 동지로서 사람을 대하는 것입니다. 워크숍 중 점령군에서 선교사로의 전환을 결정적 경로로 그렸었죠. 이에 따라 경영주와의 신뢰 회복, 아리엘의 전문인으로서의 비전 제시와 교육이 A기업의 주된 전략으로 자리 잡았습니다.

정복자형 공동체의 고객 전략은 마니아 전략입니다. AR사업의 관점에서는 단골 고객이라 할 수 있죠. 회원 제도와 뷰티 포인트 제도, 각 매장별 차별화된 서비스, 아리엘을 찾아오는 캠페인 등을 일관되게 추진했습니다.

그렇게 태어난 AR브랜드는 출시 2년 후 우리나라 화장품 소

매점 최초로 가맹점 수 1,200개를 돌파했고 회원 수는 300만 명을 돌파했습니다.[29]

29
그러나 이 책을 쓰고 있는 시점에서 아쉬운 점과 더불어 당시 조직문화 변화 작업의 한계점도 같이 짚어야 할 것 같습니다. 우선 한계는, 서클링 과정에서 '한 서클'을 담당해야 할 기능이 누락되었다는 점입니다. 바로 AR프랜차이즈 경영주를 대상으로 하는 서클입니다. 꼭 필요했지만 모기업의 사정에 의해 경영주들을 대상으로 하지는 못했습니다. 물론, 새로운 사업 자체가 정복자형 공동체 유형으로 추진되었기에 경영주들에 대한 응집력 강화 정책과 교육 과정 역시 자체적으로 만들었습니다만, 프랜차이즈 브랜드 전환 시점에 직접 조직문화의 핵을 심지 못했기에 시간이 지나면서 응집력의 약화가 우려되었습니다. 기업문화를 구성하는 여러 기능의 변화를 '전체적으로', '한꺼번에' 추진해야 한다는 구조주의의 원리에 틈이 생긴 것이죠. 문화는 패턴이기에 그 틈은 시간이 지날수록 커질 위험이 있습니다. 그 문화적 틈이 브랜드 출시 몇 년 후인 최근 보입니다. 일부이긴 하지만 경영주들이 모기업의 정책에 집단적으로 항의하여 사회적인 이슈가 되었던 현상의 원인도 여기에서 찾을 수 있습니다. 그러나 역시 문화는 패턴이기에 이미 만들어진 흐름 속으로 돌리기도 용이합니다. AR프랜차이즈 경영주들에 대한 조직문화 진단이 필요한 시점이라고 판단됩니다.

3

마음의
문을
닫아버린
조직
세우기

한 소녀가 있었습니다. 오랫동안 타인과 소통의 문을 닫고 지냈습니다. 심각해지는 자폐 증세 때문에 정신분석의를 찾아갔습니다. 의사와 소녀는 산책을 하며 대화를 나누고 있는데 두 사람 위로 낙엽이 우수수 쏟아졌습니다. 정신분석의가 소녀의 옷에 묻은 낙엽을 털어주자 갑자기 소녀가 비명을 지르며 불같이 화를 냈습니다. 정신분석의는 오랜 대담과 꿈을 분석한 끝에 그녀가 어린 시절 아버지로부터 매를 맞았는데 그때 큰 정신적 충격을 받았음을 알아냈습니다. 그 사건이 무의식에 각인되어 그 이후 외부 사람으로부터 상처 받는 게 두려워 소통 자체를 회피했었던 것이죠. '옷을 털어주는 행위'와 '때리는 행위'의 은유적 유사성이 그 정신적 충격을 무의식 밖으로 끌어냈던 것입니다. 잊혔던 그 사실을 깨달은 순간부터 그녀 안에서 변화가 시작되었습니다.[30]

이런 말을 달고 다니는 사람이 있습니다. "세상에 믿을 놈 하나 없어!" 그는 빈번하게 사람들에게 배신당하고 가정과 사업을 망치곤 합니다. 그에게 이것은 어떤 강한 신념이자 원칙입니다. 스스로 만든 인생 이야기이자 신화입니다. 그의 무의식은 어떻게든 이 신화를 완성하려 합니다. 그래서 '일부러' 배신할 사람만을 찾아다니며 계속 배신당하는 상황을 만듭니다. 배신당할 때마다 그는 슬퍼하지만, 그의 무의식은 기뻐합니다. 왜냐하면

30
실제 칼 융이 〈잠재기억〉에서 보고한 임상 사례입니다. 트라우마 즉 큰 정신적 외상 체험이 무의식에 각인되어 콤플렉스의 중핵을 형성한 경우입니다. 《콤플렉스 카페》(가와이 하야오 지음, 위정훈 옮김, 파피에, 2011) 46~47쪽에서 재인용.

그만의 이야기, 세상에 믿을 놈 하나 없다는 그의 신념이 증명되는 것이니까요.[31]

조직도 마찬가지입니다. 조직문화는 조직의 무의식입니다. 조직에 커다란 충격을 안긴 어떤 큰 사건이 있었다면, 조직 전체는 마치 면역 체계처럼 그에 대응하는 어떤 반응을 보이고 조직문화는 그것을 흡수합니다. 새로 들어온 사람은 조직 내에서의 생존을 위해 그 문화를 학습합니다. 이렇게 오랜 시간이 지나 사람이 모두 바뀌어도 그 조직문화의 특성은 살아남습니다. 겉으로 보이지 않고 원인도 모르지만 그에 따라 움직일 수밖에 없는 어떤 힘이 조직의 무의식이 되고, 조직문화는 조직의 운영을 조종합니다.

강한 금기의 조직문화

어느 기업의 HR(Human Resources, 인사 관리, 인적 자원 관리) 사업부에 인사팀, HR전략팀, HR협력팀 등 세 개의 팀이 있었습니다. 겉으로 보기에는 팀을 셋이나 갖춘 훌륭한 부서였고, 더불어 '세계 유수의 HR컨설팅사'의 자문을 지속적으로 받고 있

31
버트 헬링거의 심리 요법인 〈가족 세우기 치유 워크숍〉에서의 체험 사례입니다. 유사한 사례가 《가족 세우기》(존 페인 지음, 풀라 옮김, 샨티, 2008) 46~54쪽에 실려 있습니다.

었습니다. 그런데 속사정은 조금 달랐습니다. 5년 새에 인사팀장이 세 번이나 교체되었고, 팀과 팀 사이에 교류가 거의 없습니다. 심지어 각 팀장들은 사적인 대화조차 잘 나누지 않았습니다. 조직원들 간의 소통도 거의 단절되어 불화에 가까운 상태였습니다. 빈번한 이직도 문제였습니다. 회사가 커지면서 HR의 중요성도 커져 유능한 신입사원을 HR부서에 우선 채용하고 컨설턴트 출신의 우수 인력도 스카우트해 왔습니다만, 한두 해를 못 넘기고 퇴사하거나 다른 부서로 옮겨가는 일이 몇 년째 반복되었습니다. 그것도 '끝이 안 좋게' 나가는 경우가 많았습니다. 그 결과, (조직문화 진단 당시) 인력 구성이 대부분 3년 경력 미만의 신입사원으로 이루어져 있었습니다.

아직 경험이 부족한 이들의 역량을 강화하기 위해 사업부는 인사 실무 교육도 하고, 새로운 인사 시스템을 도입하려는 시도도 했으며, 영업팀 출신의 젊고 유능한 팀장을 스카우트해오기도 했습니다.

그래도 문제는 해결되지 않았습니다. 더 큰 문제는 이 사업부가 회사의 다른 구성원들과 소통하는 데도 어려움을 겪고 있다는 것입니다. 회사 사람들이 오기 꺼려하는 부서가 되었고, 회사 전체의 문화와 동떨어져 마치 '섬처럼 존재한다'는 말이 오갔습니다. 새로 부임한 사업부 임원은 이러한 문제점을 직관적으로 느끼고 이를 해결하기 위해 조직문화 컨설팅을 의뢰했습니다.

어떤 문화든, 문화는 하지 말아야 할 행동과 해야 할 행동을 구분합니다. 그러므로 금기 사항에 대한 관찰은 조직문화 분석에서 하나의 출발점이 될 수 있습니다. 경험상, 이 조직처럼 문화적 현상이 '겉으로' 드러나 보이는 조직은 금기 사항부터 찾아나가는 게 분석에 도움이 됩니다. 관찰과 인터뷰를 통해 드러난 '금기 사항'은 다음과 같았습니다.

· 변화에의 시도
· 타인의 업무에 대한 관심
· 업무 자체의 협업

대부분의 회사에서 적극 권장할 법한 사항이 이 조직에서는 오히려 금기 사항이라는 게 의아할지도 모르겠습니다. 하지만 정말 그러했습니다. 개인적으로는 외향적이고 활기찬 사람들도 희한하게도 이 조직에서는 타인, 타 부서와 소통도 협업도 하지 않았습니다. 문화의 힘이겠지요. 금기에는 반드시 문화적 기원이 있습니다. 이 기원에 닿기 위해 신화의 바다 속으로 잠수해 들어가보았습니다.

신화가 드러낸 트라우마

금기의 형성은 무려 15년 전으로 거슬러 올라갑니다. 1990년대 말 이 회사에 '신新 인사 제도'가 도입되었습니다. 기존의 연공제를 성과제로 전환하는 작업이 핵심이었죠. 현재의 직급 체계, 상대평가 제도, 인센티브와 경영 성과급, 호칭 제도 등의 틀이 이때 만들어졌습니다. 현재 HR의 기원인 셈으로, 인적 자원을 뜻하는 HR이라는 용어도 이때 들어왔습니다.

문화적으로 중요한 사실은 이때의 제도 도입이 외부 컨설팅사에 의해 주도되었고 경영진은 그에 의존했다는 점입니다. 이 과정에서 사람들에게 '미개 vs 진보'의 대립 구도가 형성되었습니다. 기존의 인사 제도와 인사팀 사람들은 '미개한 원주민'의 자리에, 서구의 제도를 가져온 컨설팅사는 '선진 기술을 가진 점령군'의 자리에 서게 된 것이죠. 물론 실제로 점령한 것이 아니라 모두의 마음속에 자리 잡은 인식의 구조가 그렇다고 할 수 있습니다. 그게 더 무서운 거죠. 그리고 이는 경영진에 의해 더 강화되었습니다. 연공서열이 강한 기존의 구조에서 최고 경영자는 문화적으로 '상징적 아버지'라 할 수 있었는데, 그 아버지의 최측근이자 '아들'이라 할 수 있는 인사팀이 상징적 아버지로부터 인정을 못 받게 된 것입니다. 이는 인사팀에게 큰 충격이었고, 정신적 외상, 즉 트라우마trauma로 자리하게 됩니다.

'아들'은 생존을 위해 이 구도에 '상징적으로' 가담하려는 시도를 합니다. 즉, 인사팀 역시 '진보한 점령군'의 자리에 서려고 합니다. 대신 회사의 다른 부서는 '미개한 원주민'의 자리에 놓으려는 (무의식적) 의도였습니다. 그러나 이는 '상상적인 것'일 수밖에 없습니다. 왜냐하면 모든 HR 전략과 설계는 '그들(컨설팅사)의 것이지 우리(인사팀)의 것이 아님'을 인사팀 스스로도 알고 있었기 때문입니다. 덮으려 해도 트라우마는 그대로 존재하는 것이죠.

게다가 점령군의 위치에 상상적으로 가담하는 과정에서 HR이란 것이 '전문가의, 독립된, 분리된, 손댈 수 없는 영역'이라는 인식이 자리 잡게 됩니다. HR은 전문가만이 접근할 수 있는 영역이 되었으니, 금지의 영역에 접근할 수 있는 일부 '특권을 가진 존재'에 대한 인식도 생겨나게 됩니다. 그리고 인사팀 자신들이야말로 그러한 특권적 존재라고 생각하는 거지요. 이 과정에서 그들은 특정한 소명을 갖게 되었습니다. 바로 '신성한 영역을 (외부의 침입으로부터) 지키는 수호자'로서의 소명이었습니다. 그 소명은 15년이 지난 현재까지도 계속 유지되고 있었습니다.

신화의 대립 구조, 즉 사고틀의 관점에서 다시 정리해보겠습니다. '그들 : 우리 = 컨설팅 전문가 : 인사팀'의 대립 구조에 기반한 사고의 틀은 '그들 : 우리 = 직원들 : 인사팀'의 구조로 치환할 수 있습니다. 사실 이러한 이분법의 틀이 무서운 점이, 안에 있는 변수만 바꾸면 무한대로 치환이 가능하다는 점일 겁니다. 이후 10여 년의 시간이 흘러가는 동안 기업문화의 변화, HR 철학의 정립, HR전략팀의 설립 등 많은 사건들이 있었고, 그럴 때마다 역시 '기업문화 : 인사팀', 'HR전략팀 : 인사팀'의 대립 구도가 만들어져 왔습니다. 이러한 역사적 반복을 통해 이분법적 사고의 틀은 더욱 강화되었을 것입니다. 이후 다른 팀이나 직원들과의 업무에서도 마찬가지로 이러한 대립 구조가 적용되었을 것을 예상하는 건 어렵지 않습니다. 한편으로 그들은 고전적 인사관리학계의 담론이 가진 대립 구조, 즉 '사측 : 노측'을 전제하고 사측에 인사 부서를 놓는 이론을 학습함으로써 대립적 사고틀을 더욱 공고히 해왔다고 가정할 수 있었습니다.

분리의 문화 코드

신화는 문화 코드를 낳습니다. 트라우마로부터 비롯하여 '인사의 수호자'로서의 소명을 가지게 된 이 조직의 신화는 '분리, 보호, 독점'의 코드를 조직문화 안에 심었습니다. 조직원들은 신화가 펼쳐내는 조직 생활을 반복하며 특정한 의식과 행동 패턴을 만들고 이를 다시 학습해왔습니다.

문화 코드에 의해 금기와 의무가 만들어집니다. 외부로부터의 변화 시도는 강한 금기 사항이 됩니다. 협업과 토론 역시 보호와 독점의 코드에 의해 터부taboo시 됩니다. 내부의 변화 시도 역시 분리의 코드가 처리합니다. 즉, 내부에서 변화를 시도하는 사람을 분리해버림으로써 문화적으로 '소속되지 못하게' 만들어버리는 구조였지요. 앞에서 현상적으로 드러났던 잦은 이직, 특히 '안 좋게' 퇴사하거나 부서를 옮기는 일이 잦았던 원인을 이런 문화적 메커니즘에서 찾을 수 있습니다.

신화와 문화 코드는 세상을 보는 사고의 틀이기 때문에, 같은 현상도 틀에 의해 달리 해석됩니다. 잦은 이직으로 인해 중간층이 비어가는 현상이 발생한다면 상식적으로는 퇴직하는 이유를 따져보는 것이 순서겠죠. 하지만 이 부서에서는 아랫사람을 빨리 승진시켜 직급 제도를 유지하는 것부터 먼저 사고합니다. 이 조직에서는 그것이 '상식'이었습니다. 다시 말하지만, 그게 조직문화의 힘입니다. 직급 제도를 왜 지켜야 하는지를 물으니 "그건 컨설팅한 거예요(그러니 바꿀 수 없어요)"라는 반응을 보였습니다. 타 부서로부터 비판을 받으면 "그건 그들이 HR 업무에 대해 잘 몰라서 그래"라는 반응으로 일관했습니다. "우리 HR 하는 사람들은 입을 꾹 다물고 어떤 비판에도 귀를 닫고 할 일을 해야 돼"라고 말하면서요. 한편으로는 "우리 HR이 아직 힘이 없어서 그래. HR이 더 힘을 키워야 해. 그래야 다른 사람들이 우리가 하자는 대로 하게 할 수 있지"하는 생각이 자리하고 있었습니다. '그들 : 우리'라는 똑같은 사고 구조의 반대쪽에 자리한 반응이었습니다. 앞서 본 바와 같이, '그들 : 우리'의 분리적 사고틀이 '컨설팅 : HR' 에서 'HR : 직원들'로 투사, 전이되어 반복되고 있었던 것입니다.

논리적으로 볼 때 '인식의 악순환'에 빠져 있을 수밖에 없는 사고 구조가 만들어지고 있었습니다. 그 순환 고리는 이렇습니다.

1) 컨설팅사가 아닌 우리 내부의 전문적 역량을 키우고 인정받으려면 스스로 무언가를 해야 하는데 → 2) 무언가를 하려면 직원들에게 대항할 수 있는 우리의 힘을 키워야 해 → 3) 아직은 힘이 없어 그렇게 못하고, 그렇게 하려면 컨설팅사와 같이해야 하는데 말이야 → 1) 그런데 컨설팅사가 아닌 우리 내부의 전문적 역량을 키우고 인정받으려면 스스로…

이 악순환은 집단 사고의 과정이지 실제 과정은 아닙니다. 실제로는 컨설팅사와 계약이 끝나 컨설팅 작업이 끝난 상황에서도 이 부서는 상상적으로 외부 존재를 설정하여 이러한 사고를 반복하고 있다고 판단되었습니다.

수직적 의사 교환

문화는 다수의 개인이 모여서 살아가는 방식을 결정하며, 사람들 사이에서는 일정한 교류 방식이 만들어집니다. 이 교류 방식은 문화마다 달리 형성되고, 이렇게 달리 형성된 교류 방식은 다시 그 문화를 재생산하여 정착시킵니다. 그러므로 한 집단에서 교류의 양상을 살펴봄으로써 그 문화의 본질에 가까이 다가갈 수 있습니다. 이 조직의 교류 양상을 그림으로 살펴볼까요.

- M1, M2는 팀장[manager]이고 M0은 사업부장(임원), 소문자 a, b, c 등은 업무를 담당하는 개인을 나타냅니다.
- a와 b의 차이는 직무의 차이(예컨대 a는 채용 업무, b는 평가 업무)를 나타내고 a1, a2 등은 a라는 직무를 맡고 있는 개인을 나타냅니다.

HR 조직의 교류 양상

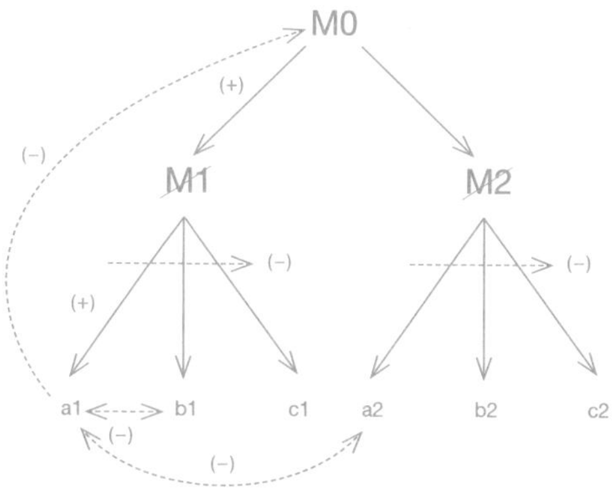

· 화살표는 업무에 대한 모든 의사 교환의 흐름을 나타냅니다.
· (−)는 금기, (+)는 의무 사항을 의미합니다. 어떤 제재나 처벌을 하지는 않지만 암묵적으로 금지되거나 감정적 반응을 유발하거나 눈치를 주는 등 문화적인 의무와 금기에 해당합니다.

업무를 담당하는 개인 a, b, c 등은 M으로부터 하향식으로 업무를 받는 것이 의무 사항(+)입니다. 거꾸로 상향식으로 업무를 신청하는 것은 금기 사항(−)입니다. 또한 a와 b 간의 직접 교류는 금기 사항입니다. 업무에 대한 의사소통, 예컨대 아이디어 공유 등을 둘 혹은 셋이서 할지라도 그 결과는 반드시 M을 거쳐야 합니다. 심지어 같은 직무에 있는 a1, a2 간의 교류도 금기 사항이었습니다. 당연히 a, b, c 등의 M1과 M2의 영역을 가로지르는 업무 수행 역시 금기 사항이었습니다. 그렇다보니 a1, a2 같은 직무를 하는 사람들이 흩어져 있음을 그림에서 바로 확인할 수 있습니다. 팀장인 M1, M2에는 빗금을 그었는데, 이는 (정신분석학의 표기법으로서) 실제 의사 결정의 권한이 상징적으로 '거세'되었음을 의미합니다. 이들의 의사 결정은 전적으로 '화살표의 상위층' 혹은 '외부'에 종속되어 있음을 모두 알고 있기 때문입니다.

기능 구조: 섭정으로 밀려난 수장

《기업문화 오디세이 2》에서 기업문화의 기능 구조를 설명하는 데 수십 쪽을 할애했습니다. 비교신화학자 조르주 뒤메질 Georges Dumèzil과 그를 계승한 기업인류학자 마크 르바이의 이론을 공부했었습니다. 복습해 볼까요?

교과서적으로 말하자면[32], 기업은 전사-생산자-성직자의 세 기능 구조로 분석이 가능합니다. 그리고 각 기능 간의 수평적 조화, 각 기능에 적합한 규범을 가진 사람들의 집단이 기업의 응집력에 큰 영향을 미친다고 했었습니다. 이 세 기능 구조는 기업이라는 거시 조직에 주로 적용 가능한 방법론입니다. 그런데 인사팀이나 사업부 등 기업 내의 작은 조직이라고 여러 기능으로 구조화되지 않을 리 없습니다. 모든 문화는 특정 기능으로 짜여 있으니까요.

그래서 저는 기업 전체를 분석할 때에는 '전사-생산자-성직자'의 거시 기능 구조 이론으로 분석하지만, 세부 조직 분석에는 '수장-전사-샤먼'의 구조를 사용하고 있습니다. 이는 프랑스의 정치인류학자 피에르 클라스트르Pierre Clastres의 정치인류학에 기반한 것입니다. 이 방법론은 처음 소개하는 것이니, 그림을 그려

32
여기서 교과서적이라 함은 기업의 업종과 형태에 따라 기능 구조가 조금씩 달라질 수 있기 때문입니다. 유교 중심의 조선 사회와 전사 중심의 몽골 사회가 다른 것처럼요. 그러나 한 기업의 문화가 특정 기능으로 구조화되며 그 기능들의 적합한 자리 찾기가 기업문화의 전략적 운영을 좌우한다는 점은 변함없습니다.

설명하겠습니다.[33]

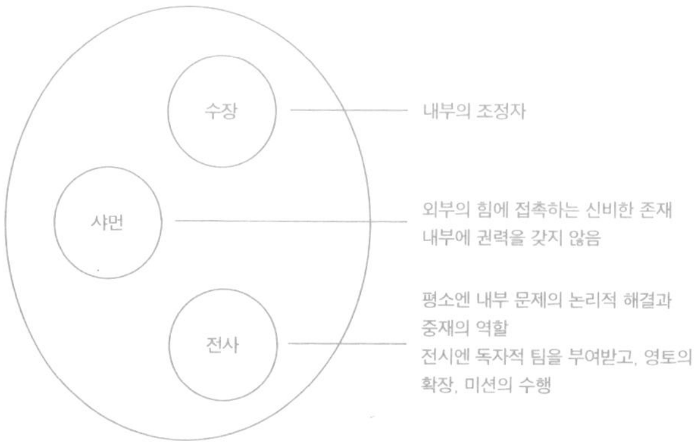

· 수장: 한 부족을 조화롭게 유지하는 역할을 합니다. 부족의 문제를 적절히 해결하는 것이 가장 큰 임무입니다. 실질적 권력은 없습니다. (진정한 권력은 부족 '외부(의 자연, 신, 원리 등)'에 있다는 사상)
· 전사: 평상시엔 내부의 부족민으로서 내부 문화의 논리에 따르나, 전시에는 권력을 위임받아 전쟁을 수행합니다.

33
조르주 뒤메질의 세 기능 구조 이론과 그를 계승한 마크 르바이의 이론은 기업의 거시 구조에만 적용할 수 있다는 한계가 있어서, 미시 집단의 기능 구조에 대해서는 피에르 클라스트르의 인류학적 연구에게서 그 해법을 찾았습니다. 그가 연구한 광범위한 아메리카 인디언 부족 사회 중 (우리의 용어로 말하자면) 응집력이 강한 사회의 특성을 살펴보면, 추장(저는 수장이라 번역했습니다)-샤먼-전사의 세 기능이 있으며 이들 기능이 유기적으로 연결되어 있고 기능마다 각각의 권력이 있으며 각자의 규범을 다하는 사회였습니다. "추장은 형을 언도하는 재판관이라기보다는 타협점을 찾는 중재자이다. …군사 원정 기간 동안 추장은 전사 전원에 대해 상당한 권력, 때로는 절대 권력을 행사한다. 그런데 평화가 찾아오면 전쟁 추장은 일체의 권력을 상실한다. … 추장의 책무는 집단 내부의 평화와 조화를 유지하는 것이다."(《국가에 대항하는 사회》, 피에르 클라스트르 지음, 홍성흡 옮김, 이학사, 2005)

· 샤먼: 자연의 (신비한) 권력에 접촉하는 역할을 합니다. 그러나 부족 사회의 내부에 직접 관여하면 안 되는 존재입니다.
· 평소에는 존경받는 수장이 부족을 조화롭게 유지하나, 전시에는 전사가 권한을 위임받아 외부로 나가고, 어떤 특정한 문제가 발생했을 때에는 수장이 샤먼을 찾아가 조언을 구하는 구조입니다.
· 수장은 때로는 샤먼의 역할을 하기도 하고 때로는 전사의 역할을 하기도 하는데, 사람들은 그가 '수장이 아니라 샤먼으로서 혹은 전사로서' 역할하고 있음을 인식합니다. 물론 수장일 때는 '전사나 샤먼이 아닌 수장'임을 인식합니다.

이 조직에서는 팀장(과 담당 임원)은 수장, 팀원은 전사, 컨설팅사는 샤먼이라고 할 수 있습니다. 그런데 수장은 '샤먼과 전사의 권력이 합쳐진 왕'으로서 기능하고 있었고, (원래는 부족 내부에 개입하지 말아야 할) 샤먼은 내부에 직접적으로 개입하여 권력을 행사하고 있었죠. 이러한 샤먼의 개입으로 인하여 역설적으로 수장의 상징적 권력이 사실은 실체가 없음이 드러났습니다. 앞의 그림에서 M1, M2에 빗금이 쳐진 이유가 여기에 있습니다. 결국 부족원인 팀원들은 수장의 상징적 권력이 비어 있음을 봄으로써, 수장의 정치에 동의하지 못하게 됩니다. 모든 사회가 그렇듯이 부족은 부족원을 재생산함으로써 부족을 유지해야 하는데, 부족원들이 수장을 롤 모델로 삼지 못하게 되면서 조직문화에는 부족원의 이탈 가능성이 잠재하게 되었습니다.

전쟁 시에도, 즉 다른 부서와의 협업이나 타사와의 경쟁 중에도 전사에게 권한이 위임되지 않아 부족의 가치를 전파하거나 부족을 방어하는 데에 한계가 있을 수밖에 없었습니다. 이러한 상황의 문화적 원인은 'HR은 전문가의 영역'이라는 분리 코드와도 연결되어 있었습니다. '넌 아직 전문가가 아니야. 그래서 위임할 수 없어'라는 생각이 무한 반복되는 패턴이죠. 왜냐하면 부족원은 전문가가 되기 전에 다른 부서나 타 회사로 옮겨갔기 때문입니다.[34]

세 가지 방향의 치유

지금까지 신화, 교류, 기능의 세 방향에서 분석이 이루어졌습니다. 이는 조직문화의 3법칙이자, 기업문화의 유형을 구분하는 세 기준과 일치합니다.

34
참고로, 조직문화의 유형 분석은 하지 않았습니다. 첫째 이유는 '전체주의적' 유형임이 명확히 드러났다는 데에 있지만, 더 중요한 둘째 이유는 유형 분석이 큰 의미를 줄 수 있는 상황이 아니라는 점입니다. 기업문화는 언제나 경영전략과 연관을 맺고 전략적 필요에 의해 진단과 변화 작업이 이루어집니다. 서두에서 얘기했듯이 이 사업부는 새로운 사업부장의 전략적 요청에 의해 '문제점 치유', 즉 '문제없이 잘 운영되게 하는 것'이 목적이었기에 컨설턴트의 전략적 참고를 위해서만 유형 분석을 했습니다. 만일 영업팀처럼 직접적으로 이윤을 창출하는 조직이었다면 당연히 유형 분석을 하고 그에 따른 전략을 수립했을 것입니다. 왜냐하면 지금까지 보아왔다시피, 기업문화 유형은 영업 · 마케팅 전략과 밀접하게 관련이 있으니까요.

· 소속과 응집력: 소속되기 위해 문화 코드와 금기 및 의무를 학습하고 재생산했음 → 보호, 독점, 분리
· 교류와 주고받음: 내부에서 업무 처리를 위해 특정한 교류 양식을 만들었음 → 수직적, 주고받음의 불균형
· 체계(서열)와 기능: 문화적으로 정해진 각자의 자리에서 기능을 했음 → 기능적 불균형

그러므로 조직문화의 치유 역시 기본적으로 조직문화의 3법칙에 따라 이루어집니다. 아래와 같습니다.

· 소속과 응집력: 새로운 정체성과 금기 및 의무 체계의 정립
· 교류와 주고받음: 교류 체계의 구조적 변화와 이에 따른 조직 구조 변경
· 체계(서열)와 기능: 팀원에 대한 권한 위임과 팀장, 컨설팅사의 역할 및 원칙 재정립

조직문화의 3법칙에 따라 세 영역으로 분리했으나, 변화를 관리하는 차원에서는 서로 중첩되어 있습니다. 변화의 열쇠들은 하나로 합쳐지고, 하나는 다시 여럿이 되지요. 의무와 금기 체계를 정립할 때에는 조직 구조의 변화를 고려해야 합니다. 이 과정에는 팀장과 팀원의 권한 위임 방법까지 포함되어야 합니다.

새로운 금기와 의무 체계의 정립

소명의 재정립과 새로운 행동 규범과 운영 원칙의 정립을 제안했습니다. 이는 문구를 조합하여 미션 스테이트먼트를 만든다고 되는 일이 아닙니다. 소명은 조직 내부에 '인셉션'할 그 무언가이기에 '인식의 뫼비우스의 띠'를 살짝 비틀 필요가 있습니다. 이 조직의 경우 다음의 방향으로 소명을 만들고 싶었습니다.

· '그들 : 우리'의 인식론적 대립 구조를 매개하는 방향
· '인사의 수호자'라는 현재의 소명과 분리 · 보호 · 독점의 코드를 상징적으로 비틀어, 예컨대 '직원들의 수호자'로 바꾸어 보호 코드를 유지하면서 보호의 대상을 바꿈
· HR 구성원 전체가 직접 참여하여 외부 컨설팅사로부터 결과만을 받던 기존의 문화적 관행을 극복하는 방향으로 변화

행동 규범과 운영 원칙은 다음과 같이 재정립했습니다.

· 분리 · 보호 · 독점의 코드를 상쇄할 수 있는 새로운 코드를 정립
· 회사 전체의 핵심적인 가치 체계를 따름으로써 회사에서 외딴 섬처럼 존재하는 현상 극복

· 기존의 행동 양식 중 '유지할 것, 버려야 할 것, 수정 보완할 것, 새롭게 추구할 것'을 찾아낸 후 버려야 할 것은 장례식을 치르는 과정 수행
· HR사업부의 새로운 정체성에 대한 상징을 정립
· 수장, 전사, 샤먼의 역할과 운영 원칙 정립
· 새로운 행동 규범을 위배할 경우 공동의 제재 방안 만들기

교류의 구조 변화

수평적 소통을 원천적으로 차단하고 있는 현재의 팀 구조를 기능별로 묶는 방안을 제시하였습니다. 현재 팀 별로 산재된 업무를 기능별로 묶고 기능별로 응집력을 형성하는 구조였습니다. 각 기능은 수평적으로 서로 연결되기 때문에 서로 '상호의존적으로' 교류가 일어나게 됩니다. 여기에는 조직 구조의 변경까지 포함됩니다.

마법의 순간을 위한 '조직 세우기'

HR사업부는 변화를 위해 세 차례의 워크숍을 거쳤습니다. 첫

번째 워크숍에서는 조직문화의 핵을 심는 인셉션을 시행했고, 두세 번째 워크숍에서 이해의 시간을 심화시켰습니다. 경영진에서부터 내려오는 전형적인 서클링 작업이 아니라 변형된 형태를 택했습니다. 비슷한 꿈을 꾸었더라도 각 개인마다 그 꿈의 의미가 다르듯이, 모든 조직문화는 그만의 특수성을 지녔고 치유 방법 역시 각 조직에 가장 적합한 방법을 택해야 합니다.

이 조직에는 기업문화 오디세이의 기본적인 변화 방법론을 대부분 적용하면서 특별히 '조직 세우기organization constellation'라는 조직 치유 방법론을 시도했습니다.[35] 조직 세우기 방법론은 독일을 중심으로 유럽 기업에서 큰 호응을 얻고 있는 조직 치유 기법입니다. 이 방법을 적용한 치유 과정을 소개하겠습니다. 거듭 강조하지만, 치유는 결과가 아니라 과정입니다. 문화는 가치관이 아니라 무의식입니다. 경영 이념이나 가치 체계를 뚝딱뚝딱 만든다고 되는 일이 아닙니다. 모든 구성원이 이해의 시간을 지나도록 하는 것이 관건입니다.

조직의 구성원들 대부분은 이해의 시간 중 부정의 단계에 해당했습니다. 그것도 강한 양가감정 안에서 현실을 부정하고 있었습니다. 진단 결과를 공유하자 많은 구성원들이 제게 지지 의사와 격려를 직접 보내주었는데 주로 "이번만은 제발 바뀌었으면 좋겠어요. 바꿔주세요"라는 내용이었습니다. 컨설턴트의 입

35
조직 세우기 기법에 대한 자세한 내용은《조직 세우기 - 회사의 무의식을 코칭한다!》(클라우스 혼, 레기나 브릭 지음, 풀라 옮김, 샨티, 2009)를 참고하기 바랍니다. 역자인 풀라는 가족 세우기/조직 세우기 워크숍 외에 개인과 조직의 각성을 위한 구르지예프 무브먼트 등을 한국 사회에 보급하고 있습니다.

장에서 상당히 고무될 만도 하지만, '있는 그대로 괄호를 쳐서' 현상을 보아야 합니다. 구성원들의 이러한 반응 역시 기존의 문화 코드 안에 있는 조직문화적 현상이니까요. 이 조직은 '외부와 내부의 분리'를 강한 코드로 가지고 있다고 했습니다. 조직이 갖고 있는 신화 속의 사건처럼 '외부의 누군가'가 나타나기를 기다렸고, 때마침 제가 나타난 것이지요. 그런데 이를 부정의 심리 단계라 판단한 것은 '그래봤자 안 될 것이다'라는 전제가 깔려 있었기 때문입니다. 지금까지의 신화가 그걸 증명해주었거든요. 강한 문화 코드, 즉 변화에 대한 시도 자체가 금기이기에 더욱 그러했습니다. 조직문화의 진단과 치유 작업 역시 변화를 시도하는 것이고 이는 문화적 금기에 해당하니까요. 바로 양가감정이었습니다. '제발 바뀌었으면 좋겠다'는 감정과 '그래봤자 안 될 거야'라는 생각의 공존이었죠. 한편 일부 관리자급은 분노와 죄책감의 심리 단계였습니다. '바쁜데 도대체 이런 건 왜 하는 거야?'라는 반응과 동시에 '예전에 내가 있을 때 벌어진 일들이야. 나한테 책임이 커. 그러니 내가 어떻게 변화를 시도해?' 같은 감정 상태로 요약할 수 있습니다.

이런 패턴을 극복하기 위해서는 진단 결과를 '머리로' 아는 것을 넘어서서 '눈으로' 직접 보고 '몸으로' 느끼게 하는 것이 필요하다고 생각했습니다. 그래서 조직 세우기란 특별한 치유 방법론을 통해 조직의 내적 긴장 관계에 대해 사람들이 무의식적으로 공유하고 있는 이미지를 겉으로 드러나게 하고 해결책 역시 이미지로 바로 체험할 수 있게 하려 한 것입니다.

기업문화 유형론이 기반하고 있는 조직문화의 3법칙과 같은 원리에 의해 조직을 진단하고 치유합니다. 《기업문화 오디세이 1》에서 (구조주의에서의 구조로서의) 기업문화의 비유로 장기나 체스를 예로 들었던 것을 기억하시나요?[36] 조직 세우기에서는 원형의 빈 공간을 조직의 내적 긴장 관계가 펼쳐지는 장field으로 만든 후, 그 안에 사람들을 '말'로 세웁니다. 장기나 체스의 규칙에 해당하는 조직의 법칙, 즉 사람들을 움직이는 보이지 않는 내적인 패턴이 장 안에 생겨나게 됩니다. 그 안에 선 대리인들은 '저절로' 법칙에 따라 움직이게 됩니다. 그들은 물질로 된 '말'이 아니라 감각을 가진 사람이기에 조직의 법칙을 그대로 느끼고 체험합니다. 컨설턴트는 말들이 가장 편안하게 느끼는 '적절한' 위치가 되도록 말들을 조금씩 이동시켜 갑니다. 때에 따라서는 문제의 핵심을 찾을 수 있도록 말을 추가하거나, 문제를 해결할 수 있는 문구를 제시하여 말로 하여금 발언하게 합니다. 참가자들은 이를 지켜보면서 자신들이 집단적으로 갖고 있는 내면의 이미지를 경험하고, 숨겨진 문제의 원인이 과연 어디에 있는지를 직관적으로 깨닫게 됩니다.

36
《기업문화 오디세이 1》, 44~46쪽.

조직 구성원 모두가 참여한 1차 서클의 첫 워크숍에서 조직 세우기를 실시했습니다. 신화 속의 등장 인물들을 '말'로 선택하는 작업부터 시작했습니다. 우선 사업부의 세 팀인 인사팀, HR 전략팀, HR협력팀은 필수적인 말입니다. 그리고 컨설팅사와 '회사 전체의 기업문화(혹은 이를 담당하는 기업문화팀)'도 각각 말로 선택했습니다.

이제 장 안에 말을 세울 차례입니다. 의도적인 조작이 들어가면 안 되므로, 조직문화 변화와 개인적 이해관계가 가장 적다고 판단되는 각 팀의 신입사원을 '말을 세우는 사람'으로 선정했습니다. 우선, 명상을 통해 자신의 내면에 있는 조직 이미지를 그리고 각각의 말들과 교류하는 시간을 충분히 가진 후, 네 개의 말을 세우도록 했습니다. 첫 번째 세우기가 끝나자, 사람들로부터 '아아~' 하는 탄성과 한숨 등이 나왔습니다.

첫 번째 세우기

기업문화는 저 멀리 구석에 위치되었습니다. 인사팀 등이 모여 있는 쪽을 바라보고 있습니다. 인사팀과 HR전략팀은 가까이에서 마주 보는 위치로 세워졌습니다. 컨설팅사는 가까운 위치에서 둘의 어깨에 손을 올리고 있도록 세워졌습니다. HR협력팀은 셋으로부터 약간 떨어진 자리에 위치했고, 다른 쪽(외부)을 바라보게 섰습니다.

인사팀과 HR전략팀은 시선을 마주치지 못하고 계속 다른 쪽을 보고 있었습니다. 기업문화를 상징하는 말은 울음을 터뜨릴 것 같은 표정을 짓기 시작했고 안절부절못하고 있었습니다. 인사팀과 HR전략팀은 계속 시선을 마주치지 못하고 한숨을 쉬거나 몸을 비틀기 시작했습니다. 컨설팅사의 말은 고개를 조금씩 위로 쳐들며 거만한 표정을 지었습니다.

각각의 말에게 "지금 느낌이 어떠세요?"라고 물었습니다.

· 인사팀: 갑갑합니다. 앞 사람(HR전략팀)과 눈을 마주치기 싫어요. 이 사람(컨설팅사)에게서 증오 같은 감정이 느껴져요. 그러면서 대단해 보이기도 하고요. 아무튼 우리 손을 놓고 내 눈에 안 보였으면 좋겠어요.

· HR전략팀: 불편하고 답답합니다. 앞 사람을 바라보고 싶은데 자꾸 눈을 피하게 돼요.

· HR협력팀: 편합니다. 다른 데 신경 쓸 필요도 없고….

· 컨설팅사: 뭔가 내가 이 두 사람을 쥐고 있다는 느낌입니다. 우쭐하고 권

첫 번째 세우기

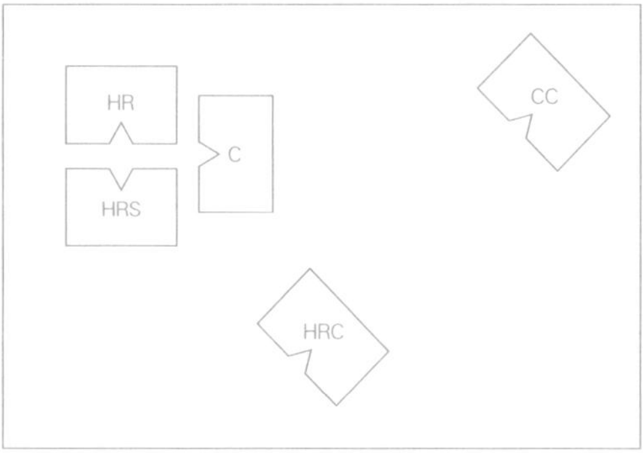

HR: 인사팀
HRS: HR전략팀
HRC: HR협력팀
CC: 기업문화
C: 컨설팅회사

력을 가진 기분입니다. 그런데 사실 그다지 편하지는 않습니다. 너무 가까이 붙어 있어서 갑갑해요. 좀 떨어졌으면 좋겠습니다.

· 기업문화: 저쪽(말들이 모여 있는 곳)으로 자꾸 시선이 가요. 가고 싶은 욕구가 막 생기는데 몸이 말을 안 들어요. 저렇게 꽉 모여 있는 모습을 보니 제 발이 떨어지지 않아요.

두 번째 세우기

각자 좀 더 편한 자리로 이동해보라고 하자 컨설팅사는 인사팀과 HR전략팀을 잡고 있던 손을 놓고 몇 걸음 뒤로 물러섰습니다. 가만히 있던 인사팀과 HR전략팀 역시 한 걸음 정도씩 뒤로 물러났습니다.

그러자 갑자기 멀리 있던 기업문화가 몸을 움직이기 시작했습니다. 기업문화에게 물어보았습니다.

"이제 발을 뗄 수가 있겠어요?"

"네, 저들이 좀 떨어져 서니 이제 앞으로 가도 되겠다는 생각이 들어요."

두 번째 세우기

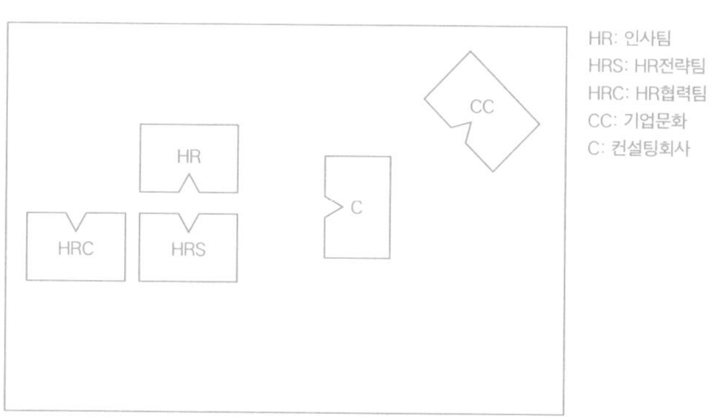

기업문화는 몇 걸음 앞으로 가서 인사팀에 아주 가까이 갔다가 다시 몇 걸음 더 뒤로 와서 인사팀, HR전략팀, 컨설팅사를 모두 볼 수 있는 위치에 섰습니다. 그러자 계속 장의 바깥만 바라보던 HR협력팀이 고개를 돌려 인사팀 쪽을 바라보더니 그 옆으로 이동하여 섰습니다. 조직 세우기에서 마주 보는 상황은 종종 대립 관계를 나타낼 때가 많습니다. 인사팀과 HR전략팀은 여전히 시선을 피한 채 불편한 느낌을 토로했습니다. HR전략팀을 인사팀 옆으로 옮기게 하고 컨설팅사는 그 뒤에 위치시켰습니다. 그러자 모두가 안정된 상태에 있게 되었습니다.

저는 한 명의 '말'을 더 선택하여, 모두가 바라보고 있는 방향의 앞(그림의 A)에 세웠습니다. 그러자 갑작스런 반응이 일어났습니다. 그 말은 서자마자 바로 도망치듯 뒤의 구석으로 후닥닥 옮겨가는 것이었습니다(그림의 B). 새로 추가된 말은 이렇게 말했습니다. "엄청난 부담이 밀려왔어요. 시선도 너무 많고 어디를 봐야할지도 모르겠어요. 그곳에 서기 싫어요."

세 번째 세우기

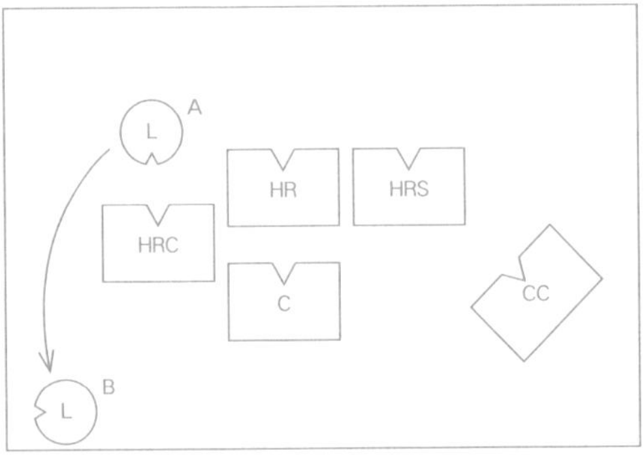

HR: 인사팀
HRS: HR전략팀
HRC: HR협력팀
CC: 기업문화
C: 컨설팅회사

L: 직원 전체

네 번째 세우기

저는 기업문화 말을 옮겨 일렬로 선 다른 말들 앞으로 홀로 놓았습니다. 그리고 '고객'이라는 말을 추가해 직원 앞에 놓았습니다. 직원은 회사가 등 뒤를 받쳐주는 상태에서 고객을 만날 수 있게 되었습니다. 그리고 방금 도망간 말을 기업문화 말 앞에 세웠습니다. 그제야 비로소 자리가 편하다고 했습니다. 더불어 다른 말들도 모두 만족한 상황이 되었습니다.

참가자 모두에게 물었습니다.

"방금 도망갔다 다시 돌아온 말은 누구였을까요?"

"직원이 아닐까요?"

"그렇습니다. 모두 공감하고 계셨군요. 마지막 '말'은 전체 직원을 대리하는 '말'이었습니다. 인사팀, HR전략팀 등은 직접적으로 직원을 다루는 것이 아니라 회사의 이름으로 (혹은 기업문화의 일부로서 자연스럽게) 직원들을 지원하는 역할을 해야 했습니다. '그들 대 우리'의 이분법이 아니라, '우리로서' 같이 존재해야 했던 것이죠. 그렇지 않을 경우, 직원들이 도망간다는 걸

네 번째 세우기

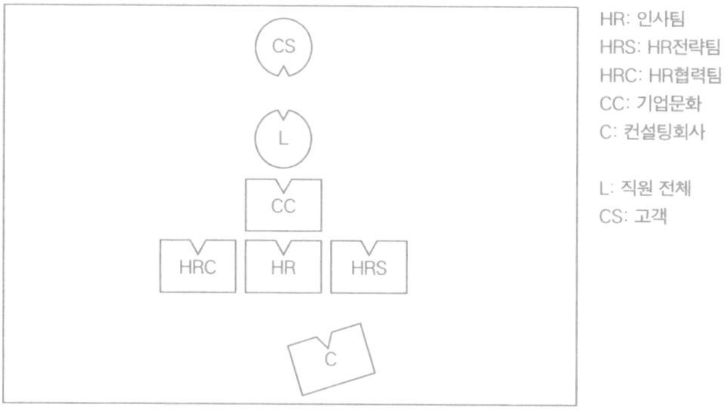

모두 보셨을 것입니다. 마찬가지로 다른 HR 관련 팀들도 '그들'로서 마주 보고 서는 것이 아니라 일렬로 같이 선 '우리'로서 서야 모두에게 적합하다는 걸 보셨을 것입니다. 컨설팅사의 자리도 지금의 자리이어야 합니다. 직접적으로 회사(의 기업문화나 경영진)를 상대하는 것이 아니라 언제나 HR부서 뒤에서 지원하는 역할로만 존재해야 한다는 것도 알 수 있습니다. 그럴 때 회사(의 기업문화)는 제대로 모두를 포괄할 수 있습니다."

다행히도(혹은 당연하게도) 조직 세우기의 결과는 조직문화 진단 결과를 뒷받침하는 것이었습니다. 진단 결과를 머리로 받아들였던 참가자 모두는 '직접 체험한' 후에 크게 감명을 받은 듯 보였습니다. 다음 워크숍에서 오늘 나왔던 해결의 이미지를 실제로 구체화하기로 하고 첫 번째 워크숍을 마감했습니다.

'보살핌'의 모성적 HR로 거듭나기

두 번째 워크숍은 약 한 달 뒤에 열렸습니다. 이번에는 '인셉션'과 동시에 '장례식 치르기'를 하고 새로 짠 조직 구조를 정착시키는 것이 목적이었습니다. 다음 작업을 진행했습니다.

· 기능별 '조직 세우기'

· 소명 다시 찾기

· 소명의 '몸'으로 상징 만들기

· 기존 문화의 장례식 치르기: 행동 버리기 연습

· 금기와 의무 만들기

· 조직 구조 변경에 따른 새로운 업무 교류 관계 정립

· 새로운 기능별 '자아상' 정립

· 공통의 규약 만들기

· 실행과 커뮤니케이션 계획

소명 다시 찾기

조직 세우기를 기능별로 다시 진행하는 것으로 문을 열었습니다. 진단 결과에서 나타났던 수직적이고 폐쇄적인 업무 교류 관계를 수평적이고 개방적으로 다시 짜기 위한 작업이었습니다. 이번 조직 세우기의 자세한 과정은 생략하겠습니다.

다음으로 조직문화의 핵이 될 소명을 찾는 작업이었습니다. 조직문화 변화를 위한 제안 중에서 '인사의 수호자'라는 소명을 어떻게 살짝 비틀 것인가와 분리 · 보호 · 독점의 코드를 어떻게 이용할 것인가가 전략적 과제라고 했는데요, 이미 첫 번째 워크

숍을 거쳐 이해의 시간이 어느 정도 진행된 상태의 참가자들이라 근본적인 질문을 던지는 것만으로 충분했습니다.

· 우리는 누구에게 책임감을 갖는가?
· 우리는 무엇으로, 어떠한 수단으로 세계에 영향을 미치는가?
· 우리의 존재 이유를 나타내는 한 단어의 술어는 무엇인가?

같은 업무를 하는 기능별로 조를 나누어 질문에 답하고 토론하는 과정을 거쳤고, 토론 끝에 다음과 같은 소명을 도출했습니다.[37]

"신뢰받는 HR서비스로 구성원을 '케어care'하여 일할 맛나는 회사를 만든다."

결과에 놀랐습니다. 조직문화의 핵으로서 이 소명의 가치는 '케어'라는 한 단어에 응축되어 있었기 때문입니다. 기존의 문화가 갖고 있는 '보호' 코드와 일치했고 기존 신화의 '수호자'와도 연관이 깊어서 새 조직문화 안으로 쉽게 들어갈 수 있으면서 동시에 그 보호와 수호의 '대상'을 회사의 구성원 전체로 바꿀 수 있는 상징적 장치였기 때문입니다.

저는 즉각 정치철학자 디무트 부벡Diemut Bubeck의 혜안 중 하나

37
조를 업무별로 나눈 것은 이후 진행될 조직 구조 변경을 고려한 전략이었습니다. 기존의 업무 교류 관계를 새롭게 하기 위한 사전 과정이었습니다.

를 떠올렸고, 시간을 따로 내어 '케어-보살핌' 노동이 주는 가치를 기업문화적 관점에서 재해석하여 부연 설명했습니다.[38]

관리management	보살핌care
나	'바로 나' 자신
기업	'바로 이' 회사
one of them	thisness
직무	업
분리	연결

보살핌care

* 보살핌을 주는 사람에게 절박함과 강제성을 만들어냄
* 물적 조건에서는 순손실이지만, 심적 조건에서는 순증식
* 증여의 논리: 더 많이 줄수록 더 많이 받음
* 자기 존중감과 자기 가치의 감정을, 주는 이와 받는 이 모두에게 강화
* 동기 전이motivational shift라는 특별한 윤리적 태도: 타인의 느낌, 필요, 요구, 생각에 대한 관심에 기반 – 자기 자신의 세계와 관점으로부터 타인의 동기로 초점이 이동

부벡에 의하면 보살핌은, 보살핌을 (받는 사람이 아니라) '주는' 사람에게 절박함과 강제성을 만들어냅니다. 즉, 보살핌이라는 노동 자체가 어떤 강한 의미를 지니는 것입니다. 물질적인 측면에서만 보면 순손실처럼 보일지 몰라도, 정신적인 측면에서는 순증식이라 할 수 있기 때문입니다. 《기업문화 오디세이 2》에서 역설했던 '신화적 사고'와도 닿아 있습니다. 인간의 무의식에 가까운 증여의 논리가 적용되어서, 주면 줄수록 더 많이 받는 역설

38
보살핌 노동에 대한 부벡의 분석은 이경아 여성학 박사의 저서 《엄마는 괴로워》(이경아 지음, 동녘, 2011) 1장에 자세하게 해설되어 있습니다.

적인 형태의 노동이 됩니다. 더불어 자기존중감과 자기가치감이 주는 이와 받는 이 모두에게 강화됩니다. 또한 동기 전이motivation shift라는 특별한 윤리적 태도를 갖게 한다고 합니다. 타인이 어떻게 생각하고 느낄지가 주된 관심사가 되기 때문에, 자신의 세계와 관점으로부터 타인의 동기로 초점이 이동하게 됩니다.

'그들 대 우리'의 강한 이분법적 분리에 기반한 이 조직의 문화적 패턴을 치유할 수 있는 열쇠가 바로 케어-보살핌에 있다고 할 수 있습니다. 보살핌을 소명에 심음으로써, 이기적인 자아로부터 타자로 동기를 전이함와 동시에 조직의 일 자체에 의미를 부여할 수 있게 되리라 기대되었습니다.

그리하여 채용, 육성, 평가/보상 등 현재 HR 사업부의 대표 사업과 정책에서 '보살핌'의 측면을 강화할 수 있는 방안을 찾아보는 작업을 시행했습니다. 이는 워크숍 중 이해의 시간을 심화하는 동시에, 새로운 소명이 이후 실제 업무에서 바로 실현되게 하기 위한 장치였습니다.

소명의 물화物化: 상징 만들기

상징은 소명에 직관적으로 닿을 수 있는 장치이자 타인과의 소통의 창이기도 합니다. 구성원들은 상징을 통해 서로 이어지게 됩니다. 상징은 응집력을 형성하는 힘이 됩니다. 특히 이 조직처럼 분리의 코드가 강하게 작동하는 상황에서는 상징을 함께 만드는 작업 자체가 서로를 이어줄 수 있는 좋은 수단이 될 수 있습니다. 그런 과정을 통해 직관적으로 조직의 소명을 '뇌 속에' 새겨가는 거죠.

조별로 모여 정해진 소명을 캐릭터로 형상화하는 작업을 했습니다. 여러 번뜩이는 작품 중에서 투표를 통해 최종적으로 한 작품을 정했는데, '일할 맛을 주고 손님을 정성으로 케어하는 쉐프 H Chef Human'였습니다. '일할 맛'이라는 문구에서 비롯된 훌륭한 비유였습니다.

문구를 같이 만들고 '연극적으로' 반복해보았습니다. 그리고 이 캐릭터를 활용한 여러 상징 체계와 이벤트(의례) 등을 자체적으로 기획하기로 했습니다.

장례식 치르기와 플러그 인

먼저, 기존 문화 코드의 장례식을 치러야겠죠? 버려야 할 행동, 유지 · 보완해야 할 행동, 새롭게 추가해야 할 행동을 정리한 후, 버려야 할 행동을 극적으로 재현하는 시간을 가졌습니다. 머릿속에 자동적으로 인식시킴으로써 후에 그 행동이 업무에서 반복될 때 바로 알아차릴 수 있게 하기 위한 과정이죠. 그러고는 금기와 의무 체계를 만드는 작업으로 넘어갔습니다.

진단에서 드러났듯이 이 조직은 회사 전체와 문화적으로 분리된 조직이었습니다. 그러므로 회사 전체의 기업문화 체계에 접속하는 '플러그plug'를 마련하는 것이 필요했습니다. 회사 전체의 핵심 가치 체계에 따라 이 조직만의 금기와 의무 사항을 만드는 전략을 택했습니다. 회사는 개방 · 혁신 · 친밀 · 정직 · 도전의 다섯 개의 핵심 가치를 갖고 있는데, 조직이 원래 갖고 있던 보호 · 독점 · 분리의 코드를 이 가치로 전환하는 전략이었죠.

전환의 방향과 원리는 아래에 그린 그림과 같습니다. 프로이트는 '삶의 충동'인 에로스와 '죽음의 충동'인 타나토스가 동시에 존재한다며, 인간의 의식은 언제나 양극을 가지고 있다고 했습니다. 여기서 (+)는 긍정적 방향의 전환, (-)는 인식의 양극을 활용한 전환입니다. 각 가치에 따라 '하지 말아야 할 행동 · 꼭 해야 할 행동'을 뽑아내고 토론하여 정리했습니다. 팀장과 팀원의 금기와 의무를 따로 정했는데, 이는 앞에서 살펴보았듯이 수장-전사-샤먼의 미시 기능 구조에 따라 역할을 달리 가져가야 하기 때문입니다.

이어서 기존 문화의 장례식을 치르고 새로운 문화로 진입하기 위한 과정을 다시 한 번 거쳤습니다. 이번에는 수장과 전사 즉

가치 전환의 방향과 원리

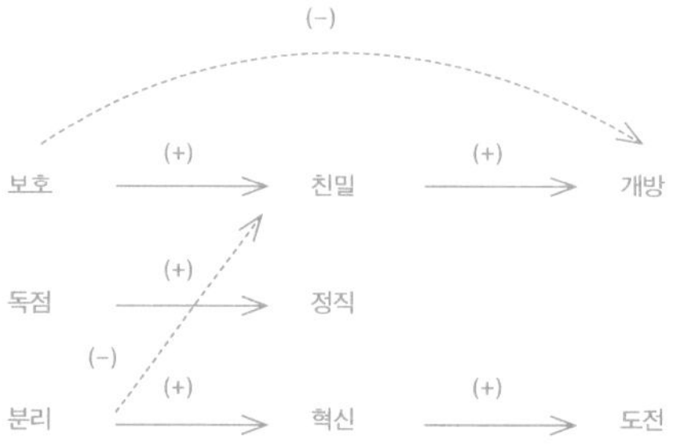

팀장과 팀원의 새로운 교류 방식을 중심으로 역할극을 해보았습니다. 수장(팀장) 1인, 전사(팀원) 1인의 대리인들이 특정 과제, 예를 들어 '보상 제도 개편'이라는 프로젝트를 새로 시작할 때 다음의 상황을 가정하는 즉흥적인 역할극입니다.

· 현재의 모습(앞에서 '버려야 할 행동'으로 정의된 것들)
· 앞으로의 모습(새로운 금기와 의무를 지켰을 때의 상황)

나머지 참가자들은 조별로 행동 규범 시트sheet를 만들어 역할극을 하는 대리인들의 행동을 평가했습니다. 이를 통해 기존 문화와 새로운 문화의 차이를 머리와 가슴으로 동시에 느낄 수 있도록 했습니다.

새로운 업무 교류 관계 정립

1차 워크숍이 끝난 후 다음 워크숍을 준비하는 한 달 정도의 시간 동안 새로 부임한 임원과 팀장들, 중간 관리자들이 모여 진단 결과를 바탕으로 업무 관계를 재정립하기 위해 논의했습니다. 진단의 핵심 중 하나는 교류의 단절이었습니다. 직무 a, b, c

를 수행하는 사람들이 팀별로 산재해 있고 그들 간의 교류가 단절되어 있어서 업무 효율성이 떨어지고 중복 업무가 발생하며 타 부서와의 업무 수행에도 장애가 있었습니다. 그래서 다음과 같은 대안을 제안했습니다.

a1, a2 등을 집합 A로 묶고 A, B, C 등은 아래 그림처럼 서로 순환적으로 맞물리는 한정 교환 체계에 두는 전략입니다. 그러기 위해 A, B, C 업무를 파트별로 묶고, 매개하는 기능만을 하는 f를 두는 것이 주된 그림입니다. 이에 따라 팀 구조를 변경하고 상담을 통해 구성원들을 재배치했습니다. 그리고 각 파트는 새로운 사업 계획과 더불어 구성원들의 육성과 교육 계획을 마련했습니다. 조직문화 변화 과정에서 조직 구조 자체의 변화를 전략적으로 같이 가져간 것입니다. 그러나 조직이 바뀌었다고 사람들이 바로 바뀌진 않습니다. 바뀐 조직 구조, 바뀐 제도 운영 등에는 그에 따른 문화 변화가 수반되어야 합니다. 그래서 워크숍 중에는 새로운 구조를 구성원들 '안'에 정착시키고 서로 간의 교류를 원활하게 할 수 있는 방안을 마련하는 작업을 진행하기로 했습니다.

먼저, 상징을 활용하여 각자의 업무가 갖는 소명을 심는 작업부터 했습니다. 각 파트는 자아상character을 만들고 슬로건slogan을 만들었습니다.

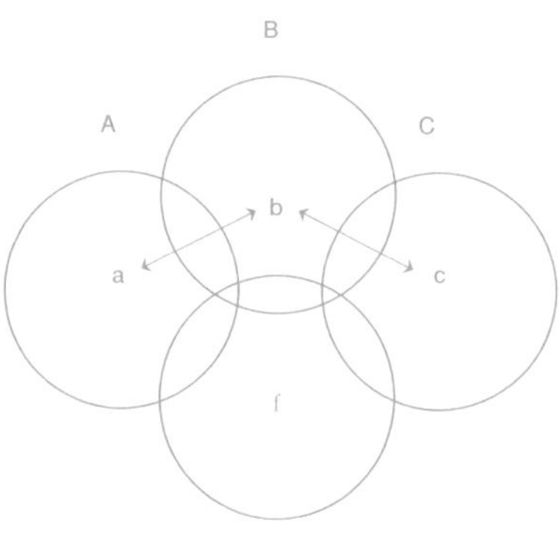

새로 설정된 교류 방식

그리고 '다른 파트들과 이렇게 일하겠다'는 원칙을 꽤 오랜 시간과 노력을 들여 만들었습니다. 예컨대 채용 파트는 육성, 평가 보상, 외부 협력, 글로벌 인사 등 각 파트와의 업무 연관성을 파악한 다음 다른 파트와의 협력 방식을 구체적으로 하나하나 만들어 갔습니다. 이를 통해 다른 파트의 업무를 상세히 파악할 수 있었고 동시에 서로의 협업 원칙을 만들고 합의하여 선언할 수 있었습니다. 게다가 임원들과 다른 사업부의 수장들도 초대하여 합의 내용을 발표함으로써 공동의 규약으로서 그 무게를 더했습니다. 마지막으로 지금까지 준비했던 사업 계획을 함께 발표하고 공유함으로써, 실질적인 업무 교류의 시작을 상징적으로 선언했습니다.

위임과 협업의 조직문화로

그로부터 한 달 후에 실시한 3차 워크숍에서는 변화 관리를 위한 HR 철학의 논의와 정립 그리고 응집력 강화를 위한 '조직문화 게임'을 진행했습니다. 조직문화 진단과 직접적인 연관성은 약하기에 여기서는 그 내용을 생략하겠습니다.

진단에서부터 3차 워크숍에 이르기까지의 과정은 모두 기존 문화에서 새로운 문화로 이행하기 위한 변화의 시계를 차근차근 돌리기 위한 작업이었습니다. 그 시계가 다시 거꾸로 돌아가는 것을 꾸준히 경계하는 장치들을 곳곳에 마련하면서요. 새로운 문화 안에 자연스레 스며들게 되는 것을 목표로 했습니다.

3차 워크숍 이후에 실시한 간단한 면담들과 참여 관찰의 결과 대부분 이해의 시간을 통과했습니다. 기존 문화와의 단절이 이루어진 것이지요. 계속하여 컨설팅을 진행하지는 않았기 때문에 3차 워크숍 이후를 추적 관찰하지는 못했지만 약 4개월 동안의 변화는 뚜렷했습니다. 기존과는 '완전히 다른 방식으로' 일을 하게 된 것이죠. 팀장의 권한은 실무자에게로 많은 부분 위임되었고, 기능 간의 협업으로 업무를 진행하는 경우가 눈에 띄게 많아졌습니다. '케어'와 '일할 맛'이라는 소명에 따라 회사의 전체 구성원들을 향한 서비스와 타 부서와의 교류도 확실히 강화되었습니다. 다만, (신화 속의 트라우마를 탄생시켰던) 컨설팅사와의 관계 정립 등의 문제는 완전히 해결되지 않았고, 때문에 기존에 갖고 있던 '노와 사'의 대립 구도와 '선진 HR과 뒤처진 직원들'이라는 대립 구도 역시 외부의 압력에 의해 재연될 가능성은 여전히 존재했습니다. 실제로 컨설팅사의 경영진이 회사에 영입되어 이 조직의 운영에 관계하고 있었습니다. 이러한 부분은 제 컨설팅의 범위를 넘어선 것이기에 앞으로의 추이를 지켜볼 수밖에 없었습니다. 하지만 분명한 것은 조직문화 역시 전체 기업문화의 한 부분으로 편입되었다는 점입니다. 몇 개월이 지나지 않았지만 대부분의 조직 구성원들은 예전을 기억하지 못할 정도로 새로운 조직문화 안에 들어가 있었습니다. '마법의 순간'을 마법처럼 지난 것이지요.

4

홍길동의
성공
신화

저는 긴장된 마음으로 E회사의 건물 앞에 섰습니다. 기업문화 진단 결과 발표를 불과 한 시간여 앞둔 시점에서 내용 중 일부를 삭제할지 말지를 여전히 고민하고 있었습니다. 아무리 봐도 진단에는 의심의 여지가 없었습니다.

에뛰드 하우스를 아시나요? 젊은이들이 모이는 거리거리마다 핑크색으로 예쁘게 단장한 가게가 보이고 그 안에는 화장품인지 장난감인지 모를 색색의 물건들이 진열되어 있습니다. 동화 속에서나 나올 법한 옷을 입은 소녀들이 웃으며 사람들에게 미소를 지어보입니다. 아마도 이 책을 보시는 여러분들 대다수는 차마 그 안으로 들어갈 용기가 없지 않을까 싶습니다. 그만큼 특정 고객을 대상으로 하고 자신만의 브랜드 이미지를 갖고 있으므로, '어떤 특정한 문화'가 있는 회사일 거라고 쉽게 추측할 수 있습니다. 에뛰드는 화장품 그룹이라 할 수 있는 P기업의 계열사로 최근 몇 년 간 연 10% 이상으로 급속하게 성장하고 있는 회사였습니다. 그런데 말이죠, 이 회사는 아주 강한 '콤플렉스'가 움직이는 기업문화를 갖고 있었습니다.

콤플렉스라는 말 자체에 대한 오해부터 풀어야 했습니다. "쟤는 콤플렉스가 있어"라는 말처럼 우리는 흔히 열등감과 동일한 의미로 이 말을 쓰고 있죠. 하지만 콤플렉스라는 정신분석 용어를 만들어낸 칼 융에 따르면 콤플렉스란 열등감 같은 게 아니라 그냥 마음속 덩어리, 마치 주상복합 콤플렉스 시티 같은 의미에서의 어떤 큰 덩어리[39]를 의미합니다. 마음속의 특정한 무언가를 중심으로 여러 사건들의 기억과 의식의 잔재들이 '복잡하게' 얽혀서 하나의 덩어리를 이루고 있는 상태입니다. 자아 안에 있는 또 다른, 아니 그 자아를 움직이는 어쩌면 진짜 자아라고 할 수 있는 무언가라고 할 수 있죠. 그럼에도 "당신은 콤플렉스가 있소"라는 얘기를 듣고 발끈하지 않을 사람이 얼마나 될까요?

더 고민되는 문제는 제가 말해야 할 콤플렉스가 다른 것도 아니고 '오이디푸스' 콤플렉스라는 점이었습니다. 거기에 따라 붙는 '거세'라는 단어도 문제였고요. 지그문트 프로이트의 정신분석 이론의 핵이라 할 수 있는 오이디푸스 콤플렉스는, 성적인 요소를 제외하고 요약한다면, 어머니를 갖고 싶어 아버지를 살해하고자 하는 아들의 무의식적 욕망을 말합니다. 그리스의 오이디푸스 신화에 원형을 두고 있습니다. 이때 아들은 아버지로부터 '거세당할지 모른다'는 공포를 동시에 갖게 됩니다. 이 거세 콤플렉스를 어떻게 승화시키느냐에 따라, 즉 아버지에 대한 살해 욕구와 아버지의 법으로의 굴복 사이에서 적절한 발전을 이루느냐 마느냐에 따라 아이의 사회화와 생활 방식 등이 결정된다고 할 수 있습니다. 영화, 문학, 더 나아가 한 사회의 문화 분석에도 오이디푸스 콤플렉스는 많이 응용되고 있습니다. 여기서

39
융은 무의식 속에 존재하며 어떤 감정에 의해 결합된 심적인 내용의 집합이 통상적인 의식 활동을 방해하는 현상을 관찰하고 그런 심적인 내용의 집합을 '감정으로 물든 복합체 gefühlsbetoner komplex'라 이름 붙였습니다. 이것을 나중에 줄여서 '콤플렉스'라 부르게 되었습니다. (《콤플렉스 카페》, 가와이 하야오 지음, 위정훈 옮김, 파피에, 2011, 27쪽)

아버지, 어머니, 거세 등은 사실 문화적인 것으로 해석해야 합니다. 하지만 경영자와 관리자들 앞에서 '아버지를 죽이려다 거세를 당하고 어쩌고…' 이런 말을 해도 될지 고민에 빠지지 않을 수 없었습니다.

고민 끝에 여러 기업문화 프로젝트를 같이하고 있는 오랜 동지에게 상의했습니다. 그녀는 한참을 듣더니 "그건 오이디푸스가 아니라 홍길동이에요"라고 말했습니다. 아, 그렇구나. 귀가 번쩍 뜨였습니다. 실제로 진단을 위한 인터뷰에서 '호부호형을 못하는'이라는 표현을 수십 차례나 접했던 터였는데, 콤플렉스 이론의 틀에 갇혀 그 생각을 못했던 것입니다. 또 콤플렉스라는 용어는 굳이 쓸 필요 없이 이야기 위주로 얘기하면 되지 않겠냐고 조언해주었습니다. 결국 콤플렉스라는 것도 그것이 형성된 어떤 기원이 있기 마련입니다. 혹은 거꾸로 콤플렉스가 지금의 이야기를 '조작'하고 있다고도 할 수 있습니다. 결국 신화가 문제의 핵심인 거죠. 급히 근처 카페로 들어가 노트북을 열고 발표 내용을 수정했습니다. 맞습니다. 오이디푸스 신화가 아니라 홍길동의 신화였습니다. 그리고 저는 홍길동들이 모인 회의실의 문을 열고 프레젠테이션을 시작했습니다.

'호부호형'을 못하는

전체 직원 110명 중 80명에게 물었습니다.

"모기업 P와 여러분 회사와의 관계를 비유적으로 표현한다면 뭐라고 할 수 있을까요?"

그중 약 70%에 해당하는 사람들이 표현은 다소 다르지만 공통된 답변을 했습니다.

'서자 관계, 고부 관계, 배다른 형제, 호부호형을 못하는 관계'

사지선다처럼 보기를 제시했던 것도 아닌데, 절반이 넘는 사람들이 이런 대답을 했습니다. 왜 그랬을까요? 이 대답들의 공통점은 무엇일까요?

질문에 답하기 위해서는 먼저 에뛰드 직원들의 정체성 분석 결과를 살펴봐야 할 것 같습니다. 정신분석학의 전제에 따르면 정체성은 언제나 '~과의 동일시'입니다. 즉, 나를 정의하기 위해서는 다른 대상이 필요하죠. 그렇다면 동일시의 대상을 알아낸다면 직원들이 자신의 정체성을 어떻게 형성하고 있는지 알아낼 수 있을 것입니다. 결론부터 말씀드리자면 에뛰드 사람들은 에뛰드 '하우스'와 자신을 동일시하고 있었습니다. 자신이 누구인지 말해달라는 질문에 대부분 '~을 하는 사람'이 아니라 '~에서 일하는 사람'으로 대답했는데, 그 대상이 에뛰드 하우스, 좀 더 정확히 말하자면 에뛰드라는 회사나 제품이 아니라 그것을 파는 '공간'으로서의 에뛰드 하우스였습니다. 업業으로서 의미가 아니라, 브랜드와 공간이라는 물질에 자신을 동일시하고 있었던 것이죠. 즉, 뷰티beauty라는 소명이 아니라 에뛰드라는 사업의 형식이 정체성의 본질을 이루고 있었습니다. 이는 다른 답변에서도 증명됩니다. 에뛰드라는 이름으로 패션이나 캐릭터 사업 같은 화장품 사업 외 다른 업종으로 진출하는 미래상을 그린다거나 하는 경우였습니다.

직원들 대부분이 에뛰드 하우스와 동일시를 하고 있다는 것은 정체성이 분명하다는 증거일 수 있습니다. 분명히 그랬습니다. 하지만 여기서 질문을 멈출 수는 없었습니다. 정신분석의들이 가족 관계나 성장 과정의 탐구를 중요시하듯이, 아버지 혹은 어머니라고 할 수 있는 모기업 P와의 관계를 탐구해야 정체성의 실체에 더 근접하리라 생각했기 때문입니다. 결과는 방금 보다시피 놀라웠습니다.

여기서 나온 관계들은 공통점이 있는데, 그것은 '피가 섞이지 않은 관계'라는 점입니다. 이 상황에 의문을 느낀 저는 모기업에 대한 여러 질문들을 더 해본 끝에 어떤 결론을 내릴 수 있었습니다. 에뛰드는 모기업과의 관계를 통해 자신을 정의할 수밖에 없는데, 그 과정에서 일종의 '분열' 현상이 발생하고 있었습니다. 정체성의 실재적(경제적), 상징적(문화적), 상상적(가상의, 이미지의) 차원을 살펴볼까요.

· 실재적 차원: among P – "우리의 지분은 P가 갖고 있어."
· 상징적 차원: not P – "우리는 P가 아니야. 우린 걔네랑 달라."
· 상상적 차원: against P – "P 사람들은 우리를 별로 안 좋아해. 꺼려."

가상의 이미지, 즉 상상적 차원에서의 정체성이 흥미롭습니다. 실제로 많은 사람들이 'P 사람들을 건물에서 마주치면 우릴 안 좋게 보는 것 같다' 혹은 'P 구내식당에 밥 먹으러 가는 게 꺼려지는데, 우릴 이상한 눈으로 바라보는 것 같다'는 등의 이야기를 했는데, 모기업 P 사람들을 인터뷰한 결과로는 대부분 에뛰드 사람들에 대해 큰 호감을 갖고 있었죠. 이러한 생각은 특정한 문화에서 파생된 하나의 '상상적' 반응이라고 할 수 있습니다. 이처럼 실재적, 상징적, 상상적 정체성이 서로 모순적으로 형성되어 있었습니다. 과장해서 비유하자면, 한 사람 안에 '지킬박사와 하이드'가 함께 있다고나 할까요? 그 원인과 메커니즘이 궁금했습니다. 그 해답은 신화에 있을 거라 생각했습니다.

독립과 해방의 신화

에뛰드 직원들로부터 채집한, 즉 그들이 인식하고 있는 에뛰드의 삶을 정리하면 이런 구조의 이야기가 만들어집니다.

· 옛날 옛적에 어떤 회사가 있었다.
· P가 회사를 인수하여 P에 편입시켰다.
· P가 그 회사의 상호를 오스카로 변경시켰다.
· 그 회사는 색조 전문 회사로 P의 소매 시장 전략에 대응했다.
· 이후에 베네통 사업도 같이 하게 되었다.
· 2000년대에 들어 에뛰드로 사명이 변경되었다.
· P의 저가 시장 공략을 위해서였다.
· 이후 에스쁘아를 인수했다.
· 모두 잘 안 되었다.
· 그래서 에뛰드만의 독특한 컨셉으로 승부하고자 했다.
· P에서는 안 될 거라고 했다.
· 그러나 우리는 시도했고, 에뛰드 하우스 브랜드숍을 시작했다.
· 사업은 성공했고 우리는 성장하고 있다.
· 글로벌 기업이 될 것이다.

인터뷰 대상자 중 50% 정도의 사람들이 공통적으로 이와 같이 이야기했습니다. 30% 정도는 이야기의 후반부, 즉 에뛰드 하우스의 탄생 기원을 이야기했습니다. 나머지 20%는 이 이야기를 모른다고 했고요. 이러한 양상은 이야기가 구전口傳되고 있음을 의미합니다. 실제로 어떻게 알게 되었냐고 묻자 동료, 선배로부터 들었다고 답했습니다. 신화는 문서에 기록된 이야기가 아니라 말로 퍼지는 이야기, 즉 구전을 전제로 합니다. 에뛰드의 이야기는 신화로서의 기능을 여실히 하고 있었습니다. 이야기를 잘 모른다고 한 20%는 대부분 헤드헌터에 의해 들어온 경력직 직원이었는데, 한편으로는 이야기를 전수하는 것을 이제 그만두었음을 의미하기도 합니다. 이것이 어떤 시사점을 갖고 있는지는 잠시 후에 알 수 있습니다.

신화는 한 집단의 존재 이유인 소명을 잉태하고 있습니다. 그런데 에뛰드는 '성장 자체'가 소명인 것처럼 보였습니다. 추구하는 어떤 의미, 예컨대 사람들을 즐겁게 한다든지 아름답게 한다든지 하는 형태가 아니었던 것이죠. 신화는 종종 비전을 계시하는데, 대부분 에뛰드가 글로벌 기업으로 성장하는 것을 비전으로 그리고 있었지만, 이 역시 소명의 불분명함으로 인해 '글로벌 화장품 기업'인지 '글로벌 패션 기업'인지 모호했습니다. 그런데 결말은 분명했습니다. 이 모호하고 불분명한 소명과 비전이 만나는 지점이 있었는데, 그것은 바로 '모기업으로부터의 독립과 해방'이 도래하는 결말이었습니다. 인류의 신화는 어떤 구조적 공통점이 있습니다. 사람들이 얘기하고 있는 에뛰드 이야기를 다시 한 번 읽어보십시오. 피동적이고 수동적인 뉘앙스로 계속 전개되다가 어느 순간에 능동적으로 전환됩니다. 그리고 어떤 결말을 상정하고 있습니다. 이야기를 듣는 누구나 다음 결말을 예측할 수 있을 것입니다.

'신화의 힘'이었습니다. 기원 신화가 이미 모기업과의 단절을 전제하고 있습니다. 옛날에 '에덴동산'이 있었는데 현재의 모기업에게 인수를 '당했고', 어찌어찌하여 계속 외부의 힘에 의해 움직이다가 전부 실패했는데, 다들 불가능하다고 할 때 스스로 에뛰드 하우스를 시작하여 성공했으며 앞으로 더 성공해서 마지막엔 우리만의 세상을 이루겠다는 '종말론적인' 메시지를 무의식적으로 전달하고 있었던 것이죠. 신화가 가진 공통적인 이항 대립구조도 분명하게 드러나 있습니다. 금기의 위반 등 신화가 가진 주요 테마 역시 갖추고 있죠. 강한 힘을 발휘할 수밖에 없는 신화였습니다. 이 신화가 다시 '호부호형을 못하는, 서자 관계, 배다른 형제, 고부 관계' 등의 언술로 드러나고 있었던 것입니다.

기업문화의 생성 메커니즘

에뛰드의 기업문화를 생성하고 유지하며 구성원들에게 영향을 미치는 구조적인 원리를 그림으로 그려보았습니다.[40]

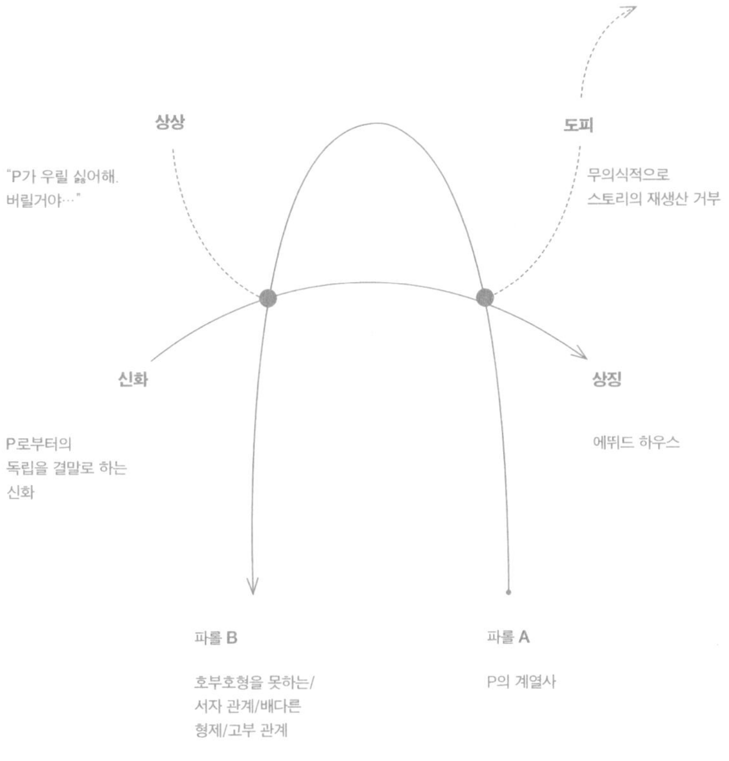

40
'주체가 어떻게 변형되는가'의 관점에서 문화의 생성 메커니즘을 밝히기 위해 도식을 활용하고 있습니다. 이 도식은 자크 라캉으로부터 빌려왔습니다. 자크 라캉은 무의식의 구조에서 자아 형성과 주체 분열의 메커니즘을 설명하기 위해 도식을 창안했습니다. 주체는 상징계, 상상계, 실재계를 통과하며 '논리적 시간'에 의해 구성되고 혹은 분열되며 정체성을 형성해갑니다. 그리고 이는 '타자'라고 일컬은 외부의 어떤 대상과의 동일시 과정을 수반한다고 합니다.

그림에서 가로 방향의 화살표(신화 → 상징)는 '기업문화의 층위 혹은 장field'을 나타냅니다. 《기업문화 오디세이 2》에서 살펴보았듯이, 문화는 수없이 촘촘한 상징적 질서로 만들어져 있습니다. 그 기업문화의 상징적 층위를 A라는 개인이 통과합니다. 그/그녀는 '에뛰드는 P의 계열사'라는 객관적 사실을 말하려고 합니다. 그러나 이는 불가능합니다. 모든 인간은 문화적 존재이거든요. 모기업으로부터의 독립을 계시하는 신화가 강한 상징으로 드러나는 기업문화의 상징적 층위를 통과하고 나면 A는 B가 되어 '호부호형을 못하는, 서자 관계, 배다른 형제, 고부 관계'를 얘기하게 됩니다. 결국 실제로 존재하는 것은 A가 아닌 B입니다.

개인이 기업문화의 층위를 통과하는 지점에서 어떤 '문화적 효과'가 발생합니다. 그림에서는 큰 점으로 나타냈습니다. 먼저 오른쪽 점을 볼까요? A가 아직 A로서의 실재적 정체성을 인식하고 있는 상태에서 만나게 되는 오른쪽 점에서는 '도피' 현상이 나타납니다. 신화를 말하기를 그만두는 20% 정도의 사람이 있다고 했었죠? 그들입니다. 이런 사람들은 기본적으로 '용병들'입니다. 문화 안에 소속되기보다는 벗어나려 합니다. 경영진과 인사관리팀에서 우려한 이직률의 증가와 충성도의 하락 등이 문화적으로는 이러한 메커니즘에 있다고 가정할 수 있습니다. 왼쪽의 점에서는 '상상'이 발생합니다. 정체성의 상상적 차원, 'P가 우리를 싫어한다'는 상상적 현실이 여기에서 발생한다고 할 수 있습니다.

양극의 문화 코드

신화가 펼쳐내는 기업문화 안에서 개인들은 특정한 의식과 행동의 패턴을 만듭니다. 이를 문화 코드라고 부를 수 있는데, 모든 기업이나 조직에서 관찰되는 것은 아닙니다. 때로는 '코드 없음'이 하나의 문화적 특성이 될 수도 있지요. 사람들이 일관성 없게 움직이는 조직, 응집력이 없는 조직이 주로 그렇습니다. 에뛰드 사람들에게서는 비교적 분명한 코드가 관찰되었는데, '성장, 활기, 다름의 추구, 민감함' 이렇게 네 가지로 정리할 수 있었습니다.

코드	(+)	(-)
성장	목표 달성, 글로벌 지향, 학습	피로, 용병화, 복지와 안정의 추구
활기	즐거움	감정의 기복
다름의 추구	차별화, 자부심	P와의 멀어짐, 개인화
민감함	행동지향, 속도지향	피해의식, 일관성의 저하

(+)는 긍정적인 측면에서, (-)는 부정적 측면에서 같은 코드로 묶을 수 있는 행동 패턴입니다. 이렇게 (+)와 (-)의 대극으로 묶을 수 있는 행동 패턴을 동시에 갖고 있다는 것도 하나의 문화적 특성이라 할 수 있습니다. 예컨대, 차별화와 자부심을 강하게 어필하면서도 동시에, 혹은 그렇기 때문에 모기업 P와 멀어지거나 개인주의화되고 있었습니다. 부연하자면 이 코드 역시 바로 전에 살펴본 '문화적 층위'를 통과하면서 나타나는 현상이라고 할 수 있습니다. 좋고 나쁨, 옳고 그름은 없습니다. (+)라고 좋고, (-)라고 나쁜 것은 아닙니다. 다만 성장, 활기, 다름의 추구, 민감함이 이 조직이 갖고 있는 특성이라는 점 그리고 이를 전략적으로 활용해야 한다는 점에서 문화 코드는 의의를 갖습니다.

정복자에서 갱으로

이제 기업문화 유형을 정리할 수 있습니다. 기업문화의 유형을 나누는 3대 축으로 볼 때 에뛰드는 정복자형 공동체 문화와 제국주의 갱의 중간 정도에 위치시킬 수 있습니다. 단순한 브랜드 구조와 직급 체계, 영업 시스템 등(에 대한 인식)을 볼 때 체계성의 축에서는 왼쪽, 즉 체계성이 낮은 쪽에 위치합니다. 개방성 측면에서는 고객과 시장에 대해 높은 개방성, 특히 밖으로 뻗어나가려는 외향성을 갖고 있습니다. 문제는 응집력입니다. 분명히 강한 응집력을 갖고 있는 조직입니다. 브랜드 충성심에서 볼 때 더욱 그렇게 보입니다. 에뛰드 하우스에 대한 자부심과 성공 신화로 똘똘 뭉쳐 있습니다. 중요한 것은 그 '뭉쳐 있음'이 외부에 대한 '반대급부anti-'에 의해 유지되고 있다는 점입니다. 특히 P에 대한 대립 관계를 설정함으로써 강해지는 패턴이었죠. 또한 앞에서 보았듯이 소명이 불분명합니다. 인간은 상징적 동물homo-symbolicus이기에 의미를 추구합니다. 그런데 에뛰드는 의미가 아니라 물질적인 것에서 소명을 찾고 있습니다. 그렇기 때문에 조직이 커가게 되면 예컨대 패션 사업이나 프랜차이즈 사업 등 서로 다른 방향으로 분산되어 응집력이 해체될 수 있습니다.

기업문화 유형론의 도표에 다음과 같이 위치시킬 수 있습니다. 2차원으로 펼치다보니 강한 응집력의 네 유형과 약한 응집

에뛰드의 기업문화 유형

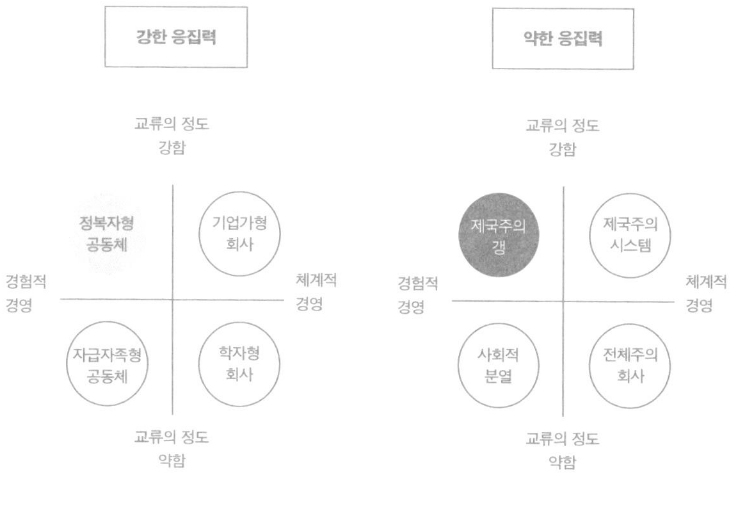

력의 네 유형을 좌우로 병렬시킬 수밖에 없는데, 사실은 3차원의 공간상에서 둘이 겹쳐져 있다고 보는 게 맞습니다. 그렇게 상상하면서 정복자형 공동체와 제국주의 갱에 걸쳐서 존재하는 에뛰드를 그려보기 바랍니다.

제국주의 갱에 속하는 그룹을 조금 더 세분할 수 있습니다.

1) 순수 제국주의 갱 집단: 용병들
2) 모기업 P에 소속감을 느끼는 집단: P기업 출신의 경영진 일부와 관리자 일부
3) 소속되고자 하나 문화적인 장벽, 즉 콤플렉스에 의해 좌절된 집단: 용병들과 P기업 출신 관리자 중 에뛰드 문화에 이질감을 느끼는 사람들

패턴상 1)과 2)의 집단은 에뛰드 문화에 소속되어 점차로 정복자형 공동체의 일원이 되어야 합니다. 그런데 어떤 문화적인 장벽에 막혀 3)에 머무르게 되는 것이죠. 그 장벽이란 바로, 프로이트의 정신분석학 이론을 빌려 말하자면 '거세 콤플렉스'라 이름 붙일 수 있습니다.[41] 프로이트에 따르면, 아이는 어머니를 갖고 싶어서 아버지가 없어졌으면 하는 혹은 아버지로부터 독립하고자 하는 무의식적 욕망을 갖게 됩니다. 그리스 신화에 나오는 오이디푸스의 운명처럼요. 그러면서 동시에 아버지로부터 거세

41
〈자아와 이드〉(지그문트 프로이트 지음, 박찬무 옮김, 《쾌락원칙을 넘어서》, 열린책들, 1997, 119~126쪽)

당할지 모른다는 공포를 갖게 됩니다. 이를 거세 콤플렉스라 부르는데, 이를 어떻게 승화시키느냐에 따라 아이의 정신적 성장이 결정된다고 할 수 있습니다. 에뛰드의 상황에 비추어 볼까요? 상상적 어머니(에뛰드의 이미지)와의 결합을 상징적 아버지(P에 대한 문화적 인식)가 방해하고 있어, 아버지의 강한 힘에 의해 (문화적으로) '잘릴까 봐' 좌절하고 있는 상황입니다. 아이는 보통 아버지에 대한 증오와 두려움을 동시에 갖게 되는데, 에뛰드가 바로 여기에 해당한다고 할 수 있겠죠. 문화 코드가 양가적으로 나타나는 것도 이러한 현상과 관계 깊다고 생각되었습니다. 여기에 문제의 핵심이 있습니다. 콤플렉스를 어떻게 극복하느냐가 새로운 응집력을 갖추고 성장을 추구하는 데 중요한 관건이라 할 수 있습니다.

기능 구조: 전사 중심의 전원 공격형

기업문화를 분석하고 만들어 갈 때, 또 하나의 중요한 열쇠가 바로 기능 구조입니다. 인류학자이자 비교신화학자인 조르주 뒤메질에 의하면 자본주의 사회는 전사-생산자-성직자(학자)의 세 기능이 맞물려 있을 때 응집력을 갖고 원활히 기능합니다. 기업인류학자 마크 르바이는 이를 기업에 응용하여 세 기능이 각각 평등한 위계를 가져야 하며, 적합한 자리에 있어야 한다고 역설했습니다. 이 방법론으로 기업문화의 기능 구조를 분석한 결과, 에뛰드는 전사 중심의 세 기능 구조를 갖고 있었습니다.

각 기능에 속한 사람은 기능에 적합한 규범을 가져야 합니다. 에뛰드는 전반적으로 전사 규범이 지배적이었습니다. 성장, 발전, 능력의 인정, 정벌, 점유, 확장, 매출 등의 단어가 인터뷰에서 빈번히 등장했고 이에 큰 가치를 두고 있었습니다. 성직자들 역시 자신의 임무가 전사의 지원임을 인식하고 있었습니다. 생산자는 외부, 즉 P기업에 속해 있기에 그 규범은 직접적으로 관찰되지 않았지만, 다른 두 기능들이 생산자의 존재를 자신의 조직 '안'의 기능으로 명확히 인지하고 있었기에 각 기능은 '적합한 자리right place'에 있는 것으로 간주할 수 있었습니다.

유형론과 관련해서도 적합한 세 기능 구조를 갖고 있다고 판단되었습니다. 다시 말하면, 정복자형 공동체와 제국주의 갱의 특성에 해당하는 기능 구조와 규범을 갖고 있다는 것입니다. 정복자형 공동체와 제국주의 갱은 기본적으로 '전원 공격, 전원 수비형'의 문화라고 할 수 있는데, 나머지 기능들도 때에 따라 전사로 변신하는 에뛰드의 기업문화는 여기에 해당한다고 할 수

에뛰드의 기능 구조

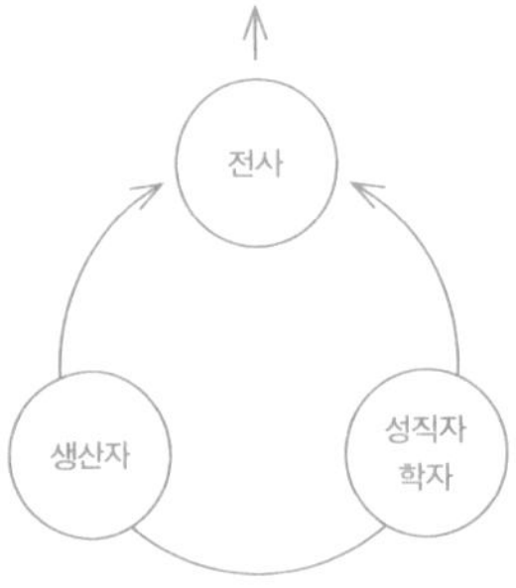

있습니다. 이처럼 에뛰드는 유형에 적합한 기능 구조를 갖고 있었고, 이것이 성장의 원동력이 되었다고 판단되었습니다.

홍길동 콤플렉스

에뛰드의 무의식을 깊은 속까지 들여다보았습니다. 집단 무의식 안으로 들어온 개인이 어떻게 에뛰드의 구성원으로 만들어지는지 그리고 어떻게 다시 집단 무의식을 재생산하거나 혹은 그 밖으로 나가려 하는지 그 메커니즘도 알게 되었습니다. 저는 그 집단 무의식을 '홍길동 콤플렉스'라 이름 붙였습니다. 앞에서도 말씀드렸듯이 콤플렉스는 열등감 같은 게 아니라, 말 그대로 자아 안에 있는 어떤 '덩어리'입니다. '자아 안의 또 다른 자아'라고나 할까요?

'호부호형을 못했던' 홍길동은 아버지로 대변되는 세상의 질서 밖으로 나가려 합니다. 그리고 호부호형을 못했던 한이 원동력이 되어 집을 나가 사람들을 규합하여 활빈당을 만들고 세상에 대항합니다. 에뛰드의 신화를 만들어내는 또 다른 에뛰드는 바로 이 '홍길동 에뛰드'였습니다. 신출귀몰하기까지 하지요.

그러나 홍길동이 성공을 꿈꾸고 집을 나간 건 '호부호형을 못하는 한'이 주된 이유였지, 어떤 대의나 새로운 이상 사회 같은 걸 소명으로 내세우지는 못했습니다. 그래서 도적 떼를 규합해서 활빈당을 만들고 세력을 키워나가지만 여전히 도적 떼, 즉 갱단일 뿐입니다. 에뛰드의 기업문화는 현재 이 단계입니다. 홍길동 콤플렉스가 급격한 성장을 이뤄냈고, 전사 중심의 기능 구조를 갖게 했으며, 성장/활기/다름의 추구라는 코드로 움직이게 했지만 동시에 이중적이고 민감한 특성을 갖게 되었습니다. 앞서 정체성의 진단에서 본 바와 같이 '업의 의미'가 아니라 '브랜드와 물질' 자체와 동일시하고 있었습니다. (마치 홍길동처럼) 외부에 대한 '반대 급부'로서의 응집력이었지 내부에서 어떤 소명을 추구하지 않았습니다.

바로 이 시점에서 홍길동처럼 어떤 각성이나 깨달음이 있어야 합니다. 도적 떼에서 '이상사회를 만들려는 공동체'가 되기 위해 특정 소명을 중심으로 응집력을 갖추어야 하는 것이죠. 그러므로 저는 이렇게 이야기했습니다. "현재가 적절한 시점입니다. 에뛰드는 응집력이 약해지는 패턴 안에 있습니다. 높아지는 이직률이 하나의 징후입니다. 경영진들도 구성원들의 용병화를 체감하고는 이를 우려하고 있습니다. 국내에서의 점유 확대는 물론 본격적으로 글로벌 시장 진출을 앞두고 있기도 합니다. 진정한 응집력을 갖춘 정복자형 공동체로 거듭날 시점입니다. 그러면 에뛰드의 무한한 잠재력이 발휘될 수 있을 것으로 보입니다."

기업문화 갤럭시의 탄생

진단 결과를 발표한 다음 날, 저는 다시 경영진과 면담을 가졌습니다. 경영진의 첫 마디가 "어떻게 우리보다 우리를 더 잘 아세요?"였습니다. 다행이었습니다. 이해의 시간 중 부정과 분노의 단계를 넘어섰으니까요. 이제 함께 대안을 만들어가면 되었습니다. 이후 모기업의 최고 경영자와도 보고를 겸해 면담 시간을 가졌습니다. "아마도 그 콤플렉스가 오히려 큰 힘이 되지 않았을까 싶어요. 물론 역사를 왜곡되게 이해하고 있는 것은 바로잡아야 하겠지만요. 에뛰드는 인수한 기업이 아닙니다. 오히려 조그마한 공장을 사서 새로 설립한 기업이지요. 그때부터 지금까지 늘 우리에게 '색채'를 부여해준 회사였습니다."

최고 경영자의 말은 곧 에뛰드가 '서자'가 아니라 '친자'라는 의미였지요. 저는 에뛰드에 모기업의 계열사 중 가장 젊은, 아니 영원히 젊은 회사의 이미지를 부여하자고 제안했습니다. 동시에 더욱 큰 그림을 그리기 위하여 다음과 같은 '모기업을 중심으로 한 기업문화 갤럭시'의 모델을 제시했습니다.

문화는 상대적입니다. 한 집단의 문화와 다른 집단의 문화는 다를 수밖에 없다는 것이죠. 무조건적인 문화적 통합은 그래서 불가능할 뿐더러 역효과를 낼 뿐입니다. 어느 글로벌 기업의 광고 문구인 '하나의 기업문화'는 허구입니다. 그러나 '문화권'은 형성이 가능합니다. 각기 다른 듯 보이면서도 하나의 거대한 흐름 안에 있는, 다르면서 같은 문화. 어떻게 가능할까요?

인류학에서 그 답을 찾을 수 있습니다. 인류학자 클로드 레비스트로스Claude Levi Strauss는 중남미 대륙에 걸친 광범위한 부족 사회의 문화권을 연구하고자 신화를 채집하고 분석했습니다. 공통된 문화적 특성을 보이는 문화권들을 분류하고 이를 '신화군'이라 명명했습니다. 각 부족의 신화는 등장인물과 이야기 전개가 비슷하지만 부족만의 문화에 따라 성격이 조금씩 다릅니다. 그러나 특정한 법칙에 따라 모두 연결되어 결국엔 하나의 거대한 '신화군群'을 형성하고 있다는 것이죠.[42] 신화란 문화의 숨겨진 코드들을 상징적으로 얼개 짓는 이야기이니 결국 신화군이란 하나의 문화권이라 할 수 있고, 신화군 안에 있는 사람들은 다른 부족들과 군群으로서의 정체성을 가지게 된다는 논리입니다.

42
레비스트로스는 신화 변환의 특정한 법칙이 수학의 군론과 같다는 것을 발견했습니다. "신화는 닫힌 우주이다. … 그 닫힌 우주의 내부에는 유한한 변환 절차에 의해 수많은 신화가 탄생할 가능성이 잠재되어 있다. … 각각의 신화를 탄생시키는 변환은 군群을 이룬다. 따라서 신화는 '친족의 기본 구조'에서 연구된 친족 관계와 마찬가지로 수학적 성격을 띤 군론과 변환군의 개념을 이용해 분석할 수 있으며, 그것을 통해 비로소 신화의 본질을 밝힐 수 있을 것이다." (《나카자와 신이치의 예술 인류학》, 나카자와 신이치 지음, 김옥희 옮김, 동아시아, 85~87쪽)

ABC界 모델

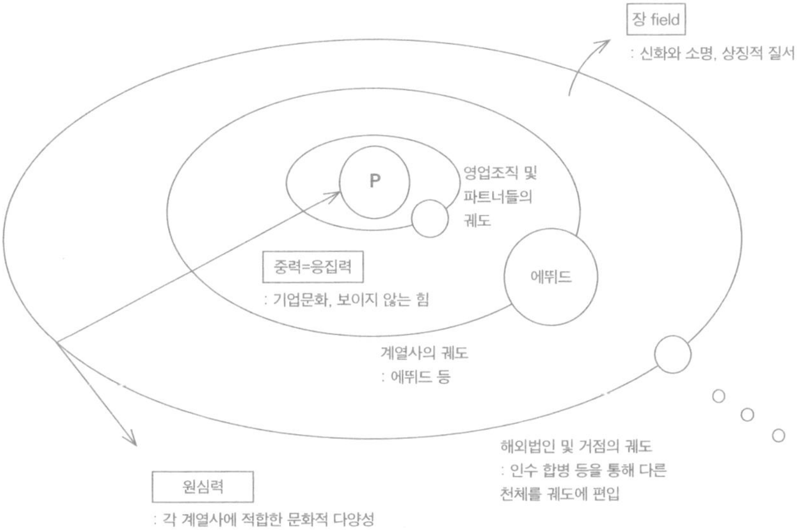

장 field
: 신화와 소명, 상징적 질서
P
영업조직 및 파트너들의 궤도
중력=응집력
: 기업문화, 보이지 않는 힘
에뛰드
계열사의 궤도
: 에뛰드 등
해외법인 및 거점의 궤도
: 인수 합병 등을 통해 다른 천체를 궤도에 편입
원심력
: 각 계열사에 적합한 문화적 다양성

모기업은 '아시아적인 미'로 세상을 아름답게 한다는 소명을 지닌 대기업입니다. 이 소명이 거대한 기업문화계界의 문화적 핵입니다. 그 중심에 모기업이 자리합니다. 지주회사는 따로 있지만, 문화적으로는 기원 신화를 갖고 있는 모기업이 중심입니다. 태양계의 태양인 것이지요. 각각의 계열사(혹은 영업조직)는 행성입니다. 그들은 각자의 이름을 갖고 각자의 궤도를 돕니다. 태양과는 일정한 거리로 떨어져 있습니다. 밖으로 벗어나려는 원심력이 작동하지만, 중력에 의해 일정한 궤도를 유지합니다. 그 중력이 바로 기업문화이자 전체 태양계의 신화입니다. 각 행성들은 모기업의 신화를 우주 창조 신화로 하면서 그와 연결된 각자의 소명과 기원 신화를 갖습니다. 상징적으로 서로 얽혀 있는 것입니다. 억지로 한 문화로 통합하고자 하면 행성들은 서로 부딪히게 됩니다. '하나의 기업문화'는 그래서 위험합니다. 그러나 '중력으로서의 기업문화'는 안전하고 또한 전략적입니다. 이 태양계는 끊임없이 확장될 수 있으니까요. 중요한 것은 각 별들이 적합한 궤도에서 돌게 하는 기업문화 전략입니다. 'Asian Beauty Creator'라는 모기업의 소명을 따라 'ABC界 전략'이라 부르기로 했습니다. 에뛰드 역시 전체 기업문화계의 전략에 따라 궤도를 도는 아름다운 별이 되게 하자는 결론을 내렸습니다. 경영진과 함께한 1차 서클은 사실상 마무리되었습니다.

갱에서 정복자로

경영진은 에뛰드의 경영전략과 기업문화 진단 결과를 고려하여 기업문화 유형을 정했습니다. 목표 유형은 '정복자형 공동체' 입니다. 제국주의 갱(으로 가고 있는 현재의 문화)에서 강한 정복자형 공동체로의 이행 전략이 필요했습니다.

	정복자형 공동체	제국주의 갱
응집력	응집력 강함	응집력 약함
대표 특징	업에 헌신하는 강한 카리스마 있는 리더	이윤 추구 자체가 존재의 이유, 업은 중요하지 않음
소명과 비전	소명>비전 비전보다는 아주 강한 소명에 의해 움직임	소명<비전 소명은 문화적으로 부재함, 장기적 비전보다는 단기적 성장 목표에 따라 움직임
체계	강한 상징과 의례, 단순한 경영 체계: 전원 공격, 전원 수비	상징 체계 존재하나 형식적 의례, 단순한 경영 체계: 전원 공격, 전원 수비
HR 철학	직원은 공동체의 멤버	직원은 용병
마케팅	마니아, 추종자 전략	수요 만족과 시장 확장
브랜드와 제품	소수의 브랜드 / 혁신적 브랜드 (아주 좋아하거나 아주 싫어하거나)	소수의 브랜드 시장 수요에 만족하는 브랜드, 혹은 카피 브랜드(me too 전략)
홍보 및 대외 커뮤니케이션의 특징	공동체의 신념, 브랜드 가치	브랜드 이미지와 실적
대표적 예	애플, 홀푸드마켓, 메리케이, 스타벅스	맥도날드, SPC, 크라제버거, 카페베네

제국주의 갱과 정복자형 공동체의 문화가 혼재되어 있기에 이들의 전략적 차이를 이해하는 것이 중요합니다. 구조주의에 의하면 인간은 '차이'를 통해 개념을 인식하기 때문입니다.

이해를 돕기 위해 특성을 구분하긴 했지만, 사실 기업문화는 이렇게 무 자르듯 딱 잘리는 영역은 아닙니다. 실제로는 매우 복합적이며 전술적 필요에 따라 다른 유형의 정책을 가져가야 하기도 합니다. 그러나 큰 틀의 전략을 짜는 입장에선, 일관성을 갖는 것이 꼭 필요하기에 표로 정리하여 현재의 전략적 위치를 점검해보았습니다. 이는 기업문화의 변화를 위해 필요한 과정이며, 기업문화는 언제나 경영전략과의 궁합이 중요하니까요.

기업문화 오디세이는 대안을 직접 제시하지 않습니다. 그럴 능력도 없고요. 경영전략은 회사와 경영자의 몫입니다. 그들이 가장 잘 알고 있으며 실행할 수 있으니까요. 컨설턴트의 임무는 다만 여러 방법론을 통해 '이해의 시간'을 지나도록 도움으로써 '아하, 우리에게는 이 전략이 필요하구나!'라는 어떤 깨달음의 순간이 오도록 지원하는 것입니다. 그리하여 저는 HR 전략을 중심으로 조금 더 에뛰드를 깨울 수 있는 방향으로 접근하여, 정복자형 공동체 기업문화에 대해 다시 한 번 생각해보는 시간을 만들었습니다.

정복자형 공동체의 전략적 특징	HR 전략의 방향	커뮤니케이션의 방향	마케팅, 영업에서의 시사점
강한 신념의 공유	인간을 도구로 취급하지 않고 목적으로 취급: 존중받고 있고 뭔가 큰 대의를 위해 헌신하고 있다는 느낌 채용의 기준 중 '업에 대한 헌신'이 중요한 자질로 평가	'이야기, 소명, 핵심 가치'에 근거한 커뮤니케이션	모기업과의 고객 포인트 공유 매장 및 매장의 영업 사원까지 신념을 공유하도록 하는 장치 필요
빠른 속도, 직관적 대응, 감정적 요소를 중시	지나치게 복잡한 인사 체계의 경계: 모기업의 체계적 시스템과 조화를 이룰 방안 마련 필요	이성보다는 감성 중심의 커뮤니케이션	고객의 '기다림과 기대'를 유발하고 이를 충족시키는 제품+공간+경험 만들기 신념의 '확산과 전파'가 주된 목적
고객과 사회에 대해 특정 메시지를 발산	평가 및 보상에서도 매출 목표 달성 이외에도 '신념의 전파 정도(고객 확장)'가 주요 기준에 포함	외부로 발산하는 에뛰드만의 강한 메시지. CI 등 상징의 적극적 활용	매장 및 매장의 영업사원을 통해 마니아를 만들어가는 전략
각종 의례를 통한 응집력의 강화	'들어오고 나감'이 쉽게 이루어지지 않는 체계: 공동체로의 높은 진입 장벽 에뛰드만의 교육 컨텐츠로 구성되어 있는 '입문과정'이 있어야 함(*전체 그룹 차원의 교육과 전략적으로 연계되어 있어야 하나, 모기업에게 모두 맡겨버리는 현재의 교육 체계는 계속적으로 콤플렉스를 양산함)	빈번한 '접촉' 프로그램	매장 및 영업시원들을 강한 전사로 육성하는 교육 및 '페스티벌'. 매장 영업 사원의 '토템' 구축

이러한 일련의 작업을 통하여 경영전략 차원의 대안을 도출했습니다. 에뛰드의 기업 비밀과 관계된다고 생각되어 이 부분을 자세히 다루지는 않겠지만, 기업문화에 대한 이해가 깊은 경영진은 제안을 대부분 정책으로 구체화했습니다. 요약하자면 에뛰드만의 소명과 핵심 가치를 만들고, 이를 채용의 첫째 기준으로 삼기로 했습니다. 또한 모기업의 신입사원 입문 교육과는 별도로 에뛰드만의 입문 과정을 추가로 만들었으며, 그 과정을 모두 마치면 '에뛰드 부족의 일원'이 되는 상징적 의례와 상징물 등을 제작하기로 했습니다. 영업, 마케팅 차원에서도 에뛰드의 소명과 핵심 가치를 고객들에게 보여주고 전달할 수 있는 여러 장치를 만들기로 했습니다. 무엇보다 중요한 결정 중의 하나는 매장 영업 사원들의 토템을 강화하기로 한 것입니다. 기왕에 매장 영업 사원들은 '스위티sweetie'라는 이름으로 불리고 있어, 사실상 토템의 조건을 모두 갖추고 있는 상태였습니다. 스위티 조직의 문화를 진단하고 그에 따라 정복자형 공동체가 될 수 있는 방안을 찾기로 했습니다. 스위티의 흥미로운 조직문화에 대해서는 다음 장에서 따로 다루겠습니다.

그러나 아직 문제가 남아 있다는 생각이 들지 않으세요? 홍길동 콤플렉스에 따른 정체성의 분열 현상은 어떻게 치유할 수 있을까요? 이제 기업문화적인 전략으로 넘어갑니다. 이 회사의 기업문화 생성 메커니즘을 그린 아래 도식에 답이 있습니다. 열쇠는 바로 기업문화의 층위(신화→상징 체계)를 바꾸는 것입니다.

소명을 부여받은 자랑스러운 아들

관리자들과 함께한 2차 서클은 두 차례의 워크숍과 사이사이의 인터뷰로 이루어졌습니다. 그 과정을 간단히 짚어보겠습니다. (집단 워크숍 때도 계속되는 과정이지만, 기본적으로) 먼저 개인 인터뷰를 통해 심리적 저항의 차원을 분석하고 이를 극복할 수 있는 전략을 짭니다. 상상적 · 문화적(상징적) · 경제적(실재적) 저항의 양상에 따라 워크숍의 방향을 조절하고, 개인별로 다른 대안을 마련합니다. 또한 부정-분노/죄책감-흥정/협상-체

에뛰드의 기업문화 생성 메커니즘

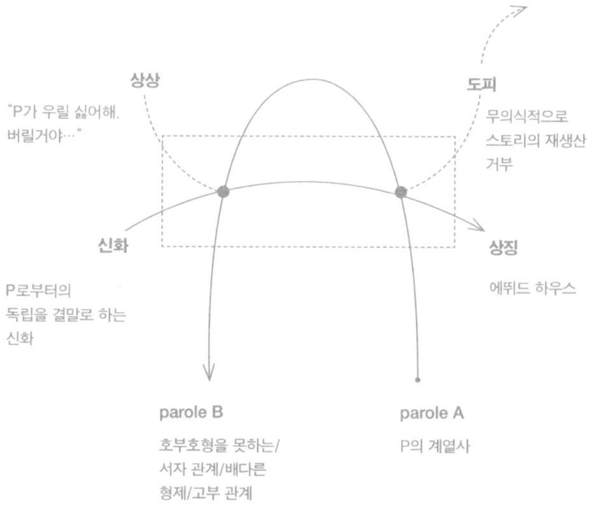

념 · 실험에 이르는 이해의 시간을 지나도록 지원합니다. 1차 워크숍에서 진단 결과를 처음 접한 관리자들은 대부분 부정과 분노의 단계에 있었지만, 경영진과 함께한 1차 서클의 결과를 설명하고 이에 대한 토론이 끝난 후에는 체념 · 실험의 단계로 빨리 넘어갔습니다. 무엇보다 홍길동의 운명을 가장 잘 알고 있는 사람이 바로 관리자들이었으니까요.

모기업 최고 경영자와의 논의 결과와 그에 따른 기업문화계의 전략에 따르면, 에뛰드는 서자가 아니라 자랑스러운 친자였고, 이제 그렇게 재탄생해야 하는 시점이란 걸 모두 인식하게 되었습니다. 집단적인 콤플렉스는 오히려 이를 강하게 반겼습니다. 워크숍 중에 '이제야 이런 기회가 오다니…'라며 감동을 표현하는 사람도 있었습니다. 진단 결과에서 보듯, 양가적인 특성이 강하게 드러나고 있었는데 '숨겨진 마음'을 이제 드러냈다고도 할 수 있었습니다.

에뛰드에는 성장과 활기의 문화 코드가 있었지요. 가히 그러한 문화 코드를 가진 조직의 리더들답게 에뛰드를 새롭게 하는 주인공이 바로 자신임을 기뻐했고, 거듭남을 성공적으로 마무리지어 더 큰 성장의 길로 들어서고자 했습니다.

워크숍에서 기업문화의 핵을 심었습니다. 전략은 다음과 같이 두 방향입니다.

1) 나는 아버지의 친자다.

2) 나는 홍길동이 아니라, 나만의 소명을 가진 에뛰드다.

1)은 정체성의 분열을 가져오던 콤플렉스에 대한 치유법인 동시에 모기업을 중심으로 하는 거대한 기업문화계, 즉 ABC界 전략에 부합하게 하기 위함입니다. 2)는 (의미가 아닌) 물질에 '상상적'으로 동일시하던 정체성의 빈 자리를 '상징적'으로 메워주는 동시에, 외부(특히 모기업)에 대한 반대 급부로서 갱gang처럼 뭉쳐 있는 상태를 '안으로부터 구심점을 갖는' 사회적 응집력으로 전환하기 위한 전략입니다. 이런 일련의 과정을 통하여 새로운 소명을 찾았습니다.

"언제까지나 젊음을 유지하는 YOUNG Asian Beauty Creator로서, 달콤한 화장 놀이 문화를 창조하여 세계에 전파한다."

YOUNG Asian Beauty Creator라는 호명[43]은 1)의 전략에 부

43
호명은 프랑스의 철학자 알튀세르의 용어를 빌려 쓴 것으로, '부름에 응답하여 주체가 되다'의 의미입니다. 관리자들은 모기업 최고 경영자의 결정 중 '너는 나의 자랑스러운 아들/딸이다'라는 부름에 응답하여 YOUNG Asian Beauty Creator라는 이름을 워크숍에서 스스로 만들었으므로 무의식의 주체가 된 것입니다. "모든 이데올로기는 구체적인 개인들을 주체로 호명interpellation한다고 말하고자 한다. … 우리는 경찰의 일상적인 호명과 같은 유형 속에서 그것을 표상할 수 있다. '헤이, 거기 당신!' 이렇게 호명된다면 호명된 개체는 뒤돌아볼 것이다. 이 단순한 180도 물리적 선회에 의하여 그는 주체가 된다. 왜냐하면 호명이 바로 '그'에게 행해졌으며, 호명된 자가 다른 사람이 아니라 바로 '그'라는 사실을 알게 되기 때문이다" 〈이데올로기와 이데올로기적 국가장치〉《아미엥에서의 주장》, 루이 알튀세르 지음, 김동수 옮김, 솔, 1991, 75~130쪽)

합하는 결과물이었습니다. Asian Beauty Creator라는 정체성을 가진 모기업의 (실제로는 꽤 오랜 역사를 갖고 있지만 상징적으로) 가장 젊은 그리고 영원히 가장 젊어야 하는 (상징적) 아들/딸로서의 자리를 찾은 것입니다. '마법의 순간'을 지난 그들 스스로 만들어낸 이름이었습니다. 2)의 전략에 따라 젊음과 화장놀이 그리고 달콤함이라는 에뛰드 본연의 브랜드 아이덴티티가 같이 담겼습니다. 기존의 금기를 위반하여 "화장은 심각한 것이 아니다. 화장은 놀이다!"라고 세상에 외치는 선언이기도 했습니다. 동시에 소녀들과 젊은 감수성을 지닌 여성들을 타겟 고객으로 하는 마케팅 전략에도 부합했습니다.

새로운 신화 · 상징 · 의례

무의식을 지배하던 기존 신화를 '뫼비우스의 띠를 꼬듯이 살짝 비틀어' 새로운 신화로 만들었습니다. 새로운 소명 그리고 그 소명을 만든 기업문화 전략에 부합하도록 하는 것이 핵심입니다.

《기업문화 오디세이 2》에서 신화의 주인공으로 '트릭스터'의 역할을 얘기했었습니다. 신화에서 장난꾸러기 같은 예측 못할 행동으로 기존의 이항 대립적 질서를 매개하여 새로운 세상의 질서를 만드는 매개자였죠. 북미 대륙 신화의 갈까마귀나 여우, 우리 민담의 '엄마 옷을 입은 호랑이' 그리고 기업 중에서는 애플과 구글, 홀푸드마켓 등이 바로 트릭스터라고 했습니다. 에뛰드는 트릭스터로서의 역할을 십분 충족시킬 수 있는 조건을 갖추고 있었습니다. 장난꾸러기 이미지도 강하고, '남다름의 추구'라는 문화적 코드도 갖고 있었습니다. 무엇보다 새로운 소명인 '화장 놀이 문화의 창조'는 기존 다른 기업이 갖고 있는 화장에 대한 관념과는 대립된다는 것이 중요했습니다. 신화의 대립 구조를 '기존의 심각하고 어려운 화장 vs 즐거운 놀이로서의 화장'으로 만들 수 있었던 것이죠.

신화는 구조와 테마의 이중주입니다. 소명을 중심으로 이항 대립 구조를 유지하면서 그 매개자 자리에 에뛰드를 놓고, 신화의 공통 테마에 따라 이야기를 재구성하는 작업을 함께했습니다.

〈신화의 공통 테마〉

· 범우주의 창조와 '숨은 신'

· 금기의 위반과 새로운 탄생

· 여행과 깨달음

· 세계의 축, 중심 상징

· 인간의 타락과 죽음

· 카오스의 살해

· 낙원의 도래

범우주의 창조는 모기업에 의해 이루어집니다. 그리고 모기업은 '숨은 신'이 되었습니다. 에뛰드는 원숙한 모기업은 절대 할 수 없는 역할을 부여받습니다. 기존의 '비싸고, 성인들의 특권이며, 진지하고 우아한 화장'이라는 금기를 위반하여 '화장은 달콤하고 노는 것이다!'라고 세상에 외치는 에뛰드가 탄생하게 됩니다. 화려한 색채의 저가 상품으로 시장을 공략하는 와중에 모기업으로부터 벗어나 여러 '외도'를 하는 여행길에 오르며 실패와 성공을 거듭합니다. 경제적 성공만을 위해 애초의 소명을 잃어버리고 위기를 맞게 됩니다. 카오스가 옵니다. 사람들은 전사보다는 용병이 되어가고 모기업의 소명으로부터 벗어납니다. 모기업은 '숨은 신'이 되어 지켜볼 수밖에 없습니다. 그러나 '에뛰드 하우스'의 탄생과 함께 애초의 소명과 핵심 가치로 돌아가게 됩니다. 에뛰드 하우스야말로 화장 놀이 문화의 결정체였습니다. 고객들은 다시 에뛰드를 찾았습니다. 해외 고객들도 찾아옵니다. 이제 모기업과 힘을 합쳐 더 큰 글로벌 시장으로 진출합니다. 2015년 글로벌 비전 달성을 위해!

이렇게 새로운 신화가 (보기에는 똑같은 역사지만, 완전히 다른 의미가 되어) 만들어졌고 '에뛰드 스토리'라는 이름으로 에뛰드의 강한 상징 속으로 흡수되었습니다. 이후 새로운 브랜드 스토리는 책자와 영상으로 제작되어 모든 홍보, 광고, 영업에 사용되었습니다.

모기업의 기업문화계 안에 적절히 위치시키기 위한 전략은 핵심 가치의 정립에도 적용되었습니다. 기존에 에뛰드는 (선언된) 핵심 가치가 없었습니다. 스스로 자신의 가치를 표현할 언어를 가지지 못한 상태였죠. 언어를 가진다는 것은 존재 가치를 인정받는 행위이기도 합니다. 이런 '빈' 공간에 '모기업의 핵심 가치 체계'를 껍데기, 즉 기표signifiant로 가져와 모기업의 가치 체계 내로 즉각 편입시키되 껍데기의 내부, 즉 기의signifie는 에뛰드만의 행동과 관련한 금기와 의무로 채워 넣어 자신만의 문화를 갖도록 했습니다. 물론 '기존 문화의 장례식 치르기'도 같이 진행했죠. 각 가치별로 금기와 의무를 만드는 작업을 3차 서클까지 전 사원의 참여로 진행했습니다. 이후 정제된 형태의 금기와 의무가 대내외에 공표되었습니다. 상징 체계 안으로도 흡수되었습니다.

신화와 소명, 핵심 가치를 재생산하기 위한 여러 의례를 같이 만들었습니다. 우선 전 사원이 조직별로 참가하는 '달콤 워크숍'(3차 서클)을 수차례 진행하였습니다. 이후 전 사원이 참여하는

'에뛰드 웨이' 선포식을 가졌습니다. 입문 의례, 즉 신입사원들의 교육과 신입사원 임명식도 만들었습니다. 모기업에서 진행하는 한 달 이상의 교육을 이수한 후, 다시 에뛰드만의 교육 과정을 거쳤고, 모든 에뛰드 사람들이 참가하는 조회 시간에 에뛰드를 상징하는 '핑크색 스카프'를 대표이사가 직접 달아주어 '부족의 일원이 되었음'을 상징적으로 인정받게 했습니다. 일상의 회의에서도 소명의 의미를 되새기는 행위는 반복되었고, 모든 프레젠테이션의 첫 장은 소명과 스토리가 장식하게 되었습니다.

거듭남, 그 이후

기업문화의 변화를 경영 성과로 직접 연결시키는 것은 논리적으로 무리가 있습니다만, 기업문화의 변화 작업은 일반 사회의 문화가 아니라 '(비)영리 기업'의 문화를 다루고 있기에 결국 성과 수치로 나타나야 의미가 있을 것입니다. 기업문화 변화 이후 에뛰드의 영업 이익 증가율이 200% 이상이었고, 매출은 이후 3년간 연평균 30% 이상씩 늘어났습니다. 중요한 것은 이러한 성장이 '제국주의적 확장'이 아니라 '정복자형 공동체' 전략에 의해 이루어졌다는 데에 있습니다.

HR과 관련한 수치를 보면, 직원 이직률은 낮아졌으며 몰입도는 높아졌습니다. 기업문화 변화 이후 5년 동안, 모기업의 계열사 중 (농업과 연구만을 전담하는 한 계열사를 제외하고는) 가장 높은 몰입도와 행복지수를 나타냈습니다. 무엇보다 최고 경영자와 내부의 인사 · 기업문화 관리자가 기업문화의 중요성과 변화의 효과를 인식하게 된 것이 가장 중요합니다. 지금까지는 단 한 번도 생각하지 않고 시도도 하지 않았던 기업문화의 관리를 경영의 중요한 한 요소로 다루기 시작한 것입니다. 이처럼 문화는 직접 체감하는 것입니다. 그 안의 사람들은 무엇이 변했는지 바로 느낄 수 있습니다.

기업문화의 거듭남을 직접 경험하고 직원들의 변화를 본 에뛰드 경영진들은 또 다른 작업을 의뢰했습니다. 바로 에뛰드 하우스에서 고객을 맞는 영업 사원들의 조직문화 진단이었습니다. 이들은 인류학적 관점에서 놀라운 조직이었습니다.

5

디오니소스와
아폴론의
절묘한
만남

프리드리히 니체Friedrich Nietzsche는 존재의 가치에 도달하는 두 가지 아주 상반된 방식을 말했습니다. 《비극의 탄생》에서 그리스 비극을 분석하면서 인간의 유형을 디오니소스형 인간과 아폴론형 인간으로 나눈 것이지요. 디오니소스형 인간은 존재의 통상적 경계와 한계를 파괴하고자 합니다. 개인적 체험이나 의식을 통하여 어떤 심리적 상태, 즉 과잉의 상태를 성취하고자 합니다. 경쟁적이며 열정과 비전에 도취되지요. 아폴론형 인간은 중도를 지키고 조화를 추구합니다. 자신의 자리를 지키며 공적 인간으로서 체면을 유지합니다. 개인의 감정적 성취보다 집단의 질서가 중요합니다. 요컨대, 디오니소스형 인간은 개인적이고, 아폴론형 인간은 집단적입니다.

문화상대주의를 널리 주창한 미국의 인류학자 루스 베네딕트Ruth Benedict는 미대륙의 원주민 부족 사회를 비교연구하면서 '다른 패턴으로 움직이는' 사회들을 발견하고 그 작동 원리를 니체의 그것에 비유하여 정리했습니다.[44] 요컨대, 문화의 통합 형태가 각각 디오니소스 유형으로 된 사회와 아폴론 유형의 사회가 있었던 것이죠. 그리고 두 특성이 결합된 사회 역시 있었습니다. 루스 베네딕트가 유형화한 두 사회의 특성을 정리하면 다음의 표와 같습니다.

44
《문화의 패턴》(루스 베네딕트 지음, 이종인 옮김, 연암서가, 2008, 31쪽)에서 루스 베네딕트는 뉴멕시코의 푸에블로 부족을 전형적인 아폴론적 문화로, 북서해안의 부족들을 디오니소스형 문화로 그 유형을 분류하였습니다.

아폴론 유형 조직	디오니소스 유형 조직
집단주의	개인주의
공식적 행위	게릴라 전투
의례의 발달: 의례의 목적은 집단과의 일체	의례의 발달: 의례의 목적은 개인의 열정과 전투심 증가
절제, 감정의 억제	독립심, 정렬
권력욕, 소유욕, 폭력성에 대한 경멸	거친 환경에서의 고행을 통한 꿈과 비전의 추구
행위에 대한 승인은 공식 구조로부터	개인의 경쟁과 승리를 용인하는 문화
푸에블로 족(주니 족)	다코다 족 등 평원 인디언 부족

이러한 부족 사회의 유형은 현대 사회에도 변함없이 적용 가능합니다. 현대의 대표적인 조직 이론가이자 경영자인 찰스 핸디Charles Handy 역시 조직을 디오니소스형과 아폴론형으로 구분합니다.[45]

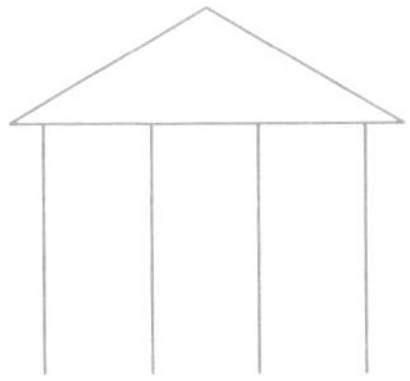

아폴론형 조직-역할 중심 문화

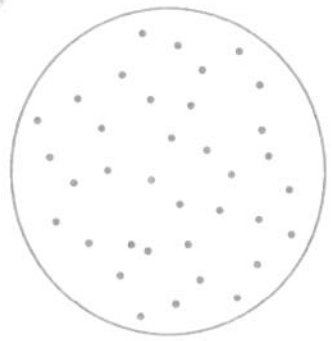

디오니소스형 조직-개인 중심 문화

그리고 저는 우연히도 젊고 예쁜 공주 같은 사람들의 조직에서 디오니소스와 아폴론을 만났습니다.

45
《최고의 조직은 어떻게 만들어지는가》(찰스 핸디 지음, 노혜숙 옮김, 위즈덤 하우스, 2011, 265~277쪽) 찰스 핸디는 이 외에도 제우스형 조직(권력 중심 문화), 아테나형 조직(과제 중심 문화)도 같이 논합니다.

달콤한 공주들, 스위티

에뛰드에 대한 조직문화 분석과 변화 작업이 마무리될 즈음이었습니다. 성공적인 변화에 고무된 경영진은 또 다른 작업을 의뢰했습니다. 바로 전국의 에뛰드 하우스에서 일하고 있는 판매 · 영업 사원들의 조직문화에 대한 분석이었습니다.

스위티로 불리는 이들은 평균 연령 20대 중반의 여성(과 극소수 남성)으로 구성된 조직입니다. 남자, 특히 저같이 불혹을 넘긴 남자라면 도저히 발을 들여 놓기가 힘든 '핑크빛 공주 방' 같은 에뛰드 하우스에서 분홍색의 코스튬costume을 입고 동화 같은 화장을 하고서는 손님들을 반기는 매력적인 소녀들입니다. 에뛰드가 직영하는 매장의 경우는 인력 회사의 정규직 사원이었고, 프랜차이즈 형식의 가맹점들은 각 매장 개인 사업자에게 고용된 형태였습니다. 하지만 기본적인 급여 기준과 직급 체계는 서로 같았습니다. 교육도 대부분 동일하게 받고 있었습니다. 진단에 착수한 2010년 9월 당시 총인원 1000여 명으로 상당히 큰 조직이라 할 수 있습니다.

각 직급별로 인터뷰 대상자를 배분하여 전국에서 총 27명을 인터뷰했고, 몇 개의 매장에서 참여 관찰을 했습니다. 문헌 분석,

공간 분석도 겸했습니다. 가맹점 경영주 세 명과 본사의 사업부문장, 스위티 인력 관리와 교육 등을 담당하는 팀장과 담당자들도 인터뷰를 했습니다. 앞에서도 말씀드렸다시피, 기업문화 오디세이의 방법론에 의하면 기업문화는 기업의 무의식이자 상징적 질서이기에 인터뷰를 통해 드러난 담론이 주된 자료가 됩니다. 채집된 자료를 바탕으로 스위티 조직문화에 대한 분석이 시작되었습니다. 그들은 정말 '달콤한' 조직이었을까요?

명확하지 않은 기원, 그러므로 약한 문화?

기원에 대한 인식과 그와 관련된 이야기(신화)의 존재 여부는 문화를 분석할 때 우선적인 고려 사항입니다. 인간은 이야기의 형태로 자신과 집단의 기원을 찾아 현재를 규정짓고자 하기 때문입니다. 기원으로부터 이야기가 시작되고 전개되는데, 기원이 다르면 그로부터 전개되는 이야기 자체가 달라지고, 현재에 대한 인식 즉 '내가 속한 조직이 사업을 하는 이유', '내가 하필 여기서 일을 하는 이유' 등 소명도 달라집니다.

스위티 조직의 경우 기원에 대한 인식이 거의 드러나지 않았습니다. "2005년인가… 송혜교가 모델하면서 시작됐나?", "코엑스에 1호점인가 낸 걸로 알아요…" 정도의 인식도 몇 명 정도에 불과했고, 에뛰드 하우스가 왜 시작됐는지에 대한 질문에도 창업의 이유에 대한 서술이 전혀 없었습니다. 마찬가지로, 스위티 조직을 주어主語로 하여 조직의 기원이나 소명에 대해서 이야기하는 경우도 거의 없었습니다.

개인의 일에 대한 소명도 명확하지 않았지만, 다음과 같은 공통된 서술 형태를 보이는 점은 주목할 만했습니다. "이뻐서…", "좋아서…", "손님들이랑 즐겁게 수다 떨고…", "여기서 같이 일하는 게 좋아서…" 등등입니다.

위와 같은 결과만을 놓고 보면, 스위티 조직은 응집력이 없고 특정한 문화가 없다고 결론 내릴 수 있습니다. 그리고 많은 관계자들이 그렇게 인식하고 있었고요. 기업문화 오디세이를 함께해온 독자분이라면, 강한 응집력을 만들기 위한 여러 장치(신화, 핵심 가치, 의례 등등)를 만들어야 한다는 결론을 내릴지도 모르겠습니다.

그런데 그렇게 결론 내리기에는 굉장히 강한 문화적 패턴과 의무 및 금기 체계 그리고 사고思考의 특정한 유형이 관찰되었습니다. 그래서 이에 대한 원인과 구조를 분석하기로 했습니다. 기업문화 오디세이의 일반적 방법에 따라 응집력을 강화하기 위한 문화적 조치를 마련하고 그에 따라 변화 작업(서클링)을 진행한다고 하더라도 해당 조직에 적합한 방법을 찾아야 하므로 조직문화가 가진 특성을 더 깊이 파고 들어가야 했습니다.

상상적 차원의 강한 동일시

먼저 의문이 든 지점은 기원과 소명이 약함에도 불구하고 본인이 스위티임을 강하게 인식하고 있다는 사실이었습니다. 스스로에 대한 인식은 정체성과 관련이 깊습니다. 이에 따라 정체성에 대한 분석을 시도했습니다. 스위티들에게선 정체성의 세 차원이 다음과 같이 명확하게 관찰되었습니다.

1) 실재적(경제적) 차원: 순수하게 물질적인 차원 - 동일시 대상 없음
2) 상징적(문화적) 차원: 언어로 이루어진 담론의 차원 - 동일시 대상 약함
3) 상상적(이미지적) 차원: 가상 이미지와의 동일시와 일체감 - 강한 동일시

실재적 차원에서는 소속감을 갖는 대상이 없다고 판단되었습

니다. 인력 관리 회사 등에 소속되었다는 진술은 약간 있었으나 그 회사에 동일시를 하고 있지는 않았습니다.[46]

상징적 차원에서도 동일시가 약하다고 결론 내렸습니다. 여기에는 반론이 있을 수 있습니다. 왜냐하면 스위티의 복장, 공간, 색상 그리고 스위티라는 이름 등 강한 상징적 장치가 존재하고 스위티 자신들도 이를 강하게 인식하고 있다고 생각할 수 있기 때문입니다. 그러나 현재의 상징에는 '언어(담론, 이야기, 신화, 소명, 법, 규범 등)'가 담겨 있지 않습니다. '아무도 모르고', '누구도 이야기하지' 않았으니까요. 이미지만 남은 '빈 기호'라고 할 수 있습니다. 그렇기 때문에 상징적 차원에서 동일시는 약하다는 결론을 내렸습니다. 기원에 대한 신화와 소명 등이 드러나지 않은 이유도 바로 여기에 있습니다. 즉 상징적 차원에서 동일시가 약하기 때문에 그와 관련한 언어적인 요소가 겉으로 드러나지 않은 것입니다. 그런데 상상적 차원에서는 아주 강한 동일시를 보였습니다. 에뛰드 하우스와 스위티를 통해 형성된 이미지와 자신을 '일체화'하고 있다고 할 정도였습니다.

결론적으로, 상징적 차원에서 발달한 여러 '빈 기호'들을 가상의 이미지로 채워 넣음으로써 상상적 동일시가 강하게 이루어지는 메커니즘이라고 할 수 있습니다. 상상 · 상징 · 실재 간에는 일관된 흐름이 있었습니다. 이미지와의 강한 동일시가 빈 상징

46
앞서 조직문화 변화를 함께했던 H프랜차이즈 뷰티 컨설턴트 조직과 비교해보면 차이점이 더 잘 드러납니다. H조직의 뷰티 컨설턴트들은 인력 회사와 '실재적 동일시'를 하고 있었죠. 즉, 사실은 자신이 인력 회사 소속임을 알고 인정하면서도, 이를 모기업의 이미지로 상상적으로 덮으려고 했었습니다. 이에 비해 스위티 조직은 실제로 자신이 어디에 소속되어 있는지를 아예 모르거나 개의치 않고 있었습니다.

을 메우고 있었고 실제 소속 회사에 대한 인식은 거의 없는 상태였으니까요. 앞서 보았던 다른 조직은 이 세 차원이 '충돌'을 일으켰지만, 스위티 조직은 인식론적으로 자연스럽게 연결되어 있었습니다. 즉, 분열이 이루어지지 않고 오이디푸스 콤플렉스가 생기지 않는 강한 정체성을 지녔다고 결론 내릴 수 있었습니다. 다만 그 차원이 '상상계'에 있다는 것이 다른 조직들과의 다른 점이었던 거죠.

강한 금기와 의무 체계: 화합과 절제

강한 의무와 금기 사항을 갖고 있다는 것도 스위티 조직의 문화를 약하다고 결론 내릴 수 없는 또 하나의 이유였습니다. 이를 정리하면 다음과 같았습니다.

금기	의무
화합 깨뜨리기	절제
지각, 무단결근, 화내거나 싸우기, '물 흐리는 애들', 구설수, 튀는 행동, 독점	힘든 노동, 인내, 규칙의 준수, 상냥함, 공손, 성실, 물 흐리지 않기

에뛰드 하우스라는 매장에서 일하는 사람들에게 가장 강한 금

기 사항은 '화합을 깨뜨리는 것'이었습니다. "해서는 안 되는 행동들은 어떤 것이 있나요?"라는 질문에 대한 답들, 예컨대 지각, '물 흐리지 않기', '튀지 않기' 등을 종합해보면 모두 화합을 깨뜨리는 것을 경계하는 행동들이었습니다. 스위티의 덕목으로 꼽히는 것들, 예컨대 인내, 규칙의 준수, 상냥함, 공손, 성실 등을 종합해보면 '절제'가 의무 사항으로 자리 잡고 있음을 볼 수 있습니다. 이는 강한 문화적 코드라 얘기할 수 있는데, 규약이나 규정으로 자리 잡고 있어서라기보다는 사람들이 이러한 행위를 칭찬하거나 이를 어기는 것을 혐오하기 때문입니다. 문화라는 것은 교류를 위해 만들어졌습니다. 문화가 강하게 작동하는 사회에서는 사람들 입에 오르내리는 평이 중요합니다. 어떤 행위가 혐오의 대상이 되는지, 어떤 행위가 좋은 평가를 받는지가 문화의 작동 원리로부터 나옵니다.

증여적 사고

게다가 특징적인 사고의 패턴을 발견할 수 있었습니다. 이는 다른 기업의 조직과는 확연히 달랐습니다. 이 중 특징적인 것이

'증여적 사고'인데요, 이해를 위해 표로 정리해봅니다.[47]

구분 짓지 않는 사고	· 이원론적이고 이분법적이지 '않은' 사고 특성 · 주체와 객체를 명확히 구분 짓지 않음 · 고객이라는 단어는 쓰고 있고, 즉 고객에 대한 인식은 있고, '고객의 세계'가 있어 '우리의 세계'에 혜택을 주고 있다고는 생각하지만, 일반적 인간 관계와 고객 관계와의 구분이 약함 · 에뛰드와 스위티 역시 구분해서 사고하지 않음 · 모기업과 에뛰드 역시 구분해서 사고하지 않음	에뛰드는 내가 좋아하니까 여자들은(고객들은) 다 좋아한다고 생각 "손님들과 재미있게 수다 떠는 거, 그게 우리 할 일…" "에뛰드 직원이 에뛰드 충성 고객이잖아요…" "여긴 제2의 집이에요." "일하러 오는 거고 힘들지만 딱히 일이라고 생각은 안 해요. 일상이고 생활이에요." "에뛰드와 스위티의 관계요? 스위티가 없으면 밥 없는 김밥?"
시간에 대한 강박	· 시간에 대한 관념이 주요한 판단의 기준 · 미시적인 사고 특성	· 나이를 기준으로 여러 가치 판단을 내림: "한 살 차이라도 나이가 중요해요." · 일상의 시간 단위를 세세하게 쪼개서 사고함: 일상과 일을 구분 짓지 않는 사고, 일상이 되어버린 일터 등에서 비롯된 것으로 보임 · 오래 다니는 것(혹은 오래 다니게 하는 것) 자체가 중요함
증여적 사고	· (구분 짓지 않는 사고의 특성과 같은 맥락인데, 특히 경제적인 측면에서)물건에 대한 가치를 수치로 환원하지 않고 그 안에 담긴 '무언가'를 보려고 함 · 물건에 애착을 가지고 '보이지 않는 요소'를 부착시켜 사고함	· 에뛰드의 (예쁜) 제품들에 대한 강한 애착을 보임: 때로는 이것이 아쉬움, 분노, 안타까움 등으로 드러남: "아이 참, 이 제품은 요렇게 하면 더 좋을 텐데…", "손님들이 왜 이 제품을 안 사는지 모르겠어요." "절대 제품만 판다고 생각하지 않아요, 서비스나 저의 정보, 웃음 등을 판다고 생각해요."

47
'증여'란 인류학자 마르셀 모스Marcel Mauss,(1872~1950)의 개념으로서 '교환'과 구별되는 개념입니다. 그는 부족 사회를 움직이는 경제 원리를 탐구하던 중 '주기와 받기의 의무의 고리'가 촘촘히 연결되어 있는 것을 발견합니다. 예컨대 어떤 선물을 받았을 때 이를 갚지 않으면 '예의가 없는 행위, 모욕적인 행위'로 간주되었죠. 그것은 주고받는 물건에 '무언가 영적인 것, 인격적인 것'이 붙어 있음을 전제로 하고 있었습니다. 그런 주고받음을 증여라 명명하였습니다. 이에 비해 교환은 물건의 사용가치에 의한 등가 교환으로서, 이때의 물건에는 인격적인 것이 부착되어 있지 않습니다. 교환은 증여보다 '저급한 것'으로 치부되었습니다. 증여는 현대에도 여전히 살아 있는데 대표적인 것이 '선물할 때 가격표를 떼는 행위', '결혼식이나 장례식의 축의/부의금', '대를 이어온 물건, 혹은 장인이 만든 명품의 가격을 매기기 어려운 가치' 등입니다. 요컨대, 증여의 핵심은 '물건에 마음을 담는 행위'에 있습니다. (《증여론》, 마르셀 모스 지음, 이상률 옮김, 한길사, 2011)

조직문화 모델 1: 수장을 중심으로 하는 부족 사회

이제, 조직문화의 조감도를 그려보겠습니다. 먼저 에뛰드 하우스(각 지역에 있는 매장) 내부에 대한 문화적 조감도를 그려 보았습니다. 에뛰드 하우스 내부에서 스위티의 위계 및 기능은 3 단계로 나눌 수 있습니다.

1) 매장 전체를 관리하는 스위티 매니저(HM: House Manager)
2) 중간 단계의 스위티 캐리Carrie
3) 일반 스위티

위계질서의 각 층 간 '문화적 거리'는 그리 멀지 않고 '문화적 벽'도 그리 단단하지 않은 것으로 보였습니다. 매니저가 전권을 갖고 있고 매장 자체가 매니저에 의해 관리되고 운영되고 있지만, 이것이 문화적으로 강한 상하 위계로 연결되는 것은 아니었습니다. 다시 말하면, '때에 따라 위계가 달라진다'고 할 수 있었는데요, 매니저가 (에뛰드 하우스라는 집단의 생존과 진화를 위하여) '어떠한 기능을 부여 받고 있는가'에 따라 달라졌습니다. 비유하자면, 로마의 황제가 내부에서 행정을 하고 있을 때와 전쟁이 나서 군대를 이끌고 출정할 때 내부의 정치 상황이 각기 달라지는 것과 같은 이치였죠. 마찬가지로 매니저가 장군으로서 기능을 하느냐 아니면 행정가로서 기능을 하느냐에 따라 내부의 위계 구조가 달라집니다.

앞서 어느 기업의 HR 조직을 다루면서 미시 기능 구조로서 '수장-전사-샤먼'의 세 기능을 살펴봤었는데, 에뛰드 하우스의 매니저는 하우스 내에서 '수장'의 역할을 하고 있었습니다. 합리성에 기반하여 분쟁 조정, 조직 내 윤리 관리, 조화와 화합의 유지, 베풀기, 매너, 교육 등 수장과 관련된 특성과 덕목을 전형적으로 갖추고 있었습니다. 캐리는 매니저의 이러한 기능 중 일부를 수행하고 있었습니다. 특히 매니저가 '합리적'으로 원칙에 의하여 관리하기 마련인 일반 스위티와의 관계에서 보다 '인간적'인 관리자 역할을 맡고 있었습니다. 그러나 매니저와 캐리 역시 '스위티로서의' 정체성을 강하게 갖고 있으며 고객 응대와 판매 등 스위티의 역할을 수시로 수행하고 있었죠.

이 부족 사회는 아폴론 유형의 사회입니다. '일상적인 의례'가 중요하고 큰 역할을 합니다. 집단을 개인보다 중시합니다. 내부의 강한 문화적 (그러므로, 암묵적인) 규칙이 자리합니다. 이상의 구조를 그려보면 아래와 같습니다.

에뛰드 하우스 매장 내부의 기능 구조

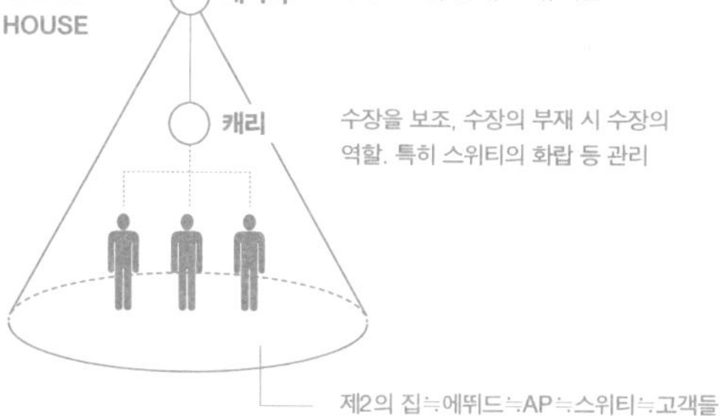

이러한 구조는 '사람을 채용하기 어려운 상황에서 소수의 인원으로 유지해야 하는', '조직의 유지 자체가 생존과 직결되는(또한 어느 정도 생존을 보장하는)', '많은 시간을 머물며 생활해야만 하는' 환경적 요인에 의해 진화한 것으로 보입니다. 의무와 금기 체계도 이런 진화 과정 속에서 만들어진 거라 예상할 수 있었죠.

그러나 진화 과정 속에서 또 하나의 사회가 출현하게 되는데, 이는 지금까지 살펴본 스위티 조직의 문화적 특성과 완전히 다른 특성을 보였습니다.

또 하나의 문화 - 매니저들로 구성된 '전사들의 사회'

시야를 에뛰드 하우스 매장 내부에서 바깥으로 넓혀보면 완전히 이질적인 또 하나의 사회가 나타났습니다. 결론부터 말하자면, 이는 '각 매장의 매니저들만으로 이루어진 전사 집단'이라 할 수 있습니다. 겉으로 보이지는 않지만(하우스 단위처럼 하나의 조직으로 묶이지는 않지만) 문화적으로 볼 때는 공통의 문화를 갖고 있고, 스위티라는 집단에 핵심적인 영향을 미치는 하나의 '사회'라고 얘기할 수 있습니다. 이 사회에는 별도의 의무(경쟁, 승리, 독립, 개인 주도, 성장)와 덕목(주도력, 독립성, 능력, 열정) 그리고 금기 체계가 있었습니다.

이 사회에는 (개인적인 선후배 관계에 대한 존중은 있으나) 조직적이고 구조적인 위계는 보이지 않습니다. 수평적인 구조 안에서 모두 경쟁 관계에 있습니다. 조직의 유지와 화합보다는 경쟁과 승리, 정복을 목적으로 하는 전사들의 사회로서, 매니저들의 기능은 '장군'이라 할 수 있습니다. 외부의 신비한 힘에 접촉해 그 힘을 가져오는 '샤먼' 기능은 장군인 매니저가 겸하고 있었습니다만, 그 기능적 측면은 약했습니다. 전사들의 경쟁은 제로섬 게임이 아니었습니다. 기본적으로 '에뛰드(=스위티)와의 상상적 동일시' 안에서 이루어졌으므로, '조직 유지를 위한 경쟁'이라고 할 수 있었습니다. 즉 경쟁 자체가 조직 전체의 경쟁력 강화에 기여하는 구조였던 것이죠. 그러므로 각 점포 간 매니저들의 이동exchange도 이루어지며, 새로 생긴 점포의 수장으로 옮겨갈 경우에는 전체 스위티 집단의 확장으로 이어지는 구조이기도 했습니다. 이 사회의 구조를 그림으로 그려보면 아래 그림과 같습니다.

아폴론 유형의 사회인 에뛰드 하우스 부족과 '동시에 같이' 존재하는 이 사회는 디오니소스 유형의 조직임이 분명했습니다.

에뛰드의 매장 매니저들만으로 구성된 전사 사회

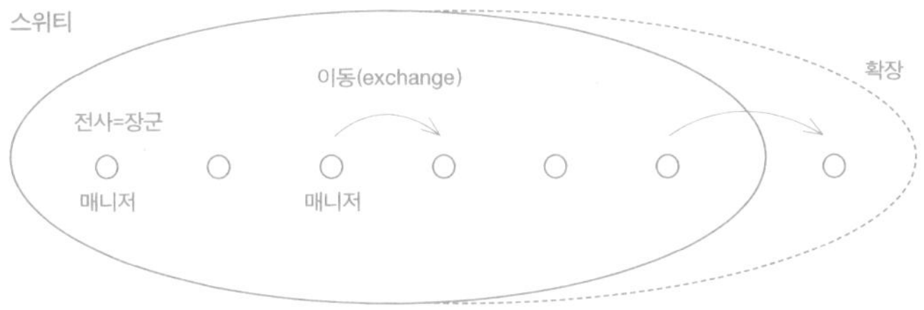

디오니소스 유형의 사회에서는 일상적인 의례보다는 '제전'이 문화적으로 큰 역할을 합니다. 전사들이 경쟁적으로 감정을 과잉되게 분출하고 때로는 종교적 황홀경을 동반한다든가, 혹은 '신의 육신을 나누어 먹고 마시는' 축제가 다양한 유형의 디오니소스 제전으로 고대 그리스 로마 사회(와 신화)에 존재했던 것과 같은 이치입니다.

조직문화 모델 2: 아폴론형과 디오니소스형의 결합

전체 스위티 조직은 두 사회가 맞물린 형태로 나타났습니다. 유형화하면 아래의 그림과 같습니다. 매장 매니저들의 집단은 디오니소스 유형의 사회인 개인 위주의 수평적 경쟁 사회이고 정복, 개인의 능력과 성장, 도취 등이 주요한 코드입니다. 매장 내부의 '부족 사회'는 아폴론 유형의 사회입니다. 개인보다 집단이 중요하고 화합과 조정, 집단에 대한 자부심과 애착, 집단생활의 즐거움 등이 주요한 코드입니다. 스위티 사회는 디오니소스 유형과 아폴론 유형이 뫼비우스의 띠처럼 절묘하게 연결되어 외부로 확장되는 사회였던 것이죠.

디오니소스 유형의 사회와 아폴론 유형의 사회가 결합된 스위티 조직

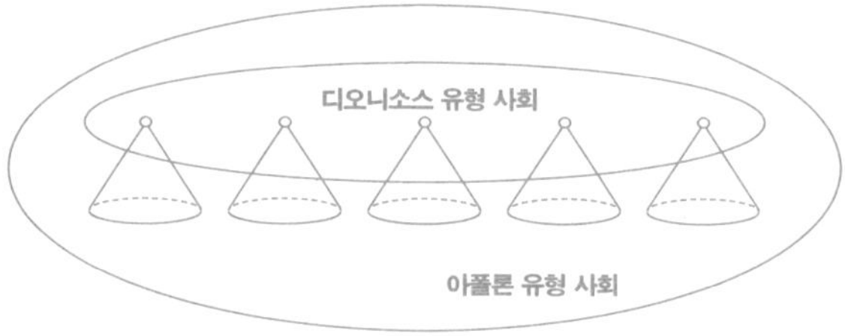

여기서 매니저가 결정적인 전환의 열쇠인데, 각 부족(에뛰드 하우스)의 수장에서 전쟁터의 장군으로 그 기능의 '변신'이 요구되기 때문입니다. 그러나 이질적인 두 사회, 즉 아폴론과 디오니소스 사회가 M&A 등으로 인해 강제적으로 결합된 것이 아니라 (5년여에 걸친) 조직의 진화 과정에서 서로 뫼비우스의 띠처럼 얽혀진 것이기에, 매니저가 모순된 두 규범(과 의무 및 금기) 사이에서 혼란을 느낄 여지는 거의 없었습니다. 또한 이처럼 '자연스러운 변신'을 가능하게 하는 조직의 특성 중 하나가 바로 '캐리'의 존재로, 매니저가 장군으로 변신할 경우 캐리가 수장의 역할을 위임받아 대신 아폴론 사회를 유지하기 때문입니다.

문화 구조상 참으로 절묘한 점은 비록 많은 권한을 가진 매니저라 할지라도 그 자리를 포기하고 스스로 다시 캐리가 되거나 일반 스위티가 되는 것이 가능했고, 또 실제로 그런 일이 자주 벌어진다는 사실이었습니다. 이렇게 매니저가 자진하여 일반 스위티가 되는 경우는, 매니저 스스로 '전사들의 문화(즉 디오니소스 문화)' 규범에 자신이 적합하지 않다는 것을 알게 되었을 때입니다. 그런데 이질적인 두 문화 사이에는 높은 위계 장벽이 있는 것이 아니라 뫼비우스의 띠처럼 유동성이 담보되어 있어서 이동이 비교적 자유로웠던 것이죠. 만일 두 사회가 기업가형 회사(IBM, 로레알 등의 대기업)나 학자형 회사(은행, 공기업 등

관료제 사회)였다면, 부장이 과장 되는 것은 '회사를 나가라'는 것과 마찬가지였을 텐데 말이죠.

그러나 이러한 구조는 성장이 멈출 경우 그 순기능이 멈출 우려가 있습니다. 스위티나 캐리가 매니저가 되어 전사들의 사회로 들어가기 위해서는, 그리고 전사들의 사회가 유지되기 위해서는 전사이자 수장인 매니저가 책임져야 할 새로운 부족 사회가 계속 생겨나야 하기 때문입니다. 계속 성장을 해서 새로운 매장이 생겨나야만 한다는 것이죠. 고도 성장기에는 상당히 적합한 구조이나, 성장 정체기에는 새로운 조직 구조로의 전환을 고려해야 했습니다. 그러나 에뛰드에 대한 지난 컨설팅의 결과를 고려해볼 때, 패턴 상 앞으로도 성장이 계속될 거라고 판단했으며, 그래서 지금의 스위티 조직 구조는 이상ideal에 가까운 구조라고 결론 내릴 수가 있었습니다.

자생적 조직문화의 전략적 활용

'진단의 목적은 치유다.' 이 말은 맞습니다. 그러나 진단의 1차 목적은 '앎'입니다. 앎의 목적은 조직의 건강한 성장과 발전을 위한 각성이지요. 스위티 조직문화는 에뛰드 본사의 전략 수립과 추진, 그리고 환경 변화에 대한 대응으로 적절히 진화한 모델로 보였습니다. 그러므로 이를 의도적으로 변형하는 것은 바람직하지 않다고 판단되었습니다. 그 이유는 첫째, 조직이 정체성을 가지면서 집단의 응집과 지속을 가능하게 하는 '문화적 실체'가 존재했고, 둘째로 이질적인 두 문화가 절묘하게 결합된 구조가 급격한 사업의 확장을 가능하게 했고 역으로 그러한 확장이 현재의 문화를 다시 재생산하는 구조였기 때문입니다.

그러므로 저의 전략적인 제언의 골자는 1) 현재의 구조에 대한 이해를 기반으로 이를 유지하면서 2) 각 조직의 문화적 특성을 고려하여 영업 및 HR 전략에 반영하고 3) 현재 문화에 적합하고 이를 더욱 발전시킬 수 있는 조직문화 전략을 수립하는 것이었습니다.

디오니소스와 아폴론의 HR

당시 에뛰드 본사는 스위티의 직급 체계, 보상 제도 등의 HR 제도와 운영의 변화를 준비하고 있었습니다. 그 골자는 다음과 같습니다. 1)매니저들을 관리할 상위 직급을 만드는 방안을 고려하고 있었고, 2)매니저 이후에는 인력 관리 회사의 직원 즉 사무직으로의 이동을 '커리어 패스career path'로 제시하는 방안이었습니다. 또한 3)프랜차이즈 대리점 경영자 모집 형식의 에뛰드하우스 사업을 변형하여 우수 매니저들로 하여금 회사 직영점의 위임 점주로서 경영자 역할을 하게 하는 방안도 테이블에 올라 있었습니다. 조직문화에 대한 이해는 이러한 HR 제도 및 운영의 여러 갈림길 앞에서 어떤 선택을 해야 할지에 대한 통찰을 줄 수 있습니다. 디오니소스형 사회와 아폴론형 사회의 특징을 고려할 때, HR은 다음과 같은 시사점을 얻을 수 있었습니다.

1) 디오니소스형 사회: 전사들의 사회로, 매니저의 상위 직급을 만드는 것은 바람직하지 않음. 디오니소스 사회는 개인들의 수평적인 경쟁에 기반한 규범과 메커니즘이 형성되어 있기 때문에 한 단계 높은 위계는 이것과 충돌하기 때문. '매니저-교육 강사-사무직원'의 커리어 패스도 적합하지 않음. 사무직은 기능상 성직자/학자에 해당하며 이는 디오니소스 전사에 적합하지 않은 커리어 패스이고, 실재적 정체성의 양상 역시 달라지므로 정체성의 분열을 가져올 수 있음. 새로운 점포가 생겼을 경우 그 경영을 맡기는 '위임 점주 제도'는 문화적 특성과 어울려 강한 시너지를 낼 수 있음 - 전사로서의 특성을 더욱 강화할 수 있고, 디오니

소스 사회의 승자에게 주어지는 명예로 간주될 수 있음. 매니저로의 권한 위임과 독립성은 유지되어야 함. 그러나 이들이 '변신하여' 부족의 수장 기능을 수행할 때 문화의 재생산과 교육이 이루어질 수 있도록 매니저의 매장 관리 교육은 더욱 강화되어야 함.

2) 아폴론형 사회 : 부족 사회로, 복지의 확대가 필요함. 문화적으로 '제2의 집'으로서 아폴론 부족(에뛰드 하우스)에 계속 머무를 수 있게 하기 위함. 개인의 배움과 성장은 그다지 중요하지 않다고 보이나 집단의 배움과 성장은 강한 동기 부여가 될 수 있음. 그러므로 집단적 교육 체계가 바람직함. 증여적 사고를 갖고 있으므로, 급여 자체도 중요하지만 거기에 덧붙여지는 인간적인 요소와 상징적인 요소를 활용해야 함. 증여적 사고는 '선물gift 경제'라 할 수 있으므로 적절한 선물과 감성 관리가 중요함. '시간에 대한 강박'이라는 특성을 고려하여, 짧은 시간 단위로 구별하여 보상을 주는 것이 적합함. 평가의 기준도 '매출'보다는 '고객수'(혹은 같이 놀아줌으로써 얻어지는 연결 판매)가 되는 것이 적절함.

전사들의 페스티벌

종교학과 인류학의 발견에 의하면 강한 부족 사회는 '일상→

축제(비일상)→(갱신된) 일상'의 집단적 생애 구조를 만들어 부족의 문화를 유지하고 응집력을 강화하면서 발전해왔습니다.

이러한 순환 시스템은 대부분의 조직문화에서 활용할 수 있지만, 특히 스위티라는 조직은 이를 활용하기에 아주 적절한 문화적 조건을 갖고 있었습니다. 첫째, 소규모의 강한 부족 사회가 형성되어 있었고 둘째, 부족 사회의 수장이 전시에는 전사가 되어 외부 사회로 나오는 구조였기 때문입니다. 외부에서 벌어지는 전사들의 축제는 부족 내에서 보면 비일상적인 신비한 세계의 행사가 될 수 있고, 수장은 신비한 영역에 접속하고 돌아와 부족을 더욱 강화시키는 구조가 가능했던 것이죠. 축제는 전사들에게 일종의 '검투장' 같은 것이 되는 것이 바람직했고요. 앞서 진단 결과에서 봤듯이, 각각의 부족 사회는 샤먼 기능이 약했습니다. 수장은 전사가 되어 외부의 신비한 영역에 접속하므로, 샤먼 기능까지 겸하게 할 수 있습니다. 그러기 위해선 무언가 '성스러운 물건'을 부족 내로 다시 가지고 와야 하는데, 그것을 '에뛰드의 신화와 가치와 관련한 무언가'가 되게 함으로써 가치를 공유하고 행동 규범의 권위까지 한꺼번에 높일 수 있는 전략이 가능했습니다. 기존에 실시하고 있던 대규모 영업 교육 프로그램을 발전시키자는 전략을 세웠습니다. 문화적으로 더 강화하여 '제전'으로 만드는 방안입니다. 겉보기에는 똑같아도 그 성

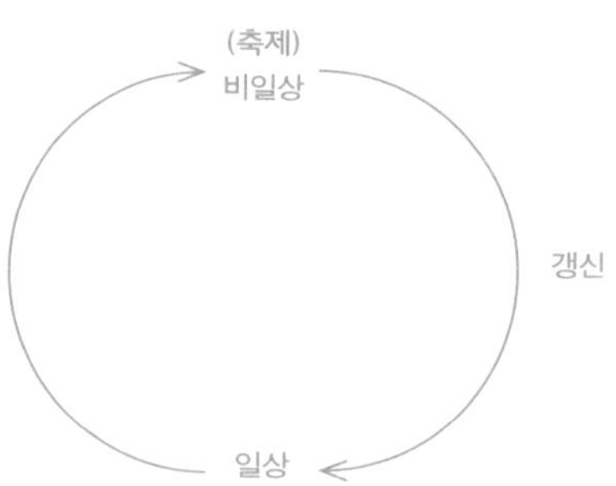

부족사회의 집단적 생애 구조

격은 존재론적으로 완전히 다른 위상이 되는 것입니다. 이를 요약해보면 다음과 같습니다.

· 디오니소스형 사회에서는 '제전'이 사회의 통합과 발전을 가져오면서 동시에 전사들의 역량과 특성을 더욱 강화시키는 핵심적 문화 장치임
· 두 문화가 결합된 스위티의 조직문화 구조에서 변화된 영업 교육 프로그램으로 문화적 기능을 강화한다면, 일반적인 축제 기능과 더불어 디오니소스형 사회의 제전 기능도 수행할 수 있는(즉, 두 마리 토끼를 잡을 수 있는) 가능성이 있음
· 아폴론형 부족 사회의 일반 스위티들은 1)자신들의 수장이 전사가 되어 제전에 참여하는 모습을 경험함으로써 집단으로의 소속감이 강화되는 동시에, 2)'비일상적인 (어떤 신비한) 영역'에 접속하여 발전되어오는 '수장(이자 전사이자 샤먼)'을 보면서 개인의 비전을 가질 수 있음
· 특히 수장의 기능을 위임받은 캐리의 경우 '전사로서의 비전'을 바로 눈앞에서 경험할 수 있도록 매니저들의 제전에 참여시키는 것이 좋음
· 일반 스위티들도 제전을 경험하는 것이 좋은데, 다만 '제한적인' 참여가 바람직함: 예컨대 성실한 일반 스위티 1~2인을 선정해 참여시키거나, 영상이나 SNS 등 간접적으로 경험하게 함. 그래서 전사들의 제전을 일반 스위티들과는 구분되는 '신비한 비일상의 영역'이자 '전사들의 영역'으로 남겨둬야 함

· (에뛰드 본사 기업문화 변화 작업의 결과 중 하나인) '에뛰드의 신화와 가치 체계'는 비일상의 신비한 영역인 제전에서 선포하여 각각의 수장에 의해 부족의 문화 안으로 가지고 들어가 상징성을 더욱 강화해야 함. 그러나 행동 규범의 재생산은 일상에서 항시적으로 이루어져야 함

토템의 신화와 금기

앞에서 보았듯이, 스위티 조직에는 강한 금기와 의무 체계가 자리하고 있었습니다. 경영자나 관리자들은 '스위티들에게 문화가 없다'고 이야기하기도 했는데, 사실은 스위티들이 가진 아주 강한 '구분 짓지 않는 사고'가 ('구분 짓는 사고'에 의해 바라보면) 특정 문화가 존재하지 않는 것처럼 보이게끔 했던 것입니다. 그러므로 '특정한 문화가 없는 것이 스위티의 문화'라는 기존의 지적이 어쩌면 정확한 표현이기도 했죠. 각각의 에뛰드 하우스를 중심으로 하는 아폴론형 문화에서는 이론적으로 볼 때 '기도문, 경전'과 이를 기초로 하는 의례가 매우 발달합니다. 즉, '에뛰드의 신화와 가치 체계'와 의례의 전략적 활용 가치가 높다고 말할 수 있습니다. 게다가 스위티는 이미 토템 부족으로서의 조건

이 거의 전부 갖춰져 있는 상황이었죠. 그러나 이때 핵심적인 열쇠는 '현재의 문화에 적합한', '사람들의 집단 사고 특성을 고려한' 가치 체계를 만들어야 하고, 이를 문화적 특성에 맞게 활용하는 것입니다. 기존에도 스위티 헌장이라 하여 어떤 행동 규범 체계가 있었습니다. 다른 브랜드 숍이었다면 큰 성공을 했을 정도로 형식적으로 잘 만들어졌음에도 불구하고 '있으나 마나' 하게 된 이유도 그들의 조직문화에 적합하지 않았기 때문이었습니다. 토템은 그냥 조직이 아닙니다. 강한 문화 집단입니다.

스위티의 신화를 별도로 만들 필요는 없었습니다. 에뛰드와 '거의 일체적으로' 상상적 동일시를 강하게 하고 있는 상태였으니까요. 에뛰드의 신화 자체를 잘 공유하는 것만으로 충분했습니다. 현재의 '빈 기호'를 채워줌으로써 에뛰드에 대한 상징적 동일시와 상상적 동일시 모두를 강화할 수 있었습니다.

마찬가지로 새로 마련된 에뛰드의 정체성인 'YOUNG Asian Beauty Creator'의 활용 가능성도 높았습니다. 스위티 조직의 문화 코드에 '시간에 대한 강박'이 있었던 것을 기억하시나요? '영원히 어린, 영원히 젊은' 시간관을 만들 수 있어서, 'YOUNG'이라는 키워드는 그들 안으로 스펀지처럼 스며들 수 있습니다. 더불어 이들은 몰려드는 아시아 관광객들을 직접 맞으며 아시아 시장을 경험하고 있었기에 'Asian Beauty'라는 키워드도 뿌리내리기가 용이했습니다.

그리고 스위티만의 소명 마련을 제안했습니다. 현장에서 에뛰드의 소명을 실현하는 사람으로서의 '임무 부여'라고 할 수 있습니다. 여기에서도 중요한 열쇠는 스위티 조직의 문화적 특성을 십분 활용하는 것입니다. 에뛰드의 소명인 '화장 놀이 문화 전파'와 연결시켜 그들의 '구분 짓지 않는 사고'의 특성을 충족시키고, '증여적 사고'의 특성도 활용해야 했습니다. 증여적 사고란 물건을 교환가치로만 보지 않고 그 안에 자신의 가치나 열정, 특히 애착을 담으려는 인간의 사고 특성을 말합니다. 그렇기 때문에 (일반적인 서비스 교육 이론처럼) 고객과 스위티를 이분법적으로 구분하여 고객 서비스를 잘해야 한다고 설파하는 것은 큰 의미가 없습니다. 에뛰드 소명의 핵심 키워드인 '놀이'에 이분법을 극복할 수 있는 열쇠가 있습니다. 결과적으로 '고객과 같이 달콤한 화장 놀이를 하는 사람'으로 COR(Customer Output Responsibility)을 정했습니다.

스위티 부족만의 핵심 가치와 그에 따른 금기 및 의무 사항도 필요했습니다. 이 역시 토템 사회의 문화에 적합하게 만들어져야 합니다. 미국의 사우스웨스트 항공사의 핵심 가치인 LUV(love)처럼 슬로건 형식으로 만들 것을 제안했습니다. 그 안에 담기는 금기 및 의무 사항은 스위티의 수장들이 모이는 제전에서 제정하기로 했고요. 이것 역시 스위티 조직문화의 사고 특성을 고려해야 하는데, 예컨대 '고객에게 어떤 서비스를 할까?'라는 질문보다는 '고객을 어떻게 재미있게 해줄까? 어떻게 같이 놀까?'라는 질문을 던지고 그에 대한 답을 찾아가게끔 하는 것이 더 적합합니다.

에뛰드의 신화 그리고 이를 실현하는 사람으로서 스위티의 소명, 핵심 가치와 금기와 의무 등을 담아 '스위티의 달콤한 신조' 같은 일종의 작은 경전Bible을 만들고 선포할 것도 제안했습니다. 이때 중요한 것은 선포 자체가 아니라 그 방식임을 강조했습니다. 앞에서 보았듯이 전사들의 제전이라는 '비일상'의 영역에서 선포되어 그들의 수장인 매니저들에 의해 '신비로운 성물'로서 각각의 에뛰드 하우스로 들여와 그 안의 일상적인 의례를 통해 받아들여지는 구조여야 합니다. (예전처럼, 혹은 다른 많은 기업처럼) 만들어놓고 무작정 선포만 하면, 오히려 스위티들의 강한 부족 문화에 의해 바로 거부될 것입니다. 말이 나온 김에 다시 강조합니다. 가치 체계는 기업문화가 아닙니다. 가치 체계의 선포 자체가 기업문화를 바꾸지 못합니다. 집단 무의식인 기존 기업문화의 특성에 따라 가치 체계가 만들어지고 적절한 과정에 따라 선포해야만 기업문화를 바꿔갈 수 있습니다. 이렇게 볼 때 추가로 고려할 사항으로 고객과 공유가 가능하게 할 것, 매장에 예쁘게 걸어놓을 것, 그럼으로써 고객들이 '스위티를 좋아할 수 있게' 만들 것을 제안했습니다. 이후, 전략팀과 교육팀에 의해 실행에 옮겨졌습니다.

기업문화의 변화에서 '이해' 없이는 아무 것도 이루어지지 않고 '진정한 이해'가 이루어지면 모든 것은 저절로 이루어진다고 할 수 있습니다. 그래서 스위티 조직의 운영 전략과 관계된 직원들에게 스위티 조직문화의 특성을 이해하는 과정을 선택이 아닌 필수 과정으로 권했습니다. 에뛰드 경영진과 관리자들은 진단 결과와 제안 사항들을 대부분 받아들였고, 곧바로 실행했습니다. 정복자형 공동체로서 에뛰드의 빠른 실행력의 결과였죠.

이후 스위티 조직은 더욱 강한 정체성을 갖게 되었고, 그 정체성은 매장 수가 빠르게 늘어가는 와중에도 공통의 문화를 유지시켰고 그 안에서의 일관된 소통을 가능하게 했습니다. 전사의 영역을 확장하는 HR 전략에 따라 스위티 매니저 출신의 경영자들은 늘어났고 그들은 롤 모델로 자리 잡게 되었습니다. 그들의 사례는 '혁신 올림픽' 등의 제전에서 발표되었고, 스위티들은 성공한 전사들을 보며 비전을 품을 수 있게 된 것이죠. 인력 시장에서 스위티라는 직종은 특화되어 취급받는 현상도 생겨났습니다. 정복자형 공동체 애플처럼 '호불호가 확실히 갈리는' 영역이 된 것이죠. 구인 정보를 공유하는 웹사이트들에서는 '스위티 교육에 갔었는데 마치 종교 같기도 해요'라는 얘기가 퍼지기도 했습니다. 어떤 이에게는 부정적으로 받아들여질지도 모르지만, 그만큼 강한 문화가 만들어졌다는 뜻인 동시에, 문화적 존재로서의 인간은 그 문화 안에서 행복감이 증대될 수 있기 때문에 그만큼 내부 만족도가 높아졌다는 얘기이기도 합니다. 실제로 업무 만족도가 높아졌습니다.[48] 스위티 토템은 계속 확장하면서 에뛰드의 성장을 뒷받침하고 있습니다.

돌이켜보건대, 스위티 조직은 인간 본연의 '신화적 사고', 특히 증여적 사고를 간직하고 있는 보기 드문 조직이었습니다. 제국주의적 경영 방식만이 진리라고 받아들여지는 시대에 모든 걸 교환가치로 환산하지 않는 증여적인 사고가 살아 있었기에 이를 최대한 보존하고 살리고 싶었습니다. 그렇게 할 때 조직의 '지속가능성sustainability'은 더욱 커질 수 있다고 믿었습니다. 물론 인구통계적으로 볼 때, 스위티로서 근무 연한은 짧을 수밖에 없습니다. '젊었을 때만' 가능한 일인 거죠. 하지만 구성원은 계속 바뀌어가도 부족은 그대로 유지되어 오래오래 지속할 수 있습니다. 신화적 사고가 살아있는 조직이기에, 그 관리 방법 역시 신화적 사고에 의할 때 기업의 성장에 더 큰 역할을 할 수 있을 것이라 믿었습니다. 그리고 그렇게 되었습니다.

48
조직문화 진단 후 복지 확대 정책도 시행되었기에 그러한 점도 있겠지만, 이 역시 조직문화에 대한 제언에 포함된 사항이었습니다.

6

합병의
상흔,
불안과
공포의
치유

"마음의 상처가 있는 조직입니다."

저는 울컥하여 말을 끝까지 잇지 못했습니다. 한 주 동안 진행된 인터뷰를 마치고 분석 결과를 경영진에게 발표할 때였습니다. 두 회사가 급하게 합병한 일본의 어느 기업에서는 그로 인해 문화적 충돌이 심화되고 있었고, 그 문제를 해결해달라는 의뢰를 받아 시작한 일이었습니다. 이 회사에서 '겉으로 보이는' 문화적 충돌은 문제의 본질이 아니었습니다. 기업의 무의식 속에 깊이 잠들어 있는 상처를 저는 보았고, 상처의 이면에는 회사에 대한 깊은 애정이 잠들어 있었습니다.

그로부터 석 달 후, 몇 차례에 걸친 워크숍과 인터뷰를 마치고 프로젝트를 마감하는 미팅에서였습니다. 경영진과 프로젝트팀은 한마음으로 이렇게 말했습니다.

"우리를 치유해주셨습니다."

《기업문화 오디세이 2》의 서문을 장식한 한 기업의 이야기는 2010년 일본 도쿄에서 시작됩니다. 지금부터 그 석 달 동안의 변화 이야기를 들려드리겠습니다.

이 기업은 한국 대기업의 일본 법인으로서, 기존의 한국 법인(이하 PJ)과 일본 기업(이하 APJ)의 합병으로 탄생한 기업(새로운 이름 APJ)입니다. 생산과 영업까지 합하여 직원의 수가 100

명 남짓한 작은 규모의 회사입니다.

이미 30여 년 전에 설립된 한국 법인(PJ)은 일본 대기업과의 전략적 제휴를 통하여 한국 제품의 수출 및 자체 일본 시장 진출을 도모해왔습니다. 그리고 5년 전 한국의 모기업은 기존의 한국 법인과는 별도로 일본의 마케팅 회사에 투자해 새로운 회사를 설립하여 최고급 브랜드 AP의 일본 백화점 진출을 시작했습니다. 두 회사는 별도로 운영되다가 기존의 브랜드 사업을 확장하고 타 브랜드의 일본 진출을 도모하기 위해 2년 전 합병했습니다. 공식적인 최고 경영자는 한국의 법인장이었으나, 사실 일본 회사의 사장 역시 최고 경영자 역할을 하고 있었습니다. 합병 이후에도 건물만 같이 쓰고 있을 뿐 사실은 두 개의 회사처럼 운영되고 있었던 것이죠.

그런데 이 회사의 문화를 경험한 사람들의 반응이 참 묘했습니다. APJ에 파견을 다녀왔거나 거래를 같이 해온 사람들은 한결 같이 고개를 절레절레 흔들었습니다. "거긴 안 돼요, 한번 가보시면 알아요, 딱히 문제가 뭔지 꼽으라면 모르겠는데 문제가 크다는 건 누구나 알아요." 그리고 그 원인으로 모두 '한국과 일본의 문화 차이' 그리고 '합병 후 문화적 충돌'을 꼽고 있었습니다. 문제가 무엇인지는 모르는데, 문제의 원인은 알고 있다는 격이었죠.

저는 그게 더 흥미로웠습니다. 왜 모두가 문화적 충돌을 얘기할까? '차이가 난다'는 생각은 어디서 왔을까? 그게 과연 문제의 원인이었을까?

문화가 다른 두 집단이 만나면 충돌을 일으키는 게 당연합니다. 결혼한 부부의 얘기를 들어도 양가의 문화 차이가 가장 극복하기 어렵다고들 하지요. 하지만 루스 베네딕트를 비롯한 인류학자들은 특별한 충돌 없이 서로 합쳐지는 부족 사회도 있음을 보았습니다. 저도 그러합니다. APJ와 PJ의 합병이 이루어졌고, 이 둘 사이의 문화적 차이를 극복하는 것이 과제라고 모두들 생각했습니다.

그럴 수도 있고 아닐 수도 있다는 생각에 저는 모든 선입견을 배재한 채 인터뷰와 참여 관찰을 진행했습니다. 그 결과 많은 이들의 '예상대로' 문화적 차이를 확인할 수 있었으나, 이미 합병된 지 꽤 시간이 흘러 문화적 통합은 어떻게든 이루어진 상태였습니다. 문제는 그 문화적 통합의 '효과'였지 APJ와 PJ의 차이 자체는 문제의 본질이 아님을 알게 되었습니다. 오히려 그들 안에는 깊은 상처가 도사리고 있었습니다. 이제 기업의 무의식을 찾아 들어가 보겠습니다.

현상에는 반드시 원인이

합병한 기업 APJ의 전체 사원 중 절반 정도의 사원을 대상으로 가치 판단을 배제한 채 인터뷰를 했습니다. 기본적으로 모든 현상에는 원인이 있고 그 원인은 이해할 수 있다는 믿음으로부터 인류학은 출발합니다. 인터뷰 과정에서 몇 가지 주목할 만한 점이 눈에 띄었는데 그로부터 인류학적 과제를 도출했습니다. 대표적인 것들을 정리하면 다음과 같습니다.

○ 애정

구성원들 대부분이 회사에 대해 애정을 표시했습니다. 이는 보기 드문 현상으로 굉장히 큰 장점이 될 수 있다고 생각했습니다. 주로 응집력이 강한 회사에서 나타나는 현상이니까요. 그러므로 그 애정은 어떻게 만들어졌으며, 어떤 형태로 존재하는지를 밝히는 것을 과제로 삼았습니다.

○ 기대와 경계

기업문화 변화 프로젝트가 진행되고 있다는 것에 대해 기대와 경계가 공존했습니다. 물론 새로운 현상에 대해서는 언제나 기대감과 경계심이 공존한다고 볼 수 있으나, 이 회사의 경우 그 강도가 남달랐습니다. '강한 경계심'에서 '강한 기대감'으로의 급격한 전환(역방향으로도)을 볼 수 있었습니다. 역시 원인을 밝히는 것을 과제로 삼았습니다.

○ 무성한 소문과 '왕따'

어떤 현상에 대한 이성적인 원인과 근거를 밝히지 않거나(못하거나) 소문에 의존하는 경향이 있었습니다. 직접적인 비판을 하지는 않았지만 일종의 '왕따' 현상도 있었습니다. 연관이 있는지는 모르겠으나 주기적으로 한 사람씩 퇴사하는 현상이 반복되고 있었습니다. 이에 대한 원인 역시 규명 대상으로 삼았습니다.

하위문화의 존재

기원에 대한 인식은 집단의 존재 이유를 결정하는 데 큰 영향을 미칩니다. 인간의 뇌에는 믿음 엔진이라는 것이 있어 이야기의 형태로 자신과 집단의 현재를 규정짓고자 하기 때문입니다.[49] 모든 집단이 신화를 갖는 이유죠. 기원으로부터 이야기가 시작

49
《믿음의 탄생》(마이클 셔머 지음, 김소희 옮김, 지식갤러리, 2012)

되고 전개되는데, 기원이 다르면 그로부터 전개되는 이야기 자체가 달라지고, '회사가 사업을 하는 이유', '내가 여기서 일을 하는 이유' 등 현재에 대한 인식도 달라집니다. 즉 소명이 달라집니다. 합병 기업 APJ의 경우, 기원에 대한 인식이 크게 셋으로 나뉘어 나타났습니다.

(1) 20~30년 전, PJ로부터 시작

(2) 2005년 정도, AP 브랜드 준비로부터 시작

(3) (새로 일본 시장 진입을 시도하고 있는 고급 브랜드) S 브랜드 프로젝트를 미리 준비하기 위해 시작

다른 기원은 각기 다른 소명을 갖게 하는 만큼 인터뷰에서 관찰되는 대응 또한 다음과 같이 달랐습니다.

(1) 일본 시장을 배우고 그 정보를 한국에 전달하여 미래를 위한 사업 조건 숙성시키기(사람, 물적 토대 등)

(2) 새로운 브랜드의 일본 시장 런칭launching (not '성공' but '알리기')

(3) 진짜 '한국' 브랜드를 진출시키기 위한 여건 만들기

기원과 소명이 다르다는 것은 회사에 대한 '강한 애정'이 각기

다른 방향으로 작용하여 내부 응집력이 분열되고 있음을 의미합니다. 다시 말하면, 한 문화 내에 통합되기 어려운 (합병된 회사 두 개가 아니라) 하위문화 집단 세 개가 존재했던 것입니다.

이항 대립적 세계관

구조주의 인류학에 따르면, 언어를 사용하는 인간이 자신을 둘러싼 세계를 체계적으로 분류하여 머릿속에 넣을 때 가장 기본적으로 사용하는 것이 '대립되는 두 항'입니다. 예컨대 남과 여, 낮과 밤, 음과 양처럼요. 그러나 문화에 따라 두 항으로 분류하는 강도는 달리 나타납니다. 어떤 문화는 완전한 이분법적 사고를 하고, 어떤 문화는 중간에 매개항을 끼워 넣어 이분법을 완화시키죠.

APJ의 경우 이항 대립이 아주 강하게 나타났습니다. 대립되는 두 항을 설정하고, 모든 현상을 두 항의 대립 구조 안에 넣어서 표현하는 경향을 볼 수 있었습니다. 거의 모든 언술은 물론 일상적인 행동, 예컨대 아침에 지각을 하고 안 하고의 특성까지 분류하고 있었습니다. 디지털 세계가 0과 1로 시작하는 것과 같은 강도로, APJ의 세계는 '일본 대 한국'의 대립항으로 시작하고 있었습니다.

일본	한국
APJ	AP
영업	지원
비결속	결속
개성 강함	개성 약함
…	…
지각	지각 안 함

이러한 사고의 틀은 매우 견고해서, 조직 내외부에서 벌어지는 모든 현상을 두 항의 연쇄 중 하나에 위치시키려 했습니다.

이러한 구조를 자크 라캉의 도식을 빌려 나타내면 아래와 같습니다. 이 그림을 통해 언어를 통한 상징적 질서가 어떤 효과를 내는지를 이해할 수 있습니다. 여기서 S′는 두 항 중 어느 하나에 속하는 것으로 재해석된 어떤 현상 S를 의미합니다. 실재적 현상 S는 '이항 대립적 사고틀 → 언어 체계와 담론'으로 이어진 문화의 층위를 통과하며 S′로 변형되어 존재합니다. 결국 집단 안에서는 오직 S′만 존재합니다.

사고틀 → 언어 체계와 그 효과

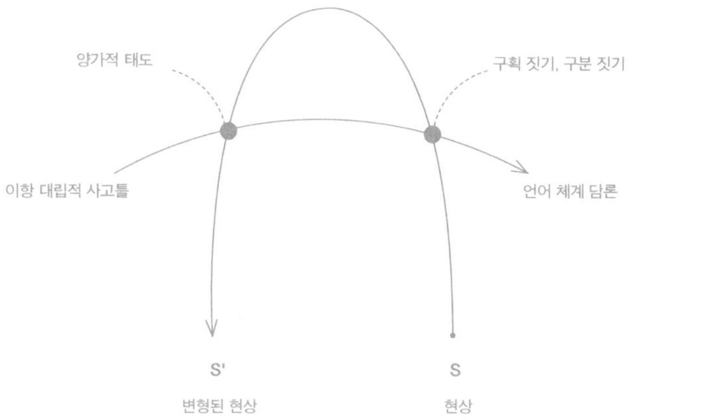

이 과정에서 '구획 짓기'와 '양가적 태도'의 효과가 발생합니다. 그림에서 큰 점으로 표시된 부분입니다. '구획 짓기' 효과는 세계를 완전히 두 항으로 구분 짓고 그중 하나에 속하게 하려는 경향이 반복되면서 무의식적으로 형성되었다고 할 수 있습니다. 이는 다음과 같은 언술의 일차적 원인으로 볼 수 있습니다. "서로 자기 업무 영역을 정하고, 그 외의 것은 하지 않으려고 해요.", "상대방이 업무에 대해 의견을 제시하면, 영역을 침범한다고 생각하는 것 같아요." "업무에 빈 공간이 많이 생겨요. 이 사람도 저 사람도 하지 않으려는 업무들이 언제나 생기게 돼요." "회사에서 평판이 좋은 사람은, 남들이 하지 않는 여러 일을 두루두루 하는 사람이에요." '양가적 태도'의 형성 과정에 대해선 뒤에서 다른 문화적 원인과 같이 다루겠습니다.

이러한 사고틀은 APJ와 PJ 모두 공통적이며, 오히려 합병 이후에 강화된 듯했습니다. PJ는 '한국과 일본의 가교'로 스스로의 위치를 두려고 했고, 기존 APJ는 '국가와 국가 사이의 대사ambassador'로 스스로를 정의했는데(한국의 국가 대표 브랜드를 일본 시장에 런칭한다는 의미에서), 얼핏 달라 보이지만 사고 패턴은 완전히 같은 구조라고 할 수 있습니다. '한국 vs 일본' 또는 '일본 vs 한국'인 셈이죠.

그러나 이를 꼭 '좋지 않은' 사고틀이라고는 할 수 없습니다.

오히려 짧은 기간 동안 (양사의) 기존 사업을 성장시킬 수 있었던 강한 원동력이라 판단할 수도 있습니다. 그러나 경영전략상 이 사고틀이 적합한지에 대해서는 짚고 넘어가야 합니다. 일본 대 한국의 대립항에 기반한 사고의 틀은 개념적으로 볼 때, '아시아'를 아우르려는 한국 모기업의 근본적 소명과 모순될 수밖에 없기 때문입니다. 어떤 인식론적 모순이 생기는지 들여다볼까요?

· 아시아라는 개념은 두 항 중 어느 하나에도 속할 수 없다. 일본도 한국도 아시아이기 때문이다.
· 그런데 APJ의 현재 인식 패턴은 모든 현상을 둘 중 하나에 위치시키려 한다.
· 사고틀에 속하지 않는 것은 '무질서'한 존재로서 '우리 세계의 것'이 아니라고 인식한다.
· 그러므로 사업적으로 '아시아'를 아무리 거론하더라도 무의식 속에서는 '남의 이야기'로 간주된다.

그러나 여기에 굉장히 중요한 문화적 시사점이 있습니다. 기독교에서 성부와 성자를 성령이 매개하는 것처럼, 천지인天地人 사상에서 하늘과 땅을 사람이 매개하는 것처럼 '둘 중 어디에도 속할 수 없는 존재(특히 중간적 존재)'는 동시에 두 대립되는 세계를 매개하여 새로운 사고틀을 변증법적으로 낳는 힘을 갖고 있기도 합니다.[50] 그러므로 기왕에 거론되고 있는 아시아라는, 어디에도 속하지 못하는 중간 개념은 기업문화 변화에서 중요한 개념적 변수가 될 가능성이 있습니다.

봉투만 있는 편지

교환과 교류가 어떻게 이루어지는지 분석하는 것은, 한 사회의 문화 구조를 밝히는 데 중요한 요소입니다. 예컨대, 여성(남성)의 교환이 어떻게 이루어지느냐에 따라 족외혼과 족내혼의 문화가 달라지고, 근친상간이 강하게 금기로 작용하는 문화와 근친상간이 의무가 되는 문화가 달라집니다.

APJ의 업무 교류 형태는 기본적으로 직접 교류가 아닌 간접 교류라고 할 수 있었는데, 다시 말하면 중간에 어떤 대상을 거쳐야 교류가 이루어지는 구조였습니다. 그런데 특별히 주목해야

50
저는 당시 중앙아프리카 렐레족族의 '천산갑'을 예로 들었습니다. 인류학자 메리 더글라스는 철저한 이진 연산에 의해 모든 세계를 구축해놓은 렐레족을 연구했습니다. 렐레족은 가옥 구조에서부터 동서남북의 방위 뿐 아니라 가령 개나 닭과 같은 가축은 오른쪽=남자=인간성 쪽에 분류하고 쥐처럼 해를 끼치는 동물은 왼쪽=여자=동물성 쪽으로 분류하는 등 이항 대립적 사고를 무섭도록 심화시킨 사회였죠. 그런데 이렇게 질서가 엄격한 사회에 어떤 특별한 존재가 있었는데, 그것이 바로 '천산갑'이었습니다. 천산갑이라는 동물은 '전신이 비늘로 덮여 있는 포유동물'로서 그들의 분류체계에서 어디에도 속하기 어려운 동물이었죠. 이들의 이항 대립적 사고는 천산갑이라는 특별한 존재에 의해 의례 속에서 매개되어 사회를 새롭게 갱신하는 역할을 했습니다. (《대칭성 인류학》, 나카자와 신이치 지음, 김옥희 옮김, 동아시아, 2005, 137~142쪽.)

할 점은, 교류가 한 방향으로 진행하다가 중간에 내용이 '사라지는' 현상이 많았다는 것입니다. 자크 라캉 식으로 비유하자면[51], 발신인의 편지가 수신자에게 도달하지 못하고 중간에 사라지거나 혹은 봉투만 전달되거나 봉투만 반송된다고 할 수 있었습니다. 그림으로 그려볼까요?

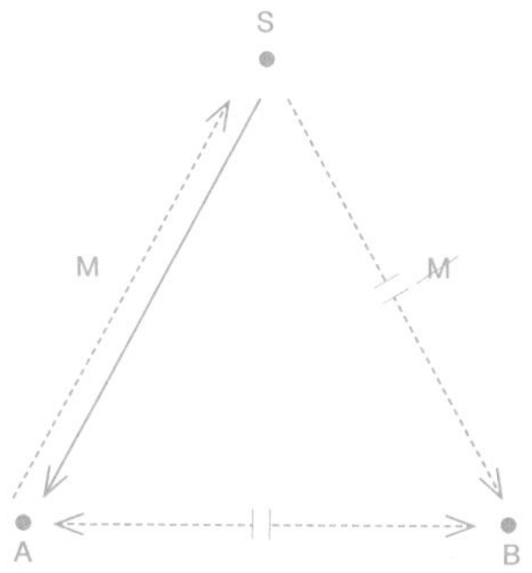

· A의 메시지 M은 직접 B에게 전달되지 않고 언제나 매개 S를 거쳐 B에게 전해지는데

· M은 '의도한 바'는 사라지고 단지 '전달되었다'라는 사실만이 전달되는 형태입니다.

· S가 상급자라고 가정한다면, 이의 주된 원인은 '교류가 없는 상태에서의 위임delegation'에 있다고 할 수 있습니다.

51
에드거 엘런 포의 단편 소설 〈도둑맞은 편지〉에서는 편지의 내용이 전혀 알려지지 않은 채 극이 진행됩니다. 내용을 모르는 편지를 둘러싸고 등장인물들의 시선과 역할이 달라지면서 편지가 돌고 돌 때마다 편지를 둘러싼 다른 의미를 발생시킵니다. 라캉은 이 소설에 대한 세미나를 통해 상징계의 의미 형성 과정을 흥미롭게 논했습니다. 《자크 라캉의 욕망 이론》(자크 라캉 지음, 권택영 엮음, 문예출판사, 1993, 96~134쪽)

공포와 불안의 코드

한 문화에는 유전자처럼 흐르는 문화 코드가 있고, 이 코드가 특정한 패턴을 형성합니다. 예컨대 미국의 인류학자 루스 베네딕트는 1940년대 일본 문화를 분석하여 '온[恩]'이라는 코드를 뽑아냈고, 이 코드가 '기무[義務]', '기리[義理]', 명예의 중시, 질서의 추구, 충성과 복종의 행동 패턴을 만들었다고 《국화와 칼》에서 역설한 바 있습니다.

APJ의 경우 코드를 발견하는 데 상당한 어려움을 겪었습니다. 그에 비해 패턴은 보다 용이하게 드러났지만, 여러 패턴의 공통된 원인으로서의 패턴을 추출해내기는 어려웠습니다. 그리하여 패턴으로부터 역으로 추적해 들어가는 방법을 취했습니다. 인터뷰를 여러 차례 검토한 끝에 결국 APJ를 관통하는 핵심 코드는 '공포와 불안'으로 결론 낼 수 있었습니다. 인터뷰에서 공통으로 서로 연관되어 드러난 단어들을 조합하면, '외부의' '알 수 없는' '어떤 힘'에 의해 내부가 움직인다는 인식이 있었습니다. 추가 인터뷰 결과 이는 집단적 경험에 의해 만들어졌다는 것도 알 수 있었습니다. 좀 더 구체적인 근거를 살펴볼까요.

· 신화를 채집하기 위한 회사의 역사와 여러 사건에 대한 인터뷰에서 지금까지의 중요한 사건을 서술함에 있어 거의 100% '외부'를 주체로 설명하고 있었습니다. 예컨대, 일본의 유명 인사를 광고 모델로 영입한 일, 입점 백화점의 결정, 상류층과의 네트워크, 처음 사장의 퇴임에 대한 설명 등에서 행동의 주체를 본사 등 외부의 힘(!)을 들어 이야기하고 자체적인 힘과 내부 결정에 의해 이루어진 일은 거의 거론되지 않았습니다.

· 그리고 그 '외부'에 대한 형용사로 '알 수 없는', '모르겠는', '아무도 모르는', '이유를 알 수 없는'을 사용하고 있었습니다. 예컨대, 처음 사장의 퇴임, 여러 인사상의 조치, 최근의 합병까지도 그 이유를 자신들은 알 수 없다는 것이었고, 그 알 수 없는 것을 당연시하고 있었죠.

· '모르겠다'는 담론이 일상화되어 있습니다. 기업문화의 가장 큰 특징이 무엇이냐는 질문에 '모르겠다는 것이 가장 큰 특징'이라고 거론하는 경우도 있었습니다.

· 언제, 어디서, 누구에게 알 수 없는 어떤 힘이 가해질지 모르는 상태는 (무의식 속에) '공포와 불안'을 형성한다는 추론이 가능했습니다.

· 앞에서 첫인상이 경계심과 기대감의 양극단을 오간다고 했는데, 그 원인도 여기에 있었음을 볼 수 있었죠. '외부의 알 수 없는 존재→불안→경계→(한편으로) 공포 상황의 제거에 대한 간절한 기대'의 패턴입니다.

이에 따라, 인류학자 루스 베네딕트가 했던 것처럼 코드로부터 나오는 패턴을 정리할 수 있었습니다.

① 마이너스 1	(-1)을 끊임없이 만드는 경향	실제로 '이지메' 현상이 있었음. 주기적으로 한 명씩 퇴사하고 있었고, 어느 한 사람에게 책임을 전가시키는 언술이 반복됨
② 갈등의 회피	겉으로 대립되는 상황을 만들지 않으려는 경향	이지메 현상이 반복되고 있는 것과 대조적으로, 서로 간 이성적, 감정적으로 대립되는 상황 자체를 만들려고 하지 않음
③ 양가적 태도	한 대상에 대해 두 가지 상반되는 태도를 동시에 취함	경계와 기대가 상존했고, 애정과 미움이 공존하는 등 대부분의 현상에 대해 두 가지 상반되는 태도를 동시에 드러냄

①, ②, ③은 서로 원인이면서 결과입니다. 스스로 (-1)이 되지 않기 위해 갈등을 회피하지만, 앞에서 보았듯이 교류가 '봉투만 있는 편지' 형태로 이루어지는 구조에서는 (-1)의 패턴이 존재한다는 사실을 암묵적으로 더 공고히 했습니다. 그리고 그 과정 속에서 모든 현상에 대한 양가적 태도가 더해갔습니다.

한편 양가적 태도는 강한 이항 대립적인 사고틀에 의해 심화되고, 양가적 태도는 대립적인 각 항을 오가며 역으로 그 사고틀을 강화하는 구조였습니다.

만일 각각의 패턴이 따로 존재한다면 별다른 특징적 상황이 생겨나지 않을 수도 있습니다. 그런데 이 조직문화는 앞에서 살펴본 행동 양식과 교류 방식이 서로 연결되어 또 다른 패턴을 형성해 상상과 소문을 계속 만들어가는 구조였습니다. 추론의 논리적인 과정은 다음과 같습니다.

· 전술했듯이 양가적 태도는 (+1)과 (-1)을 오가는데,
· 갈등이 만들어지는 것을 회피하는 태도는 (+1)도 (-1)도 되지 않으려는 행동을 형성하겠죠.
· 그러면서 '봉투만 전달되는 편지'의 형태로 교류가 이루어집니다. 빈 봉투는 상상과 소문을 만들고,
· '외부의' '알 수 없는' '힘'에 대해 (+1)적 반응(인정에의 욕구)과 (-1)적 반응(책임 전가)의 태도를 오가며, (+1)과 (-1) 각각에 대한 상상과 소문이 계속 만들어지는 것입니다.

거세된 전사들

기업인류학자 마크 르바이에 의하면, 기업 전체의 문화를 분석할 때 반드시 고려해야 하는 부분이 거시적 기능 구조입니다. 왜냐하면 모든 문화는 거시적으로 볼 때 몇 가지 핵심기능이 맞물려서 유지되고 진화하기 때문입니다. 중요한 내용이니 《기업문화 오디세이 2》를 다시 펼쳐보겠습니다.

기업에서는 자본주의 문화를 발생시킨 인도 · 유럽 문화의 3기능 구조로 분석하는 것이 일반적으로 유용합니다. 이론적으로 볼 때 하나의 기업으로 존재하기 위해 세 기능은 1) 내부 조직이 구조적으로 갖추어져 있어야 하고, 2) 각 기능은 서로 상호 보완적임을 인식해야 하며 3) 각 기능에 속한 사람들은 그 기능에 적합한 규범을 갖고 있어야 하고 4) 각 기능은 서로 평등하며 각 기능에는 '귀족'으로서의 장長이 있어야 합니다. 이 회사는 3기능 구조로 이행 중이었으나, 여러 문화적 요인에 의해 난항을 겪고 있었습니다. 정리하면 다음과 같습니다.

1) 전사 기능이 (상징적으로, 즉 내부의 문화에서는) '사라진' 상태였습니다. APJ의 문화 코드와 연관시켜 보자면, 문화적으로 (-1)이 된 상태라고 할 수 있습니다. 실제로 백화점에서 영업과 판매 담당자가 다른 기능의 사람들보다 더 다수였음에도 불구하고 마치 이 회사에 '존재하지 않는 사람들'처럼 인식되고 있었습니다.

2) 전사 기능과 학자 기능과의 교류가 끊어진 것이 주된 원인으로 보였습니다. 즉, 한 방향으로만 이루어지는 교류, '봉투만 전달되는 편지'의 교류 방식이 기능 구조에 영향을 미치고 있던 것이죠. 생산자와 전사는 서로 연결된 상태였습니다.

유교 문화, 징기스칸의 유목민 문화, 인도 유럽 문화

유교문화	몽골 유목문화	인도-유럽 문화
사 농 공 상	전사 샤먼(성직자) 목축(생산자)	생산자 전사 성직자/학자
불변의 수직적 위계	능력에 따른 위계 전사-샤먼 간은 평등	세 기능 간 평등과 균형 각 기능 내에서 위계(귀족과 노예)

3) 각 기능은 그에 해당하는 규범을 갖고 있어야 하는데, 그렇지 못했습니다. 다만 판매사원의 경우, 전사의 규범을 강하게 갖고 있었습니다. 정복, 점유, 확장, 열정 등의 규범이 그들이 사용하는 언어에서 그대로 발견되었죠. 하지만 전사로서의 집단적 응집력은 없는 상태였습니다.

4) 각 기능 집단은 '존경받는 귀족'으로서의 상징적 수장을 갖고 있어야 하는데, 전사 기능의 경우 특히 그렇지 못했습니다. 영업 담당 임원이라고 할 수 있는 상징적 자리가 마련되어 있지 않았던 거죠. 회사 외부의 전문가가 자문 역할로만 존재했습니다. 이것은 전사 기능이 문화적으로 사라지는 것을 심화시켰다고 보입니다.

전사 기능에 대한 이러한 현상은 심각한 문제 상황이라고 할 수 있었습니다. 판매를 통해 수익을 내는 하나의 회사로서 존재하기 위해서는 '전사의 기능'이 문화에서 필수적으로 존재해야 하며, 또한 전사는 문화적으로 '귀족'이 되어야 합니다.

그런데 여기서 꼭 부연하고픈 말이 있습니다. 이러한 상황은 절대로 경영자나 관리자의 능력 문제가 아닙니다. 분노나 죄책감을 가질 필요가 없다는 말입니다. 문화는 개인이 어찌할 수 있는 게 아닙니다. 문화 앞에서 개인은 약합니다. 문화가 이미 그

기업의 3기능 구조

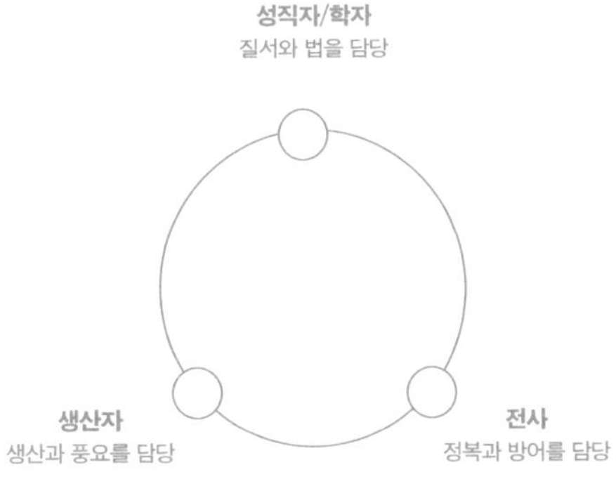

렇게 형성이 되어 있었고 이는 앞에서 얘기한 여러 문화적 요인이 복합적으로 작용한 결과라고 할 수 있습니다. 예컨대, 앞서 신화를 살펴볼 때 기원에 대한 인식이 분산되어 나타났었죠. 세 가지로 분산된 기원 신화에는 모두 전사 기능을 포함하고 있지 않았습니다. 그렇게 만들어진 신화를 공유하고 있었기에 전사들은 집단 안으로 들어가고 싶어도 그렇게 못했던 것입니다. '당연한 문화'였으니까요. 거꾸로 말하면, 기업문화적으로 '적합한 상태'로 복귀하면 해결되는 문제라는 것입니다. 그러나 반드시(!) 해결해야 하는 문제라는 점은 역시 변함없습니다.

사회적 분열

사회적 응집력, 교류, 체계성의 정도에 따라 기업문화 유형을 여덟 가지로 분류할 수 있습니다. 유형은 마치 사람의 체질과 같아서, 경영전략과 정합성을 이루는 데 지침이 되는 방법론이죠. APJ는 기업문화 유형상 '사회적 분열'로 분류할 수 있었습니다.

· **응집력 약함:** 응집력은 내부에서 생겨난 동인에 의해 뭉쳐 있는 상태인

데, APJ 경우 분열된 기원, 외부로부터의 '공포와 불안', (-1)의 패턴 등으로 인해 응집력이 약했습니다.

· 교류의 정도 약함: 단절된 교류 형태를 갖고 있었죠.

· 체계적이지 못함: 아직 체계가 갖추어지지 않은 상태입니다.

'사회적 분열'은 기업문화의 체질을 알려주는 전략적 지침으로서, 실제 분열을 의미하는 것은 아닙니다. 여러 하위문화가 특정한 패턴 안에서 다르게 공존하는 상태로 보는 것이 타당합니다. 또한 '사회적 분열' 유형은 새로운 변화를 위해서는 '바람직한 상태'라고 볼 수도 있습니다. 《기업문화 오디세이 1》에서 살펴본 한국 까르푸의 사례처럼, 실제 경영전략상 변화를 가져오기 위해 의도적으로 사회적 분열 유형으로 이행할 수도 있습니다.

APJ의 기업문화 유형

거세 공포와 상상계의 구조

경영전략상 적절한 시사점을 얻기 위해 지금까지의 논의를 재분해하고, 인터뷰에서 드러난 담론들을 다시 엮어, 논리적 사슬로 묶어보겠습니다. 기업문화 오디세이의 방법론은 기본적으로 기업문화를 기업의 무의식으로 보고 있습니다. 계속해서 보아왔다시피, 구조주의 인류학과 같은 맥락에 있는 정신분석학자 자크 라캉의 무의식 구조 모델을 적용하고 있습니다. 우리도 논의를 심화하여 이론 측면으로 더 들어가 볼까요? 자크 라캉의 모델에 따르면 무의식은 상상계, 상징계, 실재계의 세 차원으로 나뉩니다.

상상계	상상의 이미지를 만들어놓고 그 이미지와 자신을 동일시한다. (예: 아이가 거울에 비친 자신의 모습과 자신을 동일시함. 그러나 거울은 볼록거울일 수도 오목거울일 수도 있음.) 상상 속에서 만들어진 이미지(어머니)와의 일체가 이루어짐. 어머니의 젖을 빨고 있는 유아. 오나니즘Onanism적 열락悅樂
상징계	사회적 언어의 질서(상징적 질서로서의 문화)를 받아들임. 상상적 이미지가 아닌 언어 소통에 의해 형성됨
실재계	순수 경제, 물질의 논리가 작동하는 세계. '의식 없는 신체'. 기업의 경우 순수하게 '재무제표의 영역'. 이 영역이 존재함으로써 기본적 욕망이 만들어짐(순수 욕망)

상상계에서는 오이디푸스 콤플렉스가 거세 콤플렉스를 통해

극복되며 상징계로 진입합니다. 즉, 상상계를 잘 넘기고 상징계로 넘어가야 사회생활을 잘 할 수 있다는 것이죠.

현재 APJ의 무의식의 경우, 아직 상상계에 속해 있다고 볼 수 있습니다. 그 안에 거세 콤플렉스가 작동하고 있으나, 아직 오이디푸스 콤플렉스를 극복하지 못한 상태로 파악할 수 있습니다. 이론을 설명하다 보니 용어도, 내용도 참 어려워졌는데요, 좀 더 설명해보겠습니다.

· APJ의 구성원은 거의 대부분 한국의 모기업과 APJ의 관계를 '부자父子' 관계로 표현했으며, APJ를 '아기 새', '부잣집 도련님' 등 아직 젖을 떼지 못한 상태로 인식하고 있었습니다.
· 상상계의 일반적인 무의식적 패턴을 거의 그대로 갖고 있었습니다.(거울 속의 이미지와 자신을 동일시, 자기와 타자의 이분법, 인정 욕망과 공격성의 동시 작용, 쾌락과 불안 등)
· 이러한 현상의 기저엔 '외부의 아버지가 언제 자신을 거세(문화적으로 소속되지 못하게 함)할지 모른다'는 거세 콤플렉스가 있었습니다. 채집된 신화를 재정리하자 이 거세 콤플렉스는 과거의 정신적 외상, 즉 트라우마로부터 비롯되었음이 드러납니다.

실제 있었던 일인지는 모르나, 과거의 어느 때에 '외부의 어떤 사람들'이 들어와 조직 사람들을 인터뷰하고 감사를 하고 나서 얼마 후에 많은 사람이 '회사 밖으로' 나간 사건이 있었습니다.

사람들은 그때 일어났던 사건으로 인해 '외부의 알 수 없는 힘'이 자신들을 좌지우지하고 있다는 집단 무의식을 갖게 됩니다. 그리고 그 공포의 원인을 (그들이 부자 관계로 묘사한) '아버지'로부터 비롯된다고 생각하게 되었습니다. 합병마저도 자신들의 의지와는 상관없이 외부의 강한 힘에 의해 결정되고 실행되었습니다. 트라우마는 더욱 커집니다.

그리하여 '어머니의 품'인 상상계 안에 머물고자 하는 경향이 나타났습니다. 그것은 이미지의 세계 안에 머무는 것이었습니다. 그들이 취급하는 명품 브랜드의 이미지 안에 머물면서 스스로 어떤 열락의 상태에 있고자 하지만, 여전히 외부의 어떤 공포를 느끼고 있습니다.

신화는 신화입니다. '이미 있는' 것입니다. 이 상황이 '잘못되었다'고 받아들여서는 안 됩니다. 상상계에서는 '당연히 있을 수밖에 없는' 현상으로 보는 것이 타당합니다. 이제 콤플렉스의 극복을 통해 상징계로 진입할 시기가 자연스럽게 온 것입니다.

기업문화의 구조

지금까지의 모든 논의를 종합하면 아래와 같은 도식이 만들어집니다. 이는 앞에서 본 '담론 질서의 도식'에 '상상계의 구조' 층위가 하나 더 위로(무의식의 층위에서는 더 깊은 곳으로) 연결되어 확장된 형태입니다. 상징적 질서로서의 문화의 층위(사고틀→언어 체계와 담론)에서는 '양가적 태도'와 '구획 짓기'라는 행동 패턴이 나타남을 보았었죠. 역으로 말하자면, 양가적 태도와 구획 짓는 행위의 원인이 조직문화의 상징적 측면이라 정리할 수 있습니다. 이를 해결하기 위해서는 상징적 질서의 재편, 즉 신화, 소명, 가치체계 등을 비롯한 전체 담론을 변화시키는 것이 필요합니다.

갈등을 심하게 회피하는 행동 특성과 (-1)의 행동 패턴은 더 깊은 무의식의 층위인 상상계까지 들어가야 그 원인을 알 수 있습니다. 이는 '트라우마에 의한 거세 공포'와 그에 따른 '이미지로의 침잠'이라는 상상계를 통과하며 나타나는 특성이었습니다. 집단의 문화는 교류를 위해 만들어지고, 교류는 다시 문화의 특

APJ의 기업문화의 도식

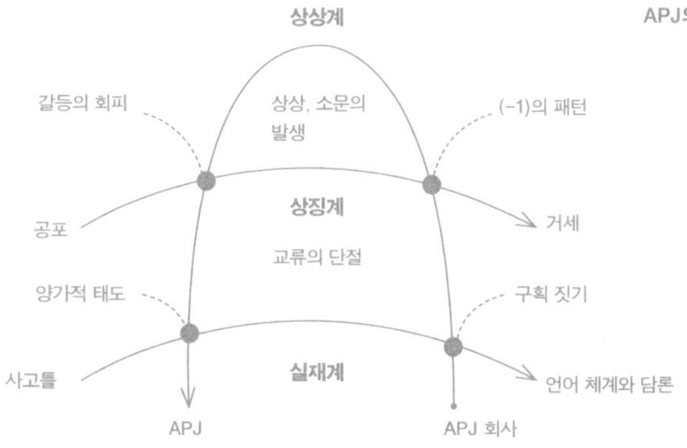

성을 규정짓습니다. 업무적인 언어의 층위인 상징계를 통과하며 단절된 교류('봉투만 있는 편지')가 만들어집니다. 이후 '공포'가 지배하는 상상계를 통과하며 '상상과 소문'이라는 교류의 특성이 만들어지는 구조입니다. (-1), 갈등의 회피, 소문은 모두 상상계의 산물입니다.

APJ 기업문화가 형성되는 일반 구조를 이렇게 정리할 수 있습니다. 그리고 이 도식으로부터 해결 방안과 대안이 도출됩니다.

변화 전략 1 무의식: 상상계에서 상징계로[52]

일반적으로 기업문화의 변화 전략을 세울 때는 경영전략을 먼저 검토하고 기업문화 모델에 의해 목표 유형을 설정하는 것에서부터 시작합니다. 하지만 이 회사의 기업문화 분석 결과에 따르면 '어떠한 경영전략을 추진하더라도' 상상계의 공포에서 벗어나는 것이 우선적으로 전제되어야 하는 상황이었습니다. 이

52
변화는 '오해 없이 보는 것'에서부터 시작됩니다. 스스로를 '보는 순간'이 변화의 시작입니다. 이후 마음속에서 진행되는 이해의 시간의 각 단계를 잘 넘겨 '마법의 순간'을 경험하면, 과거는 다시 쓰여지고 과거로는 되돌아갈 수 없게 되는 것이죠. 그러므로 저는 다음과 같은 점을 강조했습니다. "진단은, 진단일 뿐입니다. 앞의 분석 결과는 '자연스러운 상황'이지 '잘못된 상황'이 아닙니다. 예컨대, 아직 상상계 안에 머물러 있는 것은, APJ의 '나이'를 고려할 때 '당연한' 결과이고, 모기업과의 관계, 경영 환경 등이 복합적으로 작용하여 만들어낸 현상이라고 볼 수 있습니다. 사회적 분열 유형 역시 변화의 시기에는 오히려 적합한 유형일 수 있습니다. 중요한 것은, 현 상황을 '제대로' 직시하는 것입니다. 그리고 편견 없이 일단은 받아들여 보고, 일상에서 그런 패턴이 있는지를 객관적으로 바라보는 데서 변화는 시작합니다."

어려운 과제를 어떻게 해결해야 할까요? 다행히 우리는 이 회사의 집단 무의식이 생성되는 메커니즘을 이미 그려보아 알고 있습니다. 그 그림을 아래와 같이 다시 그리는 것이 해결책입니다.

두 가지 방향입니다.

1) 상상계 화살표의 위치를 내려 '공포→거세'의 영역을 통과하지 않게 합니다. 이를 통해 '외부의 알 수 없는 힘'을 '알 수 있는 힘'으로 바꿉니다.
2) 상징계 화살표의 성격을 바꿉니다. 사고틀부터 비롯되는 담론의 질서를 바꾸는 것입니다. 공통의 새로운 신화와 가치 체계를 정립(상징계의 작용)하고, 여러 경영 체계와 시스템을 동시에 갖추는 (실재계의 도입) 전략입니다.

이러한 전략을 택할 경우 기존 그림과 비교해 볼 때,

· 소문과 루머의 영역이 사라지고
· 교류가 단절되는 영역이 상징계 안으로 내려오게 됩니다.
· 그러면 네 개의 교차점에서 나타나는 효과로서 행동 패턴이 바뀌게 됩니다.

APJ 기업문화 구조의 거시적 변화

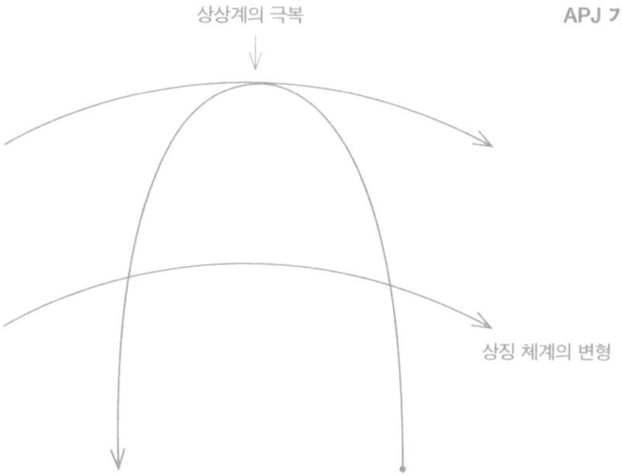

좀 더 구체적인 작업의 영역으로 들어가 볼까요?

1)은 공포가 만들어지는 원인을 찾아 바꾸는 작업에서부터 시작됩니다. 상상적인 것들을 상징적인 영역으로 바꾸어야 합니다. 모기업과의 관계 변화와 더불어 새로운 정체성을 찾아야 합니다. 모기업(상징적 아버지) 앞에 섰을 때 자신의 정체성을 갖게 하고, 이를 통해 주체성을 가지고 교류가 이루어지도록 합니다.

2)는 합리적인 시스템을 도입하고 강한 상징 체계를 만듭니다. 상상을 문화로 편입하는 것이죠. 이 작업은 기업문화 유형을 설정하는 것에서부터 시작됩니다.

변화 전략 2 기업문화 유형: 정복자형으로

경영전략을 고려할 때, APJ에게는 정복자형 공동체 유형이 가장 적절했습니다. APJ는 일본 시장에서 꽤 혁신적인 소수의 브랜드를 중심으로 사업을 운영하고 있었습니다. 빠른 시장 확장을 통해 이윤을 추구하는 전략이 아니라, 일본 시장에 브랜드를 각인시키고 미래를 위해 강한 마니아층을 만들어가는 것이 마케팅 전략이었죠. 정복자형 공동체 유형의 전략에 부합하는 전략이었습니다. 정복자형 공동체의 일반적 경영전략을 다시 짚어보겠습니다.

응집력	응집력 강함
대표 특징	업에 헌신하는 강한 카리스마 있는 리더
소명과 비전	소명 〉 비전 비전보다는 아주 강한 소명에 의해 움직임
체계	강한 상징과 의례, 경영체계 단순: 전원 공격, 전원 수비
HR 철학	직원은 공동체
마케팅	마니아, 추종자 전략
브랜드와 제품	소수의 브랜드, 혁신적 브랜드(아주 좋아하거나 아주 싫어하거나)
홍보 및 대외 커뮤니케이션의 특징	공동체의 신념, 브랜드 가치
대표적 기업	애플, 홀푸드마켓, 매리케이, 할리 데이비슨 등

기업문화 유형의 매트릭스에서 화살표를 그려보면, 사회적 분열에서 정복자형 공동체로의 이행은 두 단계를 지나야 하는 과정임을 알 수 있습니다. 그러기 위해서는 첫째, 응집력이 만들어져야 하고 둘째, 개방적 교류 체계가 만들어져야 합니다. 응집력의 형성은 상상계의 제거와 새로운 상징계의 정립으로 가능하고, 개방적 교류는 응집력 형성 과정에서 많은 부분이 이루어지는 동시에 경영 시스템, HR 제도를 정비하는 작업으로 가능합니다.

○ 응집력의 형성

상상계 영역을 제거하기 위한 전략에 따라 이루어져야 하는데, 상징적(문화적)인 요소들을 만들어가는 작업이 주를 이룹니다.

· 진정한 기원 찾기

· 새로운 신화 만들기

· 강한 금기와 의무 체계 정립

· 상징 체계 만들기

· HR 철학 만들기

이 작업에서 이항 대립의 사고 구조 변형이 시도되어야 합니다.《기업문화 오디세이 2》의 신화 변형 방법론을 적용합니다.

○ 개방적 교환 체계의 정립

교류의 정도를 강하게 하기 위하여 교류의 방향을 재구조하는 작업입니다. 경영 시스템을 만드는 작업이 주를 이루나, 응집력의 형성 작업과 동시에 일관된 방향에서 이루어져야 합니다.

· 내부 교환 체계 만들기(예: 품의 체계, 권한의 위임 규정, 내부 정보 교류 체계 등)

· 외부 교환 체계 만들기(예: CRM(Customer Relationship Management고객 관계 관리 시스템), ERP(Enterprise Resource Planning전사적 자원 관리 시스템) 등 이미 진행되거나 새롭게 진행되어야 하는 작업들)
· HR 철학 및 제도(예: 채용, 평가, 보상의 원칙과 BSC(Balanced Score Card종합적 성과 관리) 시스템 등)

변화 전략 3 기능 구조: 전사의 부활

거시 기능 구조에 따라 회사가 운영되도록 하는 것은 '하나의 회사로서' 지속적으로 수익을 창출하면서 생존하기 위해 필수적인 문화 변화 작업입니다. 문화적으로 '거세된' 전사 기능을 제 위치에 놓는 것이 핵심입니다. 각자의 역할을 재정립하고, 전사 기능에 생명을 불어넣기 위해 다음과 같은 작업이 필요합니다.

작업	목적
조직 구조 재편성	전사 기능(영업)의 문화 내 진입
기능별 상징 체계 만들기	각 기능 집단의 정체성 및 응집력 형성
각 기능에 따른 역할 내면화	전사를 중심으로 기능 간 상호 보완성 인식
각 기능에 적합한 규범 만들기	기능 집단의 응집력, 상호 보완성 강화
규범의 재생산 체계 만들기	기능 집단 간 상호 보완성의 유지

전사 기능을 제 위치에 놓기

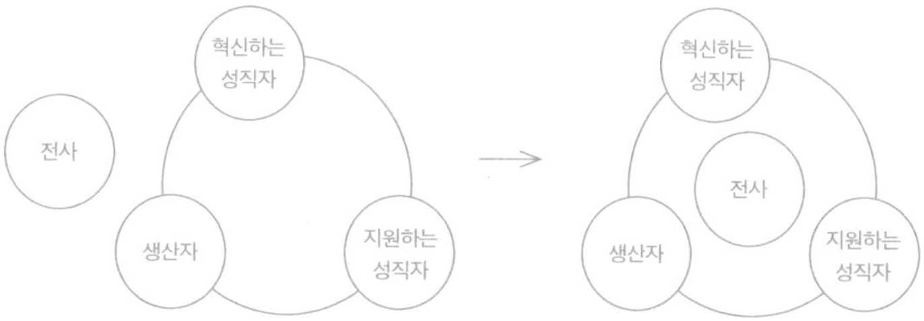

이해의 시간과 (-1) 없는 서클링

모든 변화 작업은 이해의 시간을 거쳐야 합니다. 그러므로 경영진에서부터 각 계층을 '전체적으로' '한꺼번에' 내려오는 서클링 과정을 밟아나가면서, 인터뷰와 코칭을 병행해야 합니다. 이 회사의 경우는 경영진의 이해의 시간을 위한 1차 서클은 갖되, 이후의 2, 3, 4차 서클링은 '모두가 함께하는 공동 워크숍'으로 진행했습니다. 왜냐하면 기업문화 안에 (-1)의 패턴이 있었기 때문입니다. 한 명도 소외되지 않는 게 중요했습니다. 즉, 새롭게 만들어가는 회사는 '외부의 알 수 없는 힘'에 의해 움직이는 것이 아니라, 내부로부터 생산되는 질서가 외부와 교류를 이루어내는 회사가 되기 위한 전략입니다. 작업 자체가 변화의 과정인 것이죠.

다음과 같은 순서를 밟아나갔습니다.

서클링	참가 대상	내용
1차 서클	경영진과 HR팀장, 재무 및 전략 자문 컨설턴트	· 진단 결과에 대한 이해의 심화 · 기업문화 변화 전략 수립(상상계의 제거와 상징계의 재구조를 중심으로) · 기업문화 유형에 따른 전략 수립 · 전사 기능의 복원을 위한 조직 구조 변화 전략 수립 · 이후 서클링 워크숍 계획 수립

인터뷰	1차 서클 참가자들	'이해의 시간'과 '저항의 세 차원' 점검 및 코칭
2차 서클	경영진 포함 전체 직원(*외부에 있는 현장 판매 사원들은 매니저급만 참가)	· 진단 결과에 대한 이해 · 전사/생산자/성직자 중 각자의 기능 알기, 기능의 규범 찾기 및 기능으로 거듭나기 · 기업문화 유형에 따른 목표하는 기업문화 정의 · 기존 문화의 장례식 치르기(각 기능별) · 기존의 이항 대립적 세계관 벗어나기 · 새로운 소명 찾기 · 2015년 비전 수립 및 성공 스토리 만들기 · 핵심 가치 연결 및 금기와 의무 사항 만들기 · 일상에서의 금기와 의무 실천 계획 수립
인터뷰	1, 2차 서클 참가자들	'이해의 시간'과 '저항의 세 차원' 점검 및 코칭
3차 서클	경영진 포함 전체 직원(*외부에 있는 현장 판매 사원들은 매니저급만 참가)	· 진단에 대한 이해 심화 · 새로운 신화 만들기와 소명의 선언 · 기존 문화의 장례식 치르기: 새로운 교류 관계 정립, 금기와 의무에 대한 역할극 · 전사 기능의 부활을 위한 조직 구조 변경 · 외부와의 소통 강화를 위한 방안으로서 APJ board 만들기
인터뷰	경영진, HR팀장, 경영전략 담당자	· 주요 참가자들의 이해의 시간 점검 및 이에 대한 관리 방안 논의, 최종 피드백
팔로업 교육	HR 팀장	· 기업문화 관리 방법론 이해 · 기업문화 변화 관리를 위한 별도 조직 구성
4차 서클	전 사원	· APJ WAY 선포 및 축제

전체 과정을 요약하자면, 모든 사람들의 '보는 순간'을 위해 진단 결과에 대한 이해를 심화하는 과정을 매 서클마다 넣었습니다. 변화를 모색하는 첫 번째 단계는 바로 문제가 있음을 깨닫고 그것을 각별히 받아들이는 것이니까요.

이후 각 서클 사이에 인터뷰를 함으로써 이해의 시간 중 부정, 분노/죄책감, 흥정/협상, 체념 · 실험의 단계를 점검하고 각 감정의 단계를 잘 통과하도록 코칭을 하는 동시에 현 상태를 고려하여 다음 워크숍을 설계했습니다.

이항 대립적 세계관의 변화가 핵심이었죠? 대립적 세계관이 뫼비우스의 띠를 꼬듯이 살짝 살짝 조금씩 바뀌나갈 수 있게 하기 위해 관련 작업을 서클마다 단계적으로 배치했습니다. 이해의 시간을 단계적으로 통과하도록 돕기 위해서입니다. '상상계 제거를 위한 전략 수립 →기존 문화의 장례식 치르기→이항 대립적 세계관 벗어나기→새로운 신화 만들기' 등의 단계별 작업에서 이론과 실행을 병행했습니다.

소명 찾기라는 기업문화 본연의 작업 외에 비전 설정이라는 (기업문화라기보다는) 경영전략적 작업도 추가했는데, 이는 기업문화 유형 전략에 따라 체계성을 강화하기 위한 장치이자 동시에 상상계를 벗어나게 하기 위한 장치였습니다. 좀 더 풀어서 설명하면, '상상을 걷어내고 현실을 직시하자!'는 것입니다. 아울러 비전이라는 희망적인 수단을 통하여 부정성은 걷어내도록 했습니다.

또한 전사 기능의 부활을 위해 '조직 구조 변경'이라는 경영전략적 수단까지 동원했습니다. 물론 경영진의 의사 결정을 동반한 작업이었습니다. 돌이켜보면, 기능 구조의 복원 없이 다른 작업들, 예컨대 상징 체계 정립 등의 작업만 이루어졌다면 이 회사의 기업문화 작업은 실패로 귀결되었을 거라 생각됩니다. 그만큼 거세된 영업 기능을 제자리로 돌리는 것이 중요했고, 한편으로 기업문화는 단지 '가치관 경영'이니 하는 획일적인 작업이 아니기 때문입니다.

각 서클의 과정을 전부 소개하고 싶지만 그러려면 책 한 권도 모자랄 테니 그중 주요 방법론과 결과만을 간추려 소개하려 합니다.

신화의 변환을 통한 상징계의 재탄생

이항 대립의 사고틀이 굉장히 견고한 상태라, 일반적인 경영 컨설팅 방법론처럼 어떤 핵심 가치 체계를 만들어 교육하는 방법은 소용없을 뿐만 아니라 오히려 기존 사고틀을 더 강화하는 부작용이 예상되었습니다. 예컨대 선과 악의 대립 구도를 강하게 가진 기독교인들을 선악의 구분이 없는 도교의 신봉자로 바로 바꿀 수는 없는 법이지요.

《기업문화 오디세이 2》의 신화학적 방법론에 따라 견고한 이항 대립 사고틀 자체는 그대로 두되, 그 대립항을 살짝 교체하는 것이 전략적이라 결론내렸습니다. 그리고 두 대립항을 매개하는 매개항으로서의 소명[53]을 부여하는 것입니다. 비유하자면, 《흥부전》의 '제비'가 되게 하는 것입니다.

제비는 북반구의 다양한 문화권에서 신화, 설화, 민담의 주인공으로 등장합니다. 왜일까요? 바로 '대립되는 두 세계의 매개자'이기 때문입니다. 북반구의 겨울은 제비의 느닷없는 출현과 함께 봄에게 자리를 내어주죠. '겨울=죽음=소비⋯ vs 봄=삶=생산⋯'이라는 공통된 이항 대립적 인식 구조를 연결하고 매개하는 데 제비의 상징성이 역할을 해왔던 것입니다. 일본에도 역시 《흥부전》과 유사한 이야기가 있습니다. 이 이야기의 이항 대립

53
"경계선에 놓인 것(liminality), 이도 저도 아닌 것(betwixt ans between), 코뮤니타스(communitas) 개념, 바로 자기 모순적인 것이야말로 정확히 종교적 의미를 지닌 것이다...... 종교에서 성스러운 지위를 갖는 존재는 모순적인 존재, 즉 이도 저도 아닌 존재이다. 모세는 사람이면서 신과 직접 말을 주고 받는 어중간한 존재이므로 성스러운 지위를 갖는다...... 여자에게서 태어났지만 사람의 자식은 아닌 예수라는 모순은 신약성서 전체에서 가장 유의미한 요소가 되는 것이다." (《성서의 구조 인류학》, 에드먼드 리치 지음, 신인철 옮김, 한길사, 1999) 이처럼 '경계에 놓인 존재'는 어떤 특정한 성스러운 소명을 부여받음으로써 대립되는 두 항을 매개하여 세상을 바꾸는 역할을 한다고 생각 하는 것이 인간이 가진 신화적 사고의 특성입니다.

구조는 '흥부=착함=가난함 vs 놀부=탐욕스러움=부유함'입니다. 즉, '착하면 가난하다', 거꾸로 '부자가 되려면 탐욕스러워야 한다'라는 세계관입니다. 이러한 세계관은 제비라는 매개자에 의해 바뀌게 되고, 새로운 세상이 만들어집니다. 매개자에 의해 마치 뫼비우스의 띠처럼 '착함'과 '부유함'이라는 두 대립항이 만나버렸죠. 결국 '착해야 부자가 된다'라는 새로운 세계관이 만들어지게 됩니다.

APJ에 견고하게 자리 잡은 세계관은 '일본 vs 한국'이었습니다. 다른 모든 개념과 행위를 이 중 하나에 넣고 있었죠. 모기업의 소명이자 전략인 '아시아의 미'와 인식론적 모순을 일으킬 수밖에 없는 세계관이라는 것이 문제였고요. 그리하여 새로운, 하지만 기존 대립항을 포괄하는 대립 구조를 구축하기로 했습니다. 바로 '아시아의 미 vs 서구적 미'입니다. 이 새로운 대립항으로 사고하면, '일본 대 한국'의 대립항은 '아시아의 미'라는 항 안에 통합됩니다. 이항 대립적 사고의 틀이 워낙 강고해서 그냥

기존 대립항이 새로운 대립항으로 바뀌는 과정

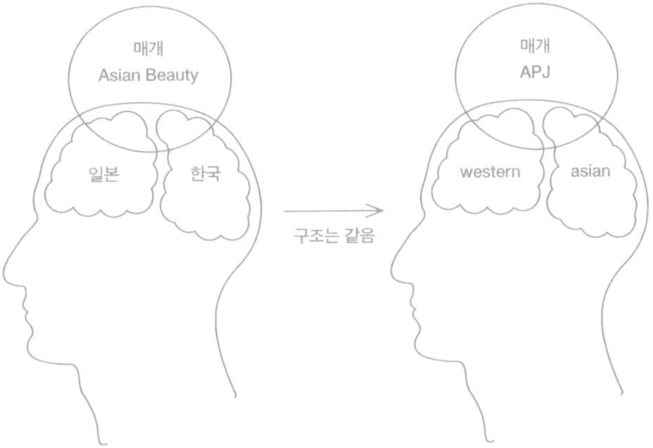

일본 대 한국의 매개항, 아시아의 미 → 새로운 대립항 서구적 가치 → 매개자 APJ

'아시아적 미'만을 강조하면 안됩니다. 그러나, 그렇기 때문에, 서구적 미라는 또 다른 대립항을 설정하면 쉽게 자리할 수 있게 됩니다. 모기업의 전략에 정확히 부합하는 세계관임은 말할 나위도 없지요.

기존의 대립 구조는 그대로 두고 그 구조 안에 새롭게 다른 항(서구적 미 vs 아시아적 미)을 넣은 다음, 이를 공고히 하기 위해 다음 작업을 시행했습니다. 과연, 서구적 미와 아시아적 미의 차이는 무엇일까를 깊이 사고해보는 것이지요.

서구의 미	아시아적 미
자연 ↔ 인간	자연 = 인간
외면 ↔ 내면	외면 = 내면
몸 ↔ 마음	몸 = 마음
미 / 건강	미 = 건강
알수 있는, 보이는	미지의, 미답의
…	…

이후, 일본 시장에서 '진정한 아시아적 미'를 찾기 위한 시도가 있었는지를 같이 찾아보았습니다. '금기의 위반자'로서 세상에 무언가를 새로이 탄생시키는 자가 되려면, '기존에는 금기였던 것, 혹은 기존에는 존재하지 않았던 세상'이 있어야 하기 때문입니다. 이 과정 역시 인식 구조 내의 '두 개로 나뉜 방'에 새로운 내용을 채우기 위함입니다.

그리고 APJ는 이 대립되는 두 세계를 매개하여 새로운 세상을 창조하는 소명을 부여받아 '신화의 주인공'이 됩니다. 이런 겹겹의 과정을 통해 새롭게 부여받은, 보다 정확히 말하자면 '(외부의 어떤 존재가 아닌) 그들 스스로 자신에게 부여한' 소명은 이렇게 정리되었습니다.

APJ의 소명

1 아무도 시도하지 않은 진짜 아시안 뷰티를 일본 고객에게 제공한다.

2 일본 시장에서의 성공을 통해 아시안 뷰티가 세계로 퍼져나가기 위한 가교가 된다.

3 일본의 깊은 문화와 전통을 담아 아시안 뷰티를 보다 풍부하게 만든다.

1항은 일본에서 아시아적인 아름다움을 창조하려는 진정한 시도가 있었는가에 대한 대답입니다. 2항은 일본과 한국의 대립항을 넘어서 서구와 아시아의 대립 구조로 전환이 되었다는 의미입니다. 3항에서는 그 대립항이 아시안 뷰티 안에서 통합이 되었음을 시사합니다.

이 소명이 기업문화에 가지는 의의는 다음과 같습니다. 이 소명이 기업문화의 핵으로 성공적으로 심어진다면,

· '한국 대 일본'이라는 두 대립항이 사라지게 됩니다.

· APJ와 PJ라는 합병 이전 두 회사가 가진 기원에 모두 정당성을 부여합

니다. 조직문화의 제1법칙이 소속(응집력)의 법칙입니다. 과거 두 회사 중 어디에 소속된 사람이었든지 간에 현재의 회사에서 '소속의 권리'를 인정받은 것입니다. (-1) 패턴의 발생도 이를 통해 사라질 수 있습니다.

· 미래의 사업 확장을 가능하게 합니다. 아주 세부적이고 구체적이지 않음으로써, 즉 포괄적인 상징성을 담보함으로써[54] 사업 확장 시 '인식의 울타리'를 제공하여 응집력이 흩어지지 않게 해줍니다.

전도사들의 공동체

다음으로 기업문화를 정의하는 작업을 진행했습니다. 기업문화 유형을 나누는 세 기준인 조직문화의 3법칙을 따랐습니다. APJ가 지향하는 기업문화 유형에 대한 이해를 심화하는 것이 첫 번째 목적이었습니다. 계속하여 보아왔다시피 기업문화 유형은 경영전략과 밀접한 관계가 있습니다. 정복자형 공동체로서 일관된 경영전략을 추진하기 위해서는 유형론의 반복적 이해가 필요했습니다. 또한 자신들의 문화를 정의하는 '이름'을 가지고 스스로를 호명하게 해야 했기 때문입니다. 알튀세르의 이론을 따라 스스로 '주체'가 되게 하는 정체성을 가지게 하는 것이죠.

54
혹시 영화 〈인셉션〉을 보셨다면, "인셉션은 구체적인 게 아냐"라는 레오나르도 디카프리오의 얘기를 떠올려 주십시오.

기업문화의 3법칙에 따라 강한 응집력, 활발한 교류, 유연한 체계로 자신들의 문화적 성격을 정리했습니다. 그리고 각 법칙을 재해석함으로써 기업문화 전략을 심화했습니다. 강한 응집력은 '우리는 공동의 소명을 실현하기 위해 모인 동지들이다'라는 의미로 정의되었습니다. 활발한 교류는 '구성원들은 모두 기업 정보에 접근할 권한을 가지고, 내외부 교류가 활발하게 이루어진다'로, 유연한 체계는 '현장과 고객의 변화에 유연하게 대응하기 위해 전사들을 중심으로 움직인다'로 정의되었습니다.

이들이 자신의 기업문화를 스스로 부른 이름은 '아시안 뷰티 전도사들의 공동체'입니다. 이름을 얻어 비로소 주체가 된 것이지요. 외부 혹은 내부의 어느 누군가가 "당신들의 기업문화는 무엇입니까? 혹은 당신들은 누구입니까?"라고 물으면 바로 "우리는 아시안 뷰티 전도사들의 공동체입니다"라고 대답할 언어가 생긴 것이지요. 이 안에서 소명도 되새길 수 있습니다. 흥미롭고 놀라웠던 점은 전도사傳道師를 지칭할 때 쓰는 한자인 '師'가 아니라 무사武士를 지칭하는 '士'를 스스로 썼다는 사실입니다. "우리는 전사입니다. 그러므로 '전도를 하는 사무라이'가 되고자 합니다"라고 말하면서요. 진단 결과를 깊이 받아들이고, 전사 기능의 부활을 절대적 과제로 여기고 있다는 증거였습니다. '아시안 뷰티를 전파하는 사무라이들의 공동체'가 탄생한 것이었습니다.

전사의 복원

전사 기능의 복원은 세 기능이 서로 원활하게 맞물려 응집력을 갖는 것을 전제로 합니다. 세 기능의 원활한 맞물림은 각 기능별 응집력을 전제로 하고요. 이미 진단 결과를 접했으므로 '보는 순간'은 지난 상태였습니다. 스스로 각 기능별 응집력 만들기부터 순차적으로 진행하며 '이해의 시간'을 자연스럽게 통과하게끔 했습니다.

먼저 이 회사에 가장 적합한 기능 구조 찾기부터 시작했습니다. 이는 컨설턴트가 대행할 수 없는 영역입니다. 기능 구조 방법론을 이해하는 워크숍 중에 APJ에 최적인 기능 구조는 세 기능 구조를 변형한 네 기능 구조임을 '그들 스스로' 발견했습니다. 다음과 같은 네 개의 기능 집단이 APJ를 구성하는 기능 단위임을 결론 내렸습니다.

각 기능의 상징을 찾는 작업을 진행했습니다. 누차 강조하지만 인간은 상징적 동물입니다. 상징을 찾는 행위를 집단적으로 같이함으로써 '언어로는 다룰 수 없는 보이지 않는 영역의 소통'

APJ를 구성하는 네 개의 기능 집단

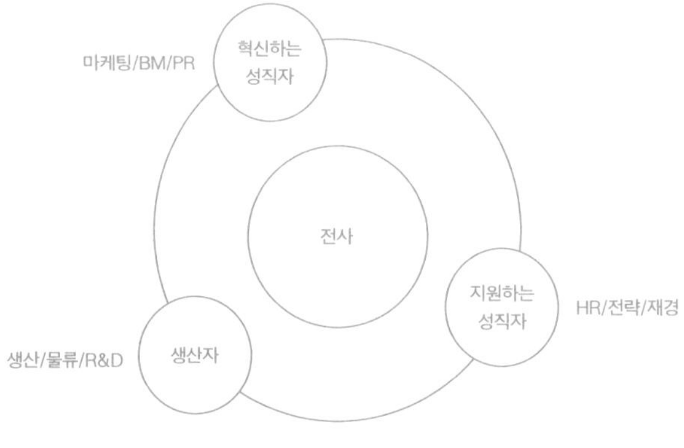

이 발생하게 됩니다. 각 기능의 이미지를 만드는 작업 이후에, 각 기능별 소명을 찾는 작업을 진행했습니다. 그리고 슬로건 만들기라는 언어 영역의 작업을 추가하여, '상징→언어'로 이르는 신화적 사고의 과정을 밟았습니다. 과정이 중요하지 결과는 그리 중요치 않습니다만, 그래도 결과물을 잠시 엿볼까요?

기능	소명(혹은 COR)
전사	현장과 함께하는 운명 공동체의 전사로서, 시장점유율 1%를 달성한다.
학자	세계로 가는 전도사들을 후원하는 최첨단 병기 개발!
혁신하는 성직자	최고의 제품을 최적에 생산하고 공급하여 내 · 외부 고객을 행복하게 한다.
지원하는 성직자	아시안 뷰티 전도사들을 위한 편의점까지 갖춘 주유소!

결과물을 보면 '보는 순간'을 지나 '이해의 시간'을 잘 통과하고 있음을 알 수 있습니다. 다른 기능들의 상호 보완성을 인식하고 있고, 특히 '사라진 전사'들을 어떻게 복원시킬지에 대한 의식이 담겨 있습니다. 각 기능들이, 각 기능의 응집력을 넘어서 '전체 집단'으로의 응집력으로 발전하고 있음을 증명합니다.

금기와 의무 역시 각 기능별로 '스스로' 찾았습니다. 이는 서클링 워크숍 중에 형태를 조금씩 바꾸어 수차례 반복한 과정입니다. 기존에 이미 존재하던 핵심 가치 체계에 따라 금기 및 의무를 찾아갔습니다. '사라진 전사 기능이 복원되어야 한다'는 것이 이미 이해의 시간 안에서 무르익고 있었기에, 금기와 의무 역시 이를 벗어날 수 없기 마련이었습니다. 즉 생산자, 성직자, 그리고 전사들 각자가 자신의 기능을 충분히 인지해가고 있는 상태였습니다. 그러한 상황에서 만들어진 금기와 의무는 강한 문화적 힘을 갖게 됩니다. 그럴 때, 껍데기에 불과했던 핵심 가치마저 살아날 수 있죠.

신화의 재탄생

신화의 대립 구조와 그 매개항으로서의 소명 그리고 금기와 의무라는 문화 코드가 모두 만들어졌습니다. 가만히 두어도 신화는 '저절로' 쓰이게 되어 있습니다. 그게 문화의 원리이니까요. 그러나 기업이라는 전략적 집단 안에서 스토리로서의 신화는 '써놓는 것'을 권장하고 그 작업을 함께하고 있습니다. 그리하여《기업문화 오디세이 2》의 신화 방법론에 따라 구조와 테마의 이중주를 같이 연주했습니다. 이 안에서 기존의 분열되었던 세 하위집단은 모두 각자의 기원에 정당성을 부여받게 됩니다. APJ의 신화는 다음과 같이 다시 쓰였습니다.

신화	일본 시장에서의 '서구의 미 vs 아시아의 미' 매개자: APJ
↓	
소명	1. 아무도 시도하지 않은 진짜 아시안 뷰티를 일본 고객에게 제공한다. 2. 일본 시장에서의 성공을 통해 아시안 뷰티가 세계로 퍼져 나가기 위한 가교가 된다. 3. 일본의 깊은 문화와 전통을 담아 아시안 뷰티를 보다 풍부하게 만든다.
↓	
문화 코드	공감, 혁신, 친밀, 윤리, 도전

신화 구조	테마	주요 내용
우주 창조 신화	금기의 위반 숨은 신	· 1940년대, '아시아의 미'를 추구하고자 하는 모기업의 탄생 · 수십 년 간의 노력과 혁신으로 거듭난 아시아적 치유의 철학
기원 신화1	세계 축 여행과 깨달음	· 세계 뷰티 업계의 각축장인 일본에 발 들이려고 시도하던 선구자들(1970년대 PJ의 기원) · 일본을 비롯, 중국, 인도 등 아시아 기업들의 여러 시도들이 진정한 아시안 뷰티가 아니었음을 발견 · 일본 시장에서의 아시아적 가치에 대한 탐구 · 숙성의 역사
기원 신화2	금기의 위반	· 아시아적 가치를 담은 AP 브랜드를 통한 실험과 짧은 성공(구 APJ의 기원), 혁신적 실험
종말과 죽음의 신화	인간의 타락 저승 세계로의 하강	· 고객과 현장으로부터 멀어짐 · 소통의 단절과 분열 · 아시안 뷰티의 의미를 잊음 · 두 회사로 따로 떨어져 존재하던 '하나'
부활과 번영의 신화	카오스의 살해부활, 낙원의 도래	· 숙성의 역사와 혁신적 실험의 결합 · 공동의 소명과 임무: 아시안 뷰티 전도사들의 공동체 탄생

기능별 조직 짜기

기업문화에 대한 변화 없이 경영상의 변화를 추구할 경우 의도하지 않은 여러 부작용이 따릅니다. 무의식으로서의 기업문화에는 일종의 관성이 있어서, 어떻게든 변화에 저항하려 하고 이를 변질시킵니다. 만일 회사에서 기업문화에 대한 진단과 변화 없이 조직 구조를 변경하려 했다면, 기존의 일본과 한국의 대립 구조에 따라 조직 간 대립이 나타났을 것이고 (-1)의 패턴에 따라 어떤 한 부서는 기능을 제대로 못했을 것입니다. 실제로 이전에 수차례 시도했던 조직 구조의 변화는 모두 실패했습니다. 그러나 진단 결과를 심화시키고 몇 차례에 걸친 워크숍을 거치면서 대립적 인식 구조와 상상계의 두려움과 공포를 어느 정도 제거했으며, 더불어 새로운 상징계의 질서 만들기도 신화의 재탄생과 함께 무르익었습니다. 기업문화의 변화가 '보는 순간'을 넘어 '이해의 시간'을 통과하고 있었기에, 조직 구조 변경 작업은 시너지 효과를 낼 수 있었습니다.

사라진 전사 기능을 문화적으로 복원시키는 동시에 '실재적'으로 조직 내부의 중심으로 존재하게 했습니다. 영업부를 확대 신설하는 것이 골자였습니다. 영업부를 중심으로 현장 관리 기능, (마케팅에 속해 있던) 판촉 기능, (외부 공장에서 담당하던) 주문과 배송 관리 기능을 통합했습니다. 또한 외부에 위탁했던 영업 사원 교육을 직접 담당하는 부서를 내부에 만들어 현장 영업 사원들과의 강한 문화적 연결 끈을 만들었습니다.

또한, APJ Board라는 이름으로 새로운 경영 시스템을 만들었습니다. 영업 현장의 데이터와 목소리를 내부의 조직원들이 모두 공유하고 피드백을 할 수 있는 장치입니다. 이를 통해 전사들과의 문화적 연결 통로를 확보하여 현장 영업을 강화하는 것이 목적입니다. 또한 전사들인 현장 판매사원들이 문화적으로 소외되지 않고 내부 구성원으로서의 소속감을 갖게끔 하고자 했습니다.

더불어 구체적인 실현 방안도 도출했습니다. 그중엔 신화 · 상징 · 의례 중 의례와 관련된 부분이 상당히 포함됩니다. 다음 정책의 담당자와 기한 그리고 피드백 계획 등을 정하여 실시하기로 했습니다.

· HR 인사 평가 제도에 핵심 가치 반영하기[55]
· 기업문화 책자를 만들어서 내 · 외부 및 현장 영업 사원들과 공유
· 각 사무실을 핵심 가치에 따라 구성하기
· 정기 미팅 시 반복하여 공유하는 의례

55
많은 기업이 HR 제도 운영과 기업문화를 별개의 것으로 생각하는 경우가 많습니다. 문화를 단지 가치의 문제로 환원하는 것이죠. 설령 문화가 가치의 문제라고 하더라도, 실제 인사 평가가 핵심 가치와 별개로 운영된다면 구성원들은 '가치와 현실' 사이에서 인식의 괴리를 일으킬 것입니다. 이는 결국 변화하려는 방향의 기업문화로부터 더 멀어지는 결과를 낳게 됩니다.

· 금기와 의무에 따른 행동에 대한 시상과 포상 제도
· APJ board를 통해 실현된 혁신 아이디어에 대해 인센티브 운영
· 기업문화 내재화 교육 프로그램 도입

경영진과 사원들의 목소리

경영진과 경영전략, HR팀장 등 프로젝트 위원회와의 최종 미팅 때 평가 및 피드백은 다음과 같았습니다.

· CMO(Chief Marketing Officer): 학문적이고 경험적인 노하우가 들어가 있고, APJ의 기원으로부터 이야기가 만들어져 더 신뢰가 갔던 것 같다. 처음 인터뷰 했을 때만 해도 한국과 일본을 대립해서 생각하는 경향이 있었는데, 아시안 뷰티를 통해 함께 생각할 수 있는 계기가 되었다. 전사가 아닌 사람도 전사가 되고 싶어 하는 마음, 전사는 더 전사가 되고 싶어 하는, 그런 응집력이 생겼다.
· 인사팀장: 가설을 세우고, 인터뷰를 통해 그것을 검증하고, 플랜을 세워 직접 액션으로 실현하는, 비즈니스 근간에 있는 PDCA(Plan Do Check Action)를 경험할 수 있어 좋은 기회였다. 도라에몽[56]과 도라미가 노비타를 도와

56
도라에몽은 일본의 유명한 만화 캐릭터로, 무얼 해도 잘 안 되는 초등학생 노비타를 돕기 위해 파견된 일종의 만능 로봇이다. 도라미는 도라에몽의 동생으로 귀엽고 똑똑한 로봇이다.

주는데 도라에몽은 계속 옆에 붙어서 이것저것 다 가르쳐주지만 계속 실패로 끝나고, 도라미는 가끔 나타나지만 매번 깨달음을 준다. 도라에몽 같은 컨설턴트가 좋으냐, 도라미 같은 컨설턴트가 좋으냐 논의한 적이 있는데, 이번 컨설팅은 깨달음을 준 프로젝트였다. 앞으로는 우리의 몫이다. 새로운 인사 제도에 APJ WAY에 대한 태도를 평가할 수 있는 부분을 넣을 생각이다.

· 경영지원팀장: 점점이 떨어져 있던 것들이 선으로 연결되었다. 흩어져 있던 시간적인 점과 공간적인 점이 모두 연결된 것이다. APJ 사람들 모두가 참여하는 프로젝트는 처음으로 어려운 작업인데 우리 입장과 현상을 잘 이해하고 잘 맞추어서 성공할 수 있었다.

· 재무컨설턴트: 공통적인 언어가 생겼다는 것이 중요하다! 전사, 미션 등의 용어가 자연스럽게 입에서 나오게 되면 저절로 잘 될 것이다.

· CEO: 일련의 흐름(신화 → 전도사)을 만들었다는 것에 의미가 있다. 또한 전사가 절대적으로 필요하다는 인식, 그것을 지원하는 각 기능별 역할을 깨닫게 된 것이 고맙다. PJ와 APJ를 어떻게 합쳐야 할지 고민되고 힘들었는데 잘 합쳐졌고, 무엇보다 양쪽 모두 정당성을 갖게 되어 좋고 놀랍다.

이들은 모두 마법의 순간을 지났습니다.[57]

57
실제로 주요 팀장들이 어떻게 이해의 시간을 통과하고 있는지를 관찰하고 기록했는데, 생산자의 수장은 아직 부정의 단계에 머물러 있었고 다른 팀장과 경영자들은 대부분 흥정/협상 혹은 체념/실험의 단계를 지난 것으로 판단되었습니다.

합병 기업의 문화 다루기

작은 기업인 데다 워낙 극적인 전환이 있었던 때문인지, 기업문화 변화의 효과는 즉시 드러났습니다. 그동안 난항을 겪고 있던 프리미엄 S브랜드의 일본 시장 진출이 가속화된 것이지요. 그 과정은 모기업(기존 기업이 지닌 무의식의 '외부의 알 수 없는 힘' 중 하나)의 일방적인 결정이 아니라 APJ가 주도한 공동 프로젝트였습니다. 현장의 영업력, 즉 전사들의 힘이 프로젝트 추진 주체인 마케터들을 지원했기에 가능한 일이었습니다. 이후 백화점 위주의 시장에서 일반 소매 시장까지 확대되어 새로운 E브랜드의 추가 진출까지 가속화할 수 있었습니다.

"두 기업의 합병은 언제나 기업문화적인 문제를 야기한다, 그러므로 물리적 합병이 아니라 화학적 결합이 중요하다!" 이 명제는 맞습니다. 그러나 아무런 의미가 없습니다. 오히려 문제의 본질을 흐릴 수도 있는 견해라 생각합니다. 합병 기업의 경영상 발생하는 모든 문제를 '두 기업 간의 문제'로 환원시켜 버릴 수 있고, 또한 기업문화의 결합을 추진할 때에도 '두 기업을 인위적으로 하나로 묶으려는' 시도가 나타날 수 있기 때문입니다. 그러나 진단을 통해 기업문화 안으로 들어가 보면, 합병된 기존

두 기업의 문화 외에(혹은 그 두 문화와 전혀 별개로) 다른 하위 문화 집단들이 존재할 수 있습니다. 또한 기업문화의 문제점을 야기하는 원인은 '완전히 다른 데'에 있을 수도 있습니다. '어떻게 해결할지'는 바로 거기서 출발해야 하는 거죠. 흔히 그렇듯이 '우리는 합병했기 때문에 안 되는 거야'라며 합병 자체에 애꿎은 핑계를 돌리지 말고요.

이 기업의 사례에서도 합병된 기업은 두 회사지만 실제로 문화 충돌을 일으키는 하위문화는 세 가지임을 알 수 있었습니다. 기원 신화를 추적하여 밝혀낸 것이지요. '믿음 엔진'을 뇌에 장착하고 있는 인간은 기원에 따라 자신이 속한 집단의 이야기를 만들어가고 동일시하여 정체성을 형성하기 때문에, 합병 기업에서 기원의 추적은 하위문화 집단의 존재를 밝히는 데 중요한 기능을 합니다. 하위집단의 존재가 밝혀지면, 문제를 바라보는 관점이 바뀔 수 있습니다. 즉, 문화 충돌이 있다면 그것은 합병 기업 간의 문제가 아니라 (합병하지 않은 다른 일반 기업과 똑같이) 하위문화 집단 간의 충돌이라는 것이죠. 합병이라는 사건은 단지 이러한 하위문화 집단을 드러내는 데 원인이 된 하나의 사건일 뿐입니다. 물론 아주 크고 결정적인 사건이었겠지만요.

그러나 더 중요한 문제는 하위문화 간의 충돌 자체가 아니라 충돌을 일으키는 '숨겨진 원인'을 밝혀내는 것입니다. 문화적 금기를 추적한 결과 APJ의 경우 공포와 두려움이 자리하고 있었고 그것이 '(-1) 만들기' 등 여러 문화 코드를 만들어내는 어떤 패턴이 있었습니다. 여기서부터 문제 해결의 실마리를 하나하나 발견해나갈 수 있었고요. 이처럼 합병 기업이라고 하더라도 기업문화적인 문제의 해결은, 문화 코드를 형성하는 어떤 원인으로부터 출발을 해야지 '두 기업을 하나로 통합하려는 무조건적 시도를 해서는 안 된다'는 말씀을 드리고 싶습니다. 대부분 경우 그러한 시도는 사회적 분열로 이행하기 마련입니다.

또한 합병 과정에서는 기업의 기능 구조 중 어느 하나가 문화적으로 소외될 가능성이 생기기 쉽다는 것도 예상할 수 있습니다. APJ의 경우, 성직자 기능과 학자 기능 중심으로 합병이 이루어져 정작 전사 기능은 존재하지 않는 회사가 되어버렸죠. 이 경우 역시 두 기업을 하나로 통합하려는 시도는 해결책일 수 없습니다. 소외된 기능이 있음을 모른 채 통합을 시도하면 오히려 기능을 더욱 소외시키는 구조로 고착될 수 있습니다. 이 회사의 경우 기능 구조에 대한 고찰이 없었다면, 성직자와 생산자만으로 기업문화의 통합이 성공했다는 착각에 빠진 채 기업의 경영 성과는 계속 안 좋아졌을 것입니다.

이번 사례에서는 작은 회사의 합병을 다루었습니다. 그러나, 아니 그렇기 때문에 거대 기업의 합병 후 기업문화를 어떻게 다루어야 할지에 대한 통찰을 줄 수 있습니다. 많은 인류학자들이 복잡한 현대 사회의 문화적 패턴을 밝히기 위해 비교적 단순한 원시 부족 사회를 우회해 온 것과 같은 이치입니다. 인류학자 루스 베네딕트는《문화의 패턴》에서 주니 족 등의 부족 사회를 분석한 것과 꼭 같은 방법으로 거대 일본의 문화를《국화와 칼》에서 밝혀냈었죠. 찰스 다윈Charles Darwin 역시 유인원과 인간이라는 복잡한 유기체의 진화를 증명하기 위해 딱정벌레라는 비교적 단순한 유기체의 구조를 활용하였습니다. 그런 의미에서 APJ라는 '작은 부족 간 통합'의 사례는 큰 그룹사 등 복잡한 기업 집단 간 문화 통합의 '딱정벌레'가 될 수 있을 것입니다.

기업문화 오디세이

Q & A

지금까지 무의식을 치유하여 거듭난 기업과 조직의 사례를 함께했습니다. 이 외에도 크고 작은 사례가 더 많지만, 이 책에는 기업문화를 다루는 여러 방법론을 다양하게 그리고 효과적으로 전달할 수 있는 사례들로만 간추렸습니다. 또한 문화권과 신화군에 대한 일관된 인식을 가능하게 하기 위해 한 기업 집단을 중심으로 한 변화 사례를 주로 다루었습니다.[58] 그리고 규모가 크지 않은 기업과 조직을 주로 다룬 이유는 '단순한 부족 사회를 통해 복잡한 거대 사회로의 우회'를 가능하게 하고 싶었기 때문입니다.

그럼에도 불구하고 독자 여러분들이 속해 있는 기업의 상황에 따라, 혹은 여러분의 지적 호기심으로 인해, 많은 질문이 맴돌고 있을 거라고 생각됩니다. 질문에는 언제나 해답이 있는 법, 다양한 질문과 호기심은 기업문화 변화에 대한 새로운 방법론이 싹틀 수 있는 토양일 겁니다. 그 토양에 씨앗을 뿌리는 마음으로 몇 가지 질문을 같이 생각해보며, 기업문화 오디세이의 긴 여행을 마치려고 합니다.

58
이는 레비스트로스가 중남미의 신화만을 대상으로 하면서 '신화적 사고의 공통 법칙'을 발견하고, 에드먼드 리치가 성서라는 하나의 텍스트를 다루면서 구조주의적 전제를 증명한 것과 같은 이치입니다.

Q

스타트업 기업이나 소셜벤처, 청년 사회적 기업 등 새로 창업하는 회사는 생존이 중요하지 기업문화 같은 것에 신경 쓸 여력이 없다. 사업이 안정된 큰 기업에게나 필요한 것이 기업문화 관리 아닌가?

A

최근 스타트업 기업들과 함께할 기회가 많았습니다. 그러다 보면 기업문화 컨설턴트의 눈으로 보이는 것들을 이야기하고플 때가 참 많았습니다. 우선 《기업문화 오디세이 1》에서 기업문화를 정의한 부분으로 다시 돌아가 보겠습니다. 기업문화는 기업의 무의식으로서 다음과 같은 특성을 갖습니다.

· 보이지 않습니다. 하지만 기업의 문화 안에 있는 사람들은 너무나 자연스럽고 당연하게 기업문화에 따라 행동합니다.
· 사람들의 의식과 행동을 지배합니다. 의식이 언제나 무의식의 영향을 받듯이, 모든 경영활동은 기업문화의 영향을 강하게 받습니다.
· 기업의 생존을 위해 반드시 필요합니다. 기업이라는 한 집단 안에 사람들이 모여서 생활하게 해줍니다. 의식 차원에서의 기억이 망각되어야(무의식으로 저장되어야) 한 개인이 살아갈 수 있듯이 말이죠.
· 기원을 갖고 있습니다. 정신분열의 기원이 되는 유년기의 정신적 외상이 무의식에 잠재되어 있는 것과 같이 기업문화도 특정한 문화가 형성된 기원이 있습니다.

마지막 특성에 주목해주시기 바랍니다. 스타트업 기업에겐 지금이 바로 '기원'의 시기입니다. 앞으로 백 년 후에도 (기업이 유지된다면) 지금의 어떤 사건은 분명히 특정한 문화로서 (절대적인) 영향을 미칩니다. 예를 들어, 공동 창업자 중 한 명을 '좋지 않게' 몰아내는 사건이 발생했다고 해봅시다. 이미 현재의 회사에 큰 영향을 미쳤을 이 사건은 먼 훗날 기업이 커졌을 때에도 부서 내에서 사람 몰아내기, 지나친 경쟁 등의 형태로 다시 나타날 수 있습니다. 또 사내 벤처나 계열사의 형태라면, 원래 하려던 사업과 다른 방향을 투자자 기업이 요구해오고 이를 위해 자신의 사람을 내부에 관리자로 두거나 아예 경영권을 간섭하는 경우도 생각해 볼 수 있습니다. 이 사건은 두 가지 방향의 트라우마로 자리할 가능성이 있습니다. 첫 번째는 모기업에 대한 증오의 형태('부친 살해')로 자리 잡아 무의식적으로 모기업으로부터의 독립을 경영의 중심에 두게 됩니다. 이는 하나의 패턴이라 마치 색안경을 끼고 세상을 보는 것처럼 경영상의 현실을 왜곡시킬 수 있습니다. 두 번째는 불안감과 두려움의 형태로 나타납니다. 실제 소통이 단절되고 서로가 서로를 믿지 못하게 되어 일에도 몰입하지 못합니다.

물론 지나치게 단순화한 감도 있습니다. 그러나 꼭 이런 형태가 아닐지라도 이후의 여러 사건들(또 다른 기원들)과 결합하여 특정한 현상으로 반드시 나타납니다. 어릴 적 부모를 잃은 사건이나 폭행의 기억이 현재의 삶에 영향을 미치는 것과 같은 현상이 기업에서도 발생합니다. 지금까지 사례에서 보았듯이, 오래전의 집단적 외상, 트라우마가 현재의 문화를 움직일 수 있는 것입니다.

스타트업 기업들에게 이런 이야기를 하고 싶습니다. 만일 지금의 회사가 자신의 아이라면, 아이의 미래를 위해 상처받게 그냥 두지는 않을 거라고 생각합니다. 얼마 전 모 인터넷 TV와의 인터뷰에서 했던 얘기를 다시 하고 싶습니다. "원자의 핵은, 크기는 전체의 10만분의 1밖에 안 되지만 원자 질량의 대부분을 차지합니다. 기업문화를 원자에 비유하자면, 원자의 핵을 심는 시기가 지금입니다. 스타트업 기업이라면 기업문화를 어떻게 가져갈지에 대한 계획을 사업 계획만큼 세우십시오."

Q

그룹이나 기업 집단의 기업문화 전략을 짤 때는 어떻게 해야 하는가? 그룹사 전체를 '하나의 기업문화'로 묶는 게 좋은가?

A

방법론은 크게 다르지 않습니다. 작은 기업이든 큰 기업이든, 구조나 위상론적인 측면에서 보면 같습니다. 어떠한 경우든 문화는 일정한 패턴을 형성하고 특정한 코드에 의해 움직이니까요.[59] 기업문화 진단을 통해 코드와 패턴을 발견하고 그에 대응하는 기업문화 전략을 짠 후 변환 작업을 통하여 기업문화를 재구축하는 과정은 똑같이 적용됩니다. 다만 여기서는 '진단 없이' 혹은 '진단 이후에' 기업문화 전략을 수립할 때부터의 고민임을 가정해보겠습니다. 여러 굴지의 '그룹사' 관계자들로부터 비슷한 질문을

59
"어떠한 경우에도 인간 사회는 스스로를 위해 특정한 생활유형을 만들어낸다. 그 사회의 사람들은 이런 해결방법을 전 세계의 본질로서 이해한다."(《국화와 칼》, 루스 베네딕트 지음, 김윤식 · 오인석 옮김, 을유문화사, 2009, 32쪽.)

받았었고, 사례로 다루지는 않았지만 그룹사의 기업문화 변화 사례를 함께 한 적이 있습니다. 더불어 프랑스의 기업문화 컨설팅 회사의 사례에 대한 연구 결과도 참고하여 답해보겠습니다.

아시다시피, '경영전략에 적합한 기업문화, 기업문화를 고려한 경영전략 수립'에 유용한 방법론은 기업문화 유형론입니다. 소위 '그룹사'라는 것은 지주 회사와 여러 관계사들도 포함하는 기업 집단입니다. 인류학적 관점에서 보면, 일종의 '문화군'이라고 할 수 있죠. 각 문화 집단마다 각각의 기업문화 유형 전략에 따라 움직이게끔 하고 이를 '보이지 않는 문화적 끈'으로 연결하는 전략이 가능합니다. 우선 몇 가지 유형의 전략을 예로 그려보겠습니다. 조합할 수 있는 경우의 수가 수십 가지가 있겠지만 여기에도 일정한 법칙이 있습니다. 우선, 그룹이나 기업 집단에서 관리를 하는 회사 예컨대 지주회사는 관리 시스템을 갖추어야 하기 때문에 (다른 유형이 불가능한 것은 아니지만) 기본적으로 기업가형 회사, 제국주의 시스템, 학자형 회사, 전체주의 회사 등 체계성이 높은 유형이 적합합니다.

지주회사가 순수한 제국주의 시스템일 경우 계열사 혹은 관계사는 기업가형 회사, 정복자형 공동체, 제국주의 갱, 학자형 회사 등 어떠한 유형도 선

기업문화 유형에 따른 그룹 혹은 기업 집단 연결 전략의 예

택할 수 있습니다. 지주회사는 순전히 물질적으로만, 자크 라캉의 이론을 대입하자면 '실재계'로서만, 계열사들과 교류하고 계열사들은 각기 고유한 기업문화 전략을 가져갈 수 있기 때문입니다. 다만 한국의 재벌 기업처럼 순수한 제국주의 시스템이 아니라 '유교적 혹은 전체주의적 제국주의 시스템'[60]일 경우에는 지주회사가 각 계열사의 기업문화에 '상징적'으로 개입하려고 하기 마련이라, 기업문화 유형 전략 수립에 한계가 있습니다. 예컨대, 순전히 물질적으로만 교류하는 전략이 아니라, 'single SAMSUNG/LG...' 같은 기업문화 전략을 내걸고 그룹 전체를 '하나의 기업문화'로 묶으려는 시도를 하는 것이죠. 한국의 신한금융그룹처럼 금융이라는 업의 동일성이 담보되어 있는 경우에는 계열사들을 기업가형이나 정복자형 혹은 학자형처럼 강한 응집력을 가는 것이 가능할 수도 있습니다. 그러나 계열사들이 전자, 정유, 금융, 엔터테인먼트 등으로 나뉘어 업의 동일성이 없는 그룹사의 경우, 이 전략은 대부분 '상상적' 시도에 그치고 말 가능성이 큽니다. 하위 계열사는 문화적으로 전체주의 유형이나 제국주의 갱 혹은 제국주의 시스템 등으로 운영되기 마련이고, 또 그렇게 되는 것이 적합합니다.

지주회사가 기업가형일 경우에도 계열사의 운영에 어느 정도 문화적 제약이 있습니다. 기업가형 회사는 강한 응집력을 전제로 하기 때문에, 계열사들도 응집력이 강한 유형이 되어야 합니다. 단기적으론 새로운 시장 개척 등 경영상의 필요에 따라 제국주의 갱 유형으로 계열사를 운영하는 전략이 가능하지만, 이후에는 정복자형 공동체로 변환하는 것이 적절합니다. 또한

60
실제로 저는 프랑스의 기업인류학자 마크 르바이와 공동으로 삼성그룹 계열사의 기업문화 작업을 한 적이 있는데, 당시 마크 르바이는 삼성그룹의 유형을 '유교적 제국주의'로 명명했습니다.

그룹의 계열사 전체에 업의 동일성이 확보되어야 합니다. IT업종을 주로 하는 그룹이라면 여러 계열사들도 IT와 연관된 업을 해야 한다는 것이죠. 혹은 하나의 업을 중심으로 각 계열사들이 3기능을 담당하는 구조도 가능합니다. 예컨대 계열사 A는 생산담당, B는 마케팅/영업 회사, C는 관리 지주회사인 경우지요. 지주회사가 기업가형인 경우 그룹 운영의 장점은 그룹사 전체가 '업'에 헌신하는 강한 기업문화를 갖기 용이하다는 점입니다.

지주회사가 학자형 회사인 경우 자신들의 존재 자체가 응집력의 핵이기에, 계열사는 제국주의 갱 유형의 기업문화 전략을 가져가거나 또는 지주회사의 응집력 안으로 포섭되는 학자형 회사의 기업문화 전략을 취하는 것이 적합합니다.

Q

기업문화는 가치와 이념의 문제 아닌가? 제도가 이를 따라야 하나? 그렇지 않을 경우에 어떤 일이 벌어지는가?

A

이에 대한 이론적인 논쟁은 의미가 없다고 생각합니다. 기업문화 오디세이는 실용적인 방법론이니까요. 달콤한 쓸모를 위해 '올라가기 위해 치워버려야 할 사다리'로서 방법론적으로 기업문화를 기업의 무의식이라 정의하고 있습니다. 기업문화는 가치와 이념까지 포함하여 기업의 사람들을 특정하게 움직이도록 하는 무의식적인 어떤 힘입니다. 따라서 무의식의 이론에 기반을 많이 두었습니다. 지금까지 적용해온 자크 라캉의 이론에 따르면, 무의식은 상상계, 상징계, 실재계의 세 차원으로 구조됩니다. 그렇다면 질문에서 제기한 가치나 이념, 제도가 무의식의 이러한 세 차원에 각각 어떻게 작용하는지를 살펴보는 것이야말로 '쓸모 있는' 일일 것입니다. 가치나 이념, 제도가 서로 달리 움직인다면 그 기업 구성원들의 무의식에는 어떤 일이 벌어질까요?

가치와 이념은 주로 상상계에 작용합니다. 사람들은 언어화되어 만들어진 어떤 구호나 상징, 이미지를 통해 일차적으로 자신의 정체성을 형성합니다. 인식의 순서상 자신의 소속을 가장 먼저 결정짓는 것은 실제로 소속된 대상이 아니라 이미지인 것이죠. 이는 상상적(이미지적) 정체성입니다. 그리고 제도와 시스템으로 이루어진 회사 생활을 통해 문화를 받아들이고 학습하는데 이는 상징계를 형성합니다. 그리고 순전히 물질적인 차원, 즉 회사의 경제 상황이나 경영 성과, 자신에게 주어지는 보수 등을 통해 실재계를 감지합니다. 무의식의 이 세 차원이 통합되느냐 분열되느냐가 중요합니다. 조금 더 설명하는 게 좋을 것 같습니다.

자크 라캉의 이론에 따라 사람들이 자신의 소속감과 정체성을 형성하는 무의식 속의 과정을 그려볼까요? 앞의 사례에서 여러 번 만난 그림이 아래처

정체성을 형성하는 세 차원

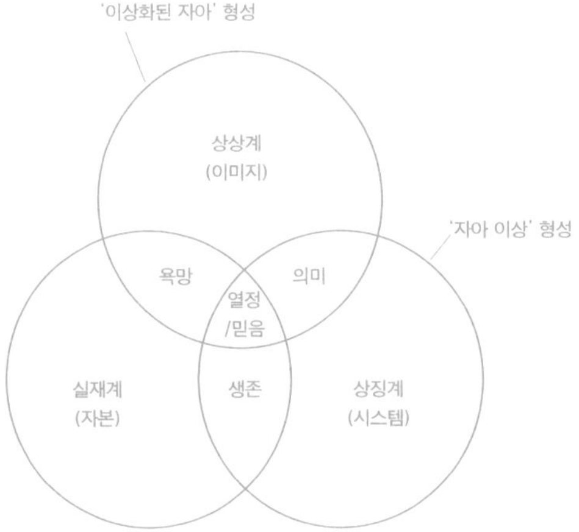

럼 다시 그려집니다.

오른쪽 아래 '개인'에서 시작되는 화살표를 따라가 봅시다. 사람들은 일차적으로 상상계를 통과하며, '이상화된 자아상'을 형성합니다. 아이가 어머니 품에 안겨 어머니와의 일체감을 느끼는 상태라고 할 수 있습니다. 상상 속에 그려지는 자기 집단의 이미지인 거죠. 가치와 이념 등이 이를 형성하는 역할을 합니다. '우리 기업의 소명은 세상을 아름답게 하는 것이고, 우리의 핵심 가치는 사랑과 평등이며, 우리의 비전은…' 등등 이러한 이미지를 통해 인간은 일차적으로 강한 상상적 정체성을 형성합니다.

그런 다음 상징계로 진입합니다. 아버지라는 법의 세계를 만나 그를 받아들이는 단계입니다. 제도와 시스템은 현실을 인식시켜 '현실적인 자아상'을 형성합니다. 그러고는 실재계에서 기업의 물질적 증식 혹은 그 반대를 목격하고 자신의 존재 형태(회사를 계속 다닐지 말지)를 결정합니다.

화살표는 다시 내려가 상징계를 지나고 최종적으로 상상계에서 '이상화된 자아'를 다시 만나고는 비로소 주체가 됩니다. 자신의 정체성을 결정짓는 것이죠. 이 과정에서 (가치와 이념 등의 상상계가 만들어내는) '이상화된 자아'와 (제도와 시스템이 만들어내는) '현실적인 자아상'이 극명하게 다르다면, 사람들의 무의식은 분열됩니다. 그럴 때는 어떤 현상이 벌어질까요?

소속감과 정체성을 형성하는 무의식 속의 과정

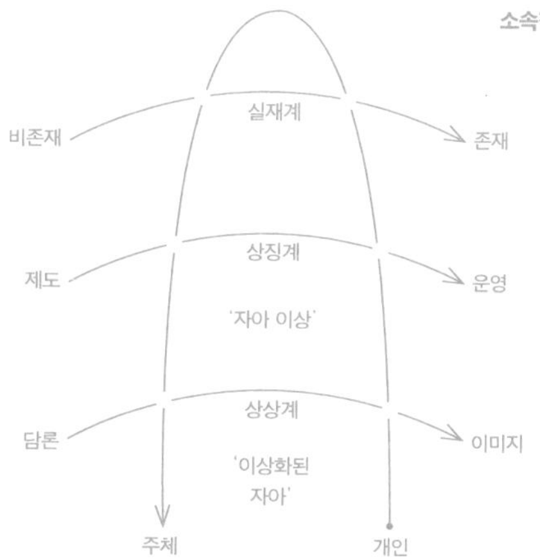

이와 관련하여 한 기업의 사례가 있는데 짧게 소개하겠습니다.

기업문화 변화라는 이름으로 일련의 대규모 프로젝트를 실시하여 가치와 이념 체계를 잘 구축해놓은 어떤 대기업이 있었습니다. 강한 기업문화 전략에 기반하여, 즉 응집력을 강화시키려는 전략에 따라 성공적으로 잘 구축되었습니다. 신화와 상징 체계가 훌륭히 갖추어졌습니다. (제도 변화를 제외한) 각종 의례 체계도 정비되었습니다. 사람들의 소속감과 자부심, 응집력과 몰입도도 지속적으로 상승했고, 기업의 성과도 더불어 상승 곡선을 그렸습니다. 그러나 이와 일관성을 가져야 하는 HR 제도는 또 다른 이념적 기반, 다시 말하면 '제국주의의 그것'에 기반하여 별개로 운영되었습니다. 그로부터 약 3년 후 이 기업의 기업문화를 분석한 결과, 사회적 분열 현상이 나타났습니다. 기업가형 유형에 따른 상징 체계(가치와 이념 체계, CI, 슬로건 등)와 이에 기반한 의례 체계(신입사원 교육, 승진자 교육, 연단위 축제 등)가 형성한 '이상화된 자아'와 제국주의 유형의 HR 제도가 만든 '자아상'이 일종의 '정신 분열'을 일으키고 있는 상태였습니다.

자크 라캉의 이론에 의하면, 이렇게 분열된 주체는 두 가지 행동을 보인다고 합니다. 하나는 '성애적 만족의 추구' 즉 일종의 자위행위로서 자기 안으로만 침잠해 들어가는 것이고, 또 하나는 외부로 강한 공격성을 드러내는 것이라 합니다. 이 기업에서는 이 두 가지에 해당하는 징후들이 모두 관찰되었습니다. 자기 안으로 침잠해 들어간 사람들은 학자형의 행동 패턴이 되어 '될 대로 되어라, 나는 내 일만 하면 돼'라는 태도를 보이거나 제국주의 용병이 되어 잠재적으로 늘 이직을 준비하며 회사 생활을 하게 됩니다. 이보다 심각한 것이 외부로의 강한 공격성을 드러내는 것인데요, 실제로 회사의 공개 게시판은 현실을 성토하는 글이 늘어나 결국엔 폐쇄되었고 (기업문화 진단으로 이러한 공격성을 예상했던 3개월 이후) 내부에 집단행동이 나타나 여러 언론을 장식하고 정치적 문제가 되기도 했습니다. 기업문화 분석과 일치하는 현상이 나타난 것입니다. 어쩌면 당연합니다. 문화는 결국 패턴이니까요. 그렇다면 이제 중요한 것은 현상의 원인으로 거슬러 올라가 그것을 해결하는 것입니다. 이미지와 시스템의 분열을 통합하는 것이 대안입니다. 어떤 유형이 옳다는 것은 아닙니다. 기업가형이든 제국주의형이든 어느 한쪽을 선택하고 일관성을 유지하는 것이 중요합니다.

대답이 길었습니다. 결론적으로 신화와 상징과 '논리적으로 모순되지 않게' 경영상의 여러 제도, 특히 HR 제도를 포함하는 의례 체계를 구축하는 것이 중요하다는 걸 말씀드리고 싶습니다. 그렇지 않으면 집단 무의식은 분열을 일으키고 응집력은 해체됩니다. 거꾸로 상상계, 상징계, 실재계가 일관성을 갖고 맞물려져 있는 기업문화는 마치 미시세계의 원자처럼 분열되기 어렵고 깊은 명상에서 만나는 순수의식처럼 단단한 응집력을 갖게 됩니다. 티베트 승려들의 만다라처럼 기업의 만다라를 그려보세요. 원자 구조의 기업문화를 그려보며 질문에 대한 긴 답을 마치겠습니다.

기업의 만다라 - 원자 구조의 기업문화

Q

해외 기업에도 기업문화 방법론을 적용할 수 있나?

A

물론입니다. 애초에 이 방법론은 서구에서 만들어졌습니다. 한국 기업에도 적용 가능하도록 방법론을 새로 구축한 것이 바로 기업문화 오디세이의 성과입니다. 이 책이 발을 딛고 서 있는 신화학, 인류학, 정신분석학은 보편적인 방법론입니다. 현대 사회의 모든 기업에 적용 가능하다고 생각합니다. 문제는 가치 판단 없이 있는 그대로 보고 발견하는 것이지요. 모든 문화를 상대적으로 바라보고, 다른 문화권의 기업문화가 갖고 있는 '다름의 양상'을 발견한다면 그에 대한 전략적 대안을 세워나가는 데 유용하게 쓰일 수 있습니다.

중국에 세워진 한국 기업의 사례를 들어보겠습니다. 기업문화 진단을 위해 구성원들을 인터뷰한 결과, 그들이 사용하는 언어가 특정한 대립 구조를 보이고 있었습니다. '업무 vs 환경', '개인 vs 회사', '삶 vs 일', '일 vs 관계', '부서의 특성 vs 회사의 특성', '상해 vs 중국' 등을 분리해서 서술하고 있었습니다. 대립 구조들은 공통적으로 '부분 vs 전체'로 도식화할 수 있습니다. 그런데 구성원들은 대립적인 항을 서술하면서도 크게 모순을 느끼지 않고 있었는데, 인터뷰 내용을 분석해보니 이 대립 구조가 '성장 · 발전하는 회사'를 매개로 통합되고 있음을 볼 수 있었습니다. 즉, 성장 · 발전하는

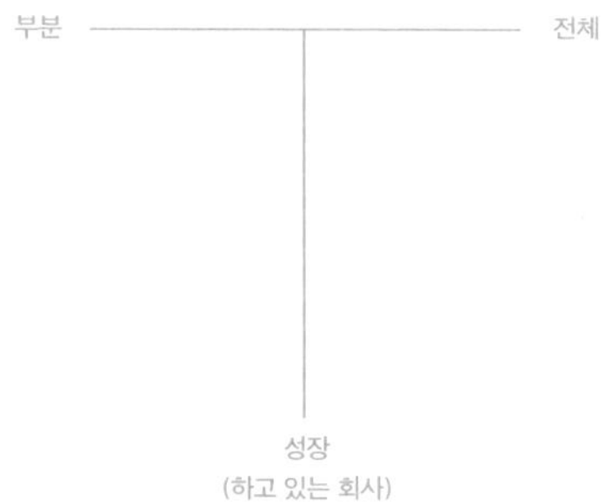

회사를 매개로 한 대립 구조의 통합

회사이기 때문에 그 안에서 부분과 전체(예컨대 개인의 삶과 일, 사람 사이의 관계)가 서로 조화될 수 있다는 인식이었습니다.

이러한 대립 구조는 한국인 직원과 중국인 직원 모두 공통되었는데, 주목할 점은 그 방향이 반대였다는 사실입니다. 예컨대 한국 직원들은 회사의 특성을 먼저 서술하고 부문과 팀의 특성을 서술하였습니다. 전체 관계적인 요소로부터 자신의 업무를 같이 연관 짓고 있었습니다. 반면 중국 직원들은 팀의 특성을 먼저 서술하고 이와 연관된 부문과 회사 전체로 연결했으며, 개인의 삶을 먼저 놓고 회사의 일을 사고하고 있었습니다. 이는 조직도를 그릴 때에 명확한 차이점으로 나타났는데요. 중국 직원들은 자신과 관련된 팀을 먼저 그려넣고 난 후 다른 부서와 회사 전체로 확장해나가는 반면(그리고 사람의 이름이 아니라 역할을 그 안에 그려넣은 반면), 한국 직원들은 본부장으로부터 세 명의 임원을 먼저 그리고 팀으로 분할하여 내려오는 형태(그리고 역할이 아닌 사람의 이름을 조직도 안에 써넣는 형태)였죠. 결론적으로, 이 회사의 전체 직원들은 (방향은 반대이지만) '부분과 전체'의 대립항에 기반한 사고의 틀로 기업에서 벌어지는 현상을 해석하고 있었으며, 이를 '성장과 발전'이라는 코드로 통합하고 있었습니다. 그러나 '서로 간의 다름을 인정'하는 것을 금기와 의무 사항으로 여기고 있어, 이렇게 대립항에 기반한 기업문화를 유지/전승해 올 수 있었던 것이고요. 그러나 세부로 들어가면 중국 직원들은 '부분 → 전체'의 사고 방향(일 중심

중국인 직원과 한국인 직원의 사고 구조의 차이

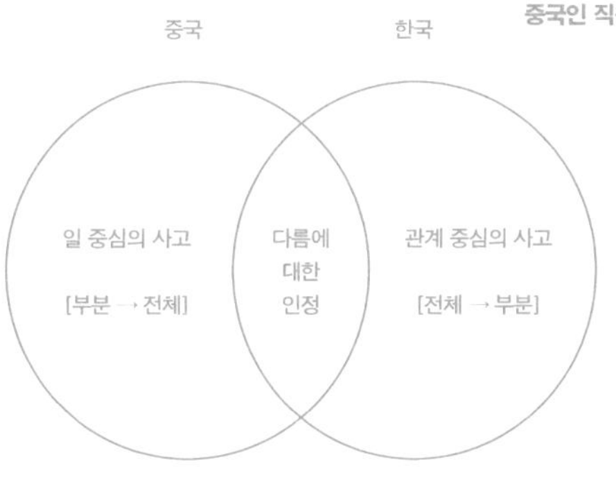

의 사고)을 갖고 있는 반면 한국 직원들은 '전체 → 부분'의 사고 방향(관계 중심의 사고)을 갖고 있다고 정리할 수 있습니다.

앞선 사례들에서 보아왔듯이 기업의 정신분석에서 '(상징적) 부모에 대한 관계 설정'은 상당히 중요합니다. 역시나 모기업에 대한 인식에서도 그 차이가 공통되게 드러났습니다. 중국 직원들은 일종의 상상적 이미지로서 '어머니의 낙원'으로 모기업을 그리고 있었고, 한국 직원들은 (관계 중심의 사고와 연결되어) '돌아갈 수 없는 낙원'으로 모기업을 그렸죠. 인식의 형성 메커니즘을 아래와 같이 도식화할 수 있습니다.

잘 보시면 각 그림의 가운데에 '빈 잔'을 그려놓았는데요. 자세한 설명은 생략했지만 이 기업은 사실 모기업으로부터 이식된 수많은 상징 체계를 갖고 있었습니다. 하지만 중국 직원들은 그 상징 체계라는 잔 안에 무엇을 채워야 할지 모르고 있는 상태였습니다. 기호학적으로는 기표signifiant만 있고 기의signifie는 없다고 할 수 있습니다. 이에 비해 한국 직원들은 기호의 의미는 알고 있으나 중국의 기업문화 안에서 그 의미의 다름을 경험함으로써 (관계 중심의 사고에 의해) 의미의 출처(모기업)와의 관계가 끊어졌다 믿게 되어 좌절을 경험하는 구조였습니다. 중국 직원들과 한국 직원들의 차이에 따라 기업문화 변화 작업의 핵심 과제 중 하나로 다음 사항을 제안했습니다. "빈 잔을 채울 것, 단 중국 기업에 적합한 의미로!"

중국 직원과 한국 직원의 인식의 형성 메커니즘

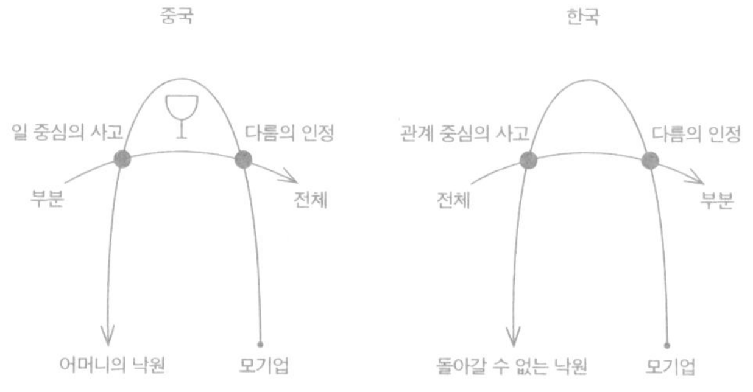

그리하면, 이들의 집단 무의식을 형성하는 메커니즘은 아래의 그림처럼 바뀔 수 있습니다.

신화와 소명, 문화 코드(핵심 가치)를 정립하고 의례를 통해 내재화하면, 아래의 그림과 같은 효과가 발생합니다. 그림에서 굵은 선으로 표시된 부분이 신화와 소명 등에 해당합니다.

중국 직원들의 '일 중심의 사고'는 '핵심 가치에 따른 일'로, '다름의 인정'은 '차별화된 정체성'으로 바뀌게 됩니다. 상상적 욕망을 계속 자극하는 것은 전략상 필요한 일이라 판단되었기에 모기업은 '어머니의 낙원'으로 그대로 남겨두었습니다. 한국 직원들의 관계 중심 사고는 소속감으로 바뀝니다. 중국 시장에의 개방성을 유지하기 위해 '다름의 인정'이라는 특성은 그대로 유지합니다. 단, 차별화된 정체성에 대한 인식 안에서요. 관계 중심의 사고가 소속감이라는 영역을 통과하면 모기업은 '돌아갈 수 없는 낙원'이 아니라 '동지들의 회사'로 바뀌게 됩니다.

물론 이 작업은 기업문화 유형, 기능 구조 재편 등의 기업문화 전략과 일관성을 갖고 진행되어야 합니다. 한국 기업의 해외 법인이나 해외 공장 등의 기업문화를 고민할 때에도 이와 같은 방식이 적용될 수 있습니다.

집단 무의식을 형성하는 메커니즘의 변화

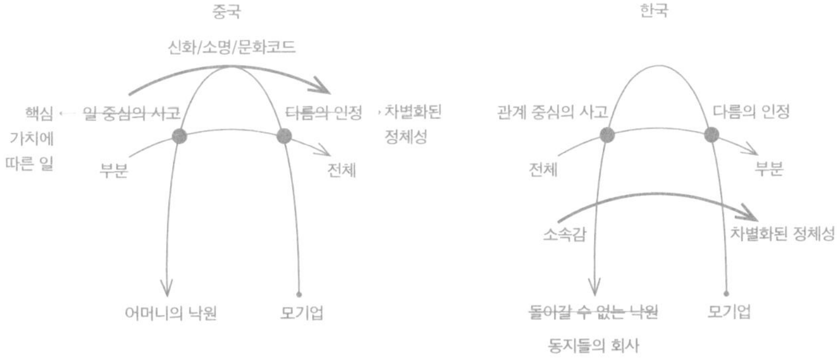

Q

브랜드에도 기업문화 오디세이가 적용 가능한가?

A

물론입니다. 브랜드야말로 현대의 대표적인 '상징'입니다. 고도의 상징적 · 문화적 현상이 브랜드를 중심으로 벌어집니다. 브랜드를 통해 소비자들까지 묶는 하나의 커다란 문화 집단이 형성됩니다. 때로는 마치 종교와도 같은 강한 마니아들의 문화가 만들어지기도 하죠. 할리 데이비슨이나 애플을 보세요. 기업문화 오디세이의 방법론 중에서 신화 · 상징 · 의례라는 매듭의 구축은 강한 브랜드를 형성하는 데 결정적 도움을 줄 수 있습니다. 브랜드를 (상징적 동물인) 사람들의 마음속에 깊이 자리 잡게 하고 브랜드를 둘러싼 강한 상징 공동체를 만들기 위해서는 신화 · 상징 · 의례의 세 고리가 일관되게 맞물려야 합니다. 어떤 프리미엄 브랜드를 컨설팅했을 때 들었던 키엘 브랜드 사례를 여기에서 살펴보겠습니다.

키엘Kiehls은 미국의 화장품 브랜드로 우리나라를 비롯한 전 세계에 판매되고 있습니다. 코슈메슈티컬(화장품cosmetics과 의약품pharmaceuticals의 합성어)의 개척자라고나 할까요? '의약 화장품'이라는 강한 정체성을 갖고 있고 높은 가격의 제품군을 형성하는 준명품 브랜드라고 할 수 있습니다. 먼저 키엘의 신화를 들어볼까요.

"1851년 콜롬비아 약대를 졸업한 존 키엘John Kiehl이 뉴욕 13번가에 약국을 설립하면서 최초의 코슈메슈티컬 키엘의 이름은 시작된다. …키엘의 3대 계승자 아론 모스는 세계대전 중 전투기 조종사가 되었다. 뉴멕시코에 주둔하면서 미국 최초의 불소 치료법을 발견했고 페니실린 처방 연구, 결핵에 대응하는 화학 성분 구조 개발의 선구자가 된다. 또한 방사능 노출로 인한 화상을 치료하는 특수 알로에 베라 크림을 개발하기도 했다. 아론 모스가 설립한 제약회사 모스 연구소는 후에 제품력이 강한 화장품을 제조하는 뼈대이자 기반이 된다."

키엘의 '우주 창조 신화'는 1851년 키엘이라는 '창조신'으로부터 시작됩니다. 창조의 공간은 뉴욕 13번가이고요. 그리고 아론 모스 등 계승자들이 기술 개발의 선구자가 되어 사람들을 치유하는 또 다른 '기원 신화'를 만들어갑니다. 키엘의 상징은 이 신화를 '현실로 소환하여' 그대로 재현합니다.

· 우선 브랜드 아이덴티티(BI)가 '키엘'입니다. 더할 나위 없이 강한 상징이죠. 그리고 BI는 'since 1851'까지 포함합니다. '우주가 창조된 그 순간'이 상징 안에 그대로 들어 있습니다.
· 키엘 매장은 전 세계적으로 공통된 디자인을 갖고 있습니다. 고객들은 마치 '뉴욕의 13번가 약국'에 들어선 듯한 느낌을 받게 됩니다.
· 뉴욕 13번가는 '키엘의 성지'로서 예전 모습으로 다시 복구되어 '세계축 Axis mundi'이라는 중심 상징이 되어 브랜드를 대표하는 플래그십 스토어

flagship store가 되었습니다.

· '키엘의 날'과 뉴욕 시의 명소 중의 하나인 '키엘 배나무' 역시 신화적 상징입니다. 오래전 키엘 약국이 위치한 거리에 있던 배나무 한 그루가 2003년 11월 12일 다시 복원되어 그 자리에 심어졌고, 뉴욕 시장 블룸버그는 그 날을 '키엘의 날'로 선포했습니다.

이 외에도 여러 제품 라인의 수많은 상징이 신화를 재현하고 있습니다. 의례에도 신화와 상징이 살아 있습니다.

· '키엘의 날'을 기념하는 행사와 이벤트는 1년 중 가장 중요한 의례입니다.
· 무엇보다 판매 방식 자체가 의례입니다. 신화를 그대로 재현한 상징적 공간인 키엘 매장에 들어서면 하얀 가운을 입어 마치 약사 같은 사원들이 (판매가 아닌) 카운슬링을 해줍니다. 이 행위야말로 가장 중요하고 일상적인 의례입니다.
· 광고 하지 않기, 샘플 먼저 써보게 하기, 최상의 성분 고집하기 등 브랜드 정책과 관련한 금기와 의무의 준수는 '보이지 않는, 하지만 강력한' 의례 행위입니다.
· 키엘의 사회공헌 활동 역시 신화와 상징과 연결됩니다. 약국에서 시작한 의약화장품으로서의 기원과 세계대전 중 치료제를 개발했다는 등의 신화적 사건들이 '에이즈 치유와 퇴치'라는 사회공헌 활동으로 연결되고

있습니다. 또 키엘 나무의 신화는 나무 보호와 열대우림 살리기 등의 활동으로 이어지고 있습니다.

키엘은 신화 · 상징 · 의례의 삼원 구조가 서로 꽉 맞물려 강하고 지속 가능한 브랜드가 될 수 있었습니다. 이처럼 강한 응집력을 가진 브랜드는 기업문화 유형론의 관점에서 볼 때 정복자형이나 기업가형에 해당합니다. 제국주의 갱 유형의 브랜드는 신화 · 상징 · 의례 체계를 갖추는 것이 사실 불필요합니다. 그것보다는 고객의 요구에 빨리 대응해 그에 적합한 제품을 만들어 '팔고 빠지는' 전략이 적합하죠. 하지만 저는 개인적으로 그러한 전략을 '브랜드' 전략이라 이름 붙이기는 적합하지 않다고 생각합니다. 기업가형, 특히 정복자형 전략에 기초하여 강한 '브랜드'를 갖고자 한다면 신화 · 상징 · 의례의 삼원 구조를 갖출 것을 제안합니다.

이제 여러분들이 기업문화 변화를 시도할 때 나올 수 있는 작은 질문, 하지만 근본적인 질문들을 받아볼까요?

Q

"왜 기업문화가 바뀌어야 하나?"

A

두 측면에서 생각해볼 수 있습니다. 첫 번째는 경영의 측면입니다. 기업문화 오디세이의 방법론은 일반 사회의 문화를 다루는 이론에 기초하지만, 다루는 대상은 자본주의 사회의 특정한 집단 즉 기업의 문화입니다. 애초에 부족 사회에 신화가 존재하는 이유도 '잘 살기 위해서'였던 것과 같이, '경영을 잘하기 위해서' 기업문화를 바꾸는 것입니다. 농구 선수에 적합한 체질과 마라톤 선수에 적합한 체질이 다르듯, 기업도 마찬가지입니다. 각자의 업業과 경영전략에 따라 그에 적합한 기업문화를 가져야 합니다. 애플에 IBM의 조직문화가 있었다면 벌써 망했을 겁니다. 나이키와 뉴발란스, 이랜드와 제일모직, 제일모직과 삼성전자 모두 그에 가장 적합한 조직문화가 필요합니다. 문제는 '지금 우리에게' 가장 적합한 기업문화를 찾고 바꾸는 과정입니다.

두 번째 측면은 기업 내부의 사람들입니다. 어떤 사회건 문화가 없는 사회는 존재하지 않습니다. 문화가 있어야 사람들은 살아갈 수 있습니다. 기업도 예외가 아닙니다. 구성원들이 모여 함께 일할 수 있는 것은 기업문화의 힘입니다. 공통의 일하는 방식, 교류하는 방식이기도 하고, 각자에게 적합한 자리와 행동 방식을 알려주기도 합니다. 예컨대 '절에서 고기를 구워먹지 않게' 해줌으로써 절에서 '잘 살 수' 있게끔 하는 것이 문화의 역할입니다. 적합하게 형성된 공통의 문화가 있다면 구성원들은 '저절로' 적절한 행동 방식과 자리를 찾아 일할 수 있습니다. 구성원들의 업무 몰입도와 행복지수를 높일 수 있는 근본적인 동력이 기업문화에 있습니다.

Q

"회사가 제도와 프로세스를 잘 개선하여 추진하고 직원은 그에 맞추어 충실히 이행하면 좋은 문화가 만들어지는 것 아닌가?"

A

제도와 프로세스는 물론 중요합니다. 하지만 제도와 프로세스는 기업문화 없이는 절대 작동하지 않습니다. 제도 따로 문화 따로인 경우를 지금껏 수없이 보아왔을 것입니다. 예컨대《기업문화 오디세이 2》에서 사례로 들었던 프랑스 산림청의 경우가 그렇습니다. 프랑스 전역의 숲을 관리하던 회사는 시장 상황의 변화에 직면합니다. 하나는 목재의 시장성 강화였고, 또 하나는 생태주의 관광 시장의 형성이었습니다. 이를 위해 여러 제도와 프로세스의 혁신을 시도했습니다. 그러나 수백 년 전 절대왕정의 강화를 위해 조성된 숲의 수호자라는 신화와 소명에 의해 만들어진 기업문화는 제도와 프로세스의 혁신을 교묘하게 이용하여 변질시켜 버렸습니다. 보호/독점이라는 자신들의 문화적 코드에 따라 더 혁신적이고 기술적인 방법으로 숲을 수호하게 되어 목재의 시장성 강화와 고객들의 생태 관광이라는 경영상의 필요를 무산시켜 버렸죠. 직원들은 새로운 제도와 프로세스에 맞추어 충실히 일했는데도 말입니다. 이처럼 제도와 프로세스의 변화는 기업문화의 변화와 함께할 때 그 목적을 충실히 달성할 수 있습니다. 이를 단순화시키면 다음과 같은 논리가 가능합니다.

· 사람의 의식과 행동이 바뀌면 시스템, 전략, 조직 등은 저절로 바뀌게 된다: 행동과 의식이 바뀐 사람들은(게다가 전문가들이니!) 변화에 맞춰 시스템과 조직의 변화를 꾀하기 때문이다.
· 그런데 인간의 의식과 행동은 '문화'의 결과물이다.
· 그러므로 문화의 변화는 전략과 조직의 변화에 우선해야 한다.

만일 여러분의 회사에 적합한 기업문화가 정착된다면 그에 따른 제도와 프로세스의 개선 작업은 수월하게 진행될 것입니다. 예컨대 패션 회사로 거듭나고 싶은 기업에게 금융이나 IT에 맞는 제도가 아니라 패션 회사에 적합한 제도와 프로세스가 구축될 수 있게 하는 것이 바로 기업문화인 것입니다. 그러기 위해서는 우선 기업문화의 변화가 선행되어야 합니다.

Q

"윗사람부터 변하고 잘하면 기업문화는 저절로 바뀌는 것 아닌가?"

A

물론 조직문화는 위에서부터의 변화입니다. 그래서 최고 경영진의 변화부터 시도하는 것입니다. 현재의 문제점을 가장 먼저 인식하고 변화 방향과 전략을 짜는 것이 바로 최고 경영진입니다. 그렇다고 해도, 경영진의 행동이나 문화가 단기간에 바로 변화로 연결되지는 않습니다. 문화라는 것은 마치 독자적으로 존재하는 어떤 생명체와 같아서 최고 경영자 역시 문화의 한 부분으로서 그 힘에 종속될 수밖에 없습니다. 또 관성이 강해 그리 쉽게 바뀌지 않습니다. 그렇기 때문에 '모두 한꺼번에' 변화의 방향을 알고 그에 동참하는 것이 필요합니다. '나와 우리의 변화'가 오히려 '위의 변화'를 강제할 수 있는 거죠. 그게 또한 문화의 힘이기도 합니다. 인간은 문화 속에서 살아가기 때문에 그 안에 있으면 바뀌지 않을 수 없습니다. 아무리 윗사람이라 하더라도 말이죠. '내가 변하면 윗사람도 변한다'라는 믿음으로 변화의 시점에 이를 잘 지켜보고 이해하고 동참한다면 변화는 이루어집니다.

Q

"기본적으로 회사에서 직원들에게 처우를 잘 해주면 열심히 일하게 되고 그러면 자연스럽게 좋은 기업문화가 만들어지는 것 아닌가?"

A

그렇다면, 공기업이나 공무원 사회가 가장 좋은 기업문화를 가졌을 것입니다. 처우는 중요하지만 사람은 결코 경제적으로만 움직이는 동물이 아니기에, 자크 라캉의 용어로 다시 말하자면 실재계 외에도 상상계와 상징계가 같이 작동하기 때문에, 처우의 개선이 바로 기업문화로 연결된다고 생각하는 것은 논리적 · 실증적으로 모순됩니다. 즉, 처우에 대한 사람들의 반응 역시 문화적으로 결정된다고 할 수 있습니다. 현대자동차그룹의 기업문화가 좋은지, 에뛰드의 기업문화가 좋은지, 혹은 작은 기업인 핸드스튜디오나 여행박사의 기업문화가 좋은지 판단할 수 없습니다. 직원에 대한 처우의 정도는 크게 다르지만, 기업문화는 어느 쪽이 좋다 나쁘다 할 수 없습니다. 21세기에 가장 존경받는 경영의 구루Guru 게리 해멀은 기업문화와 소속감, 열정 자체가 가장 큰 보상이라고 했습니다.[61] 우리에게 적합한 기업문화가 중요합니다. 그리스의 스파르타에서는 전사들의 조직문화가 있었기에 열정을 갖고 싸울 수 있었던 것이고, 아테네에는 그에 적합한 합리적인 문화가 있었기에 철학과 논리학이 탄생할 수 있었던 것이죠. 마찬가지로 기업문화적인 변화가 있어야 사람들은 적합한 자리와 행동 방식을 찾아 열정적으로 일할 수 있습니다. 최고의 용병들이 모여 있는 제국주의 유형의 기업에서는 금전적 보상과 처우가 기업문화의 핵심이겠지만, 정복자형 공동체 유형에서는 창의성과 열정, 소속감 등이 더 중요한 처우일 것입니다.

Q

"즐거운 일터 만들기 등의 GWP(Great Workplace) 활동을 하고 있는데 이것도 기업문화 변화를 위한 것 아닌가? 아니라면 뭐가 다른가?"

A

기업문화 변화 작업은 회사의 가장 근본적인 문제, 전략적인 문제와 연관됩니다. 만일 광고 회사라면 광고 사업을 하는 이유, 추구하는 광고, 그리

61
같은 맥락에서 꼭 되새겨볼 필요가 있을 것 같아 그의 말을 인용합니다. "디즈니사가 즐거움을 선사하는 사업을 했던 때가 있었다. 디즈니사는 과거에 동화 작가들과 테마파크 종업원들, 임원진이 어린이들에게 마술 같은 체험을 선사하기 위해 머리를 맞대고 탐구했다. 또한 애플은 스스로를 아름다움을 추구하는 기업이라고 생각한다. 애플은 그들 나름대로의 뛰어난 감각으로 미적으로 우수한 제품과 서비스를 만들어낸다. 또 다른 예로 구글에는 자신의 회사가 지식 사업을 한다거나, 자신이 세상의 지적 수준을 높이는 일을 한다거나, 자신이 지식을 민주화하고 대중에게 정보에 대한 권한을 선사한다고 생각하는 직원들이 많다. 그러나 아쉽게도 장대한 목표와 고결한 이상을 실천하는 모습을 기업에서 찾아보기가 너무 어렵다."《지금 우리에게 필요한 것은 무엇인가》(게리 해멀 지음, 방영호 옮김, 알키, 2012, 82쪽)

고 미래에 꿈꾸는 회사의 모습 등을 만들고 그에 적합한 공통의 가치와 행동 방식을 만들어가는 것입니다. 즐거운 일터 만들기 등의 GWP 활동도 물론 중요하지만 기업문화 변화 작업과는 실행의 차원이 다릅니다. 그러나 한 가지 분명한 것은 기업문화가 변화해야 훌륭한 일터Great Workplace가 만들어질 수 있다는 것입니다. 기업문화가 '일의 의미와 방식'을 만들어주니까요. 의미 없는 일을 하고 있는데 일터가 즐겁거나 훌륭할 수가 있을까요?

Q

"현재의 업무 수행도 벅차서 추가로 뭔가를 하는 것이 어렵다. 기업문화 변화 작업은 직원들을 더 힘들게 하는 것 아닌가?"

A

(기업문화 변화 방법론에 의하면 '실재적 저항'에 해당하는 질문이지만, 이론적으로만 답변을 드리겠습니다.) 기업문화 변화 작업은 당장에는 번거롭고 귀찮을 수 있습니다. 변화는 언제나 일정 정도 힘든 과정을 수반해야 하죠. 생활 방식을 바꾸는 것도 사실 얼마나 힘듭니까? 하지만 상상해보세요. 일단 공동의 문화, 공동의 코드와 행동 방식이 자리 잡게 되면 업무는 훨씬 더 효율적이고 원활하게 돌아갈 수 있습니다. 심지어 업무량도 줄어들 수 있습니다. 예컨대 교류의 방식이 바뀌어 '이심전심으로' 통하는 부분이 늘어나면 불필요한 서류 업무 등이 줄어들겠죠. 서로 말이 안 통해 답답했던 적이 얼마나 많았습니까? 그러나 보다 중요한 것은 '일의 의미'입니

다. "내가 왜 하필 이 조직에서 이 사람들과 같이 일하고 있는가?"에 대한 이유가 만들어지기 때문입니다. '소명'이라 부르는 것, 즉 사업을 하는 근본적인 이유를 알고, 나는 그런 뜻에 동참하는 사람이 되어, 같은 뜻을 가진 사람들과 합의한 방식에 의해 일을 하게 되는 것입니다. 단지 돈 벌려고 회사 다니는 것과는 다른 차원이죠. 내가 속한 집단이 존재하는 이유에 대한 의문이 충족될 수 있기에 정신적 스트레스가 줄어들 수 있습니다. 앞서 일본 기업의 사례나 에뛰드의 사례처럼 구성원들의 만족감이 직접적으로 높아질 수 있습니다.

Q

"기업문화 변화를 위해 여러 가지를 시도했지만 잘 안되었다. 문화가 그렇게 쉽게 변하는게 아니지 않나? 결국, 조금 하다가 마는 거 아닌가?"

A

기업문화는 기업문화를 다루는 적절한 방법론에 의하면 분명히 변화할 수 있습니다. 적절한 진단을 하고 유형론, 기능 구조 등의 여러 열쇠들에 근거해 전략을 세운 후 기존 문화의 장례식을 치르고, 마법의 순간을 통과하면 그때부터 변화는 시작됩니다. 그러나 마법의 순간을 통과했다 하더라도 변화된 문화가 정착되기까지는 오랜 시간이 소요됩니다. 프랑스의 기업문화 전문 컨설팅사인 ACG에서도 최단 기간 1년, 변화가 완전히 정착되는 기간은 3년으로 잡고 있습니다. 그렇기 때문에 서클링 작업 과정에서 기업문화 변화 로드맵을 만들고 이를 실행할 조직을 만드는 것이 중요합니다. 이 책에서 말씀드린 신화 · 상징 · 의례 체계의 구축을 기본으로 하면서, 다음과 같은 방법을 추가로 권합니다.

· 기업문화를 상시적으로 관리하는 팀(예컨대, 기업문화팀)의 창설[62]
· CEO의 CCO(Chief Corporate Culture Officer) 직책 겸임, 혹은 CCO 직책 창설[63]
· 기업의 최고위원회(경영진 의사 결정 기구)에 기업문화 위원회 창설

문제점이 드러나지 않았거나 기업문화 변화 작업을 실시하지 않더라도, 기업문화를 정기적으로 점검하고 관리하는 것이 필요합니다. 경영이라는 행위에는 반드시 기업의 일정한 흐름 파악과 관리가 포함됩니다. 현금의 흐름, 시장의 변화 흐름, 상품의 흐름, 사람의 오고나감 등은 언제나 경영상의 관리 대상입니다. 여기에 더해 '보이지 않는 영역'인 사람들 간 교류의 흐름, 가치의 흐름, 금기와 의무의 형성 등 기업문화의 변화 역시 상시적인 관리의 대상이 된다면, 감히 말하건대 경영이라는 행위가 하나의 예술의 차원이 되고 기업이 의미 있는 작품으로 존재할 수 있지 않을까 합니다.

62
제일모직의 기업문화 컨설턴트를 한 적이 있는데 당시 목표로 삼았던 것 중 하나가 바로 기업문화팀의 창설과 교육이었습니다. 이를 위해 단기적으로 TF팀을 제안하고 구성하여 프로젝트를 수행하며 역량을 쌓은 후, 회사의 공식적인 팀으로 인정받아 활동하는 과정을 밟았습니다. 지금은 '신문화팀'이라는 이름으로 기업문화 변화 관리 역할을 수행하고 있습니다.

63
인류학을 기반으로 문화 경영을 주창하는 그랜트 맥크레켄은 '최고 문화 경영자'라는 직책을 만들고 그에 적합한 인물을 발탁하라고 제언합니다. 그에 따르면 나이키의 댄 위든, 폭스바겐의 랜드 젠슨, P&G의 앨런 래플리 등이 (공식적으로는 아니지만) CCO의 역할을 담당했고 그들을 통해 그 기업들은 성공했습니다. 《최고문화경영자 CCO》(그랜트 맥그레겐 지음, 유영만 옮김, 김영사, 2011)

후기

테라피스트를 넘어 트랜스포머로

두 해의 공백이 있었습니다. 기업문화라는 자리로 다시 오기까지, 저는 인도와 라다크, 미얀마의 여러 수행처에 머물렀습니다. 우리가 무의식이라 일컫고 있는, 마음에 관한 최고最古의 지혜를 접하고 싶었습니다. 과연 그러했습니다. 짧은 기간이었지만 '기업의 마음, 조직체의 마음'에 적용할 수 있는, 아니 적용해야 하는 이론의 씨앗을 제 안에 심을 수 있었습니다. 이제 갓 싹을 틔운 방법론입니다. 더 많은 사람들, 기업들과 함께 새로운 사상의 나무를 키워보고 싶습니다.

아모레퍼시픽 그룹의 서경배 회장님이 없었다면 기업문화 오디세이의 여러 실험적 시도들은 없었을 것입니다. 인문과 과학, 예술을 경영이라는 장에서 통합하려는 시도에 감사와 응원을 드립니다. 종교학으로 기업문화라는 영역을 바라보는 낯선 시도를 격려해주신 은사님 서울대 종교학과의 김종서 교수님께 고개 숙여 감사 말씀 드립니다. 기업을 넘어 '병원'이라는 조직문화를 고찰할 기회를 주신 아이디병원의 프로메테우스 박상훈 병원장님께도 감사 말씀 드립니다. 아모레퍼시픽의 진민주 님과 정화영 님, 에뛰드의 김승수 님, 삼성경제연구소의 최현수 연구원, 한겨레경제연구소의 조현경 연구원을 비롯하여 기업 내에서 인간과 자본, 경영과 문화의 대칭적 공존을 추구하고 계시는 여러 동지들도 감사합니다. 3권은 아름다운 제주 섬에서 쓰였습니다. 열혈 독자이기도 한 '더게스트하우스'의 주인장 김진우 님에게도 감사를 전합니다. 끝으로 기업인류학이라는 실용적 이론을 집대성한 마크 르바이에게 감사를 표합니다. 이 책의 많은 부분은 그의 이론의 한국적 해설서라고 해도 과언이 아닐 것입니다. 안타깝게도 프랑스 기업문화 컨설팅사 ACG가 창업자인 마크 르바이의 건강 문제로 인하여 더 이상 세상에 존재하지 않게 되었습니다. 그러나 레비스트로스를 계승한 '정복자형 공동체'가 가진 인류학적 정신은 형태를 바꾸어 한국에서 계속 이어질 것이라 믿습니다.

"기업의 마음을 치유합니다."

어느 인터뷰에서 했던 이야기입니다. 마음의 병을 가진 채로 삶을 잘 꾸려가기 힘들듯이, 문화의 문제점을 안고 기업이 성장하기는 어렵습니다. 기업문화의 치유와 관리는 기업의 성장을 위한 필수 조건입니다. 치유는 성장입니다.

기업은 아주 강한 문화 집단입니다. 그 안의 수많은 개인이 기업문화에 의해 살아갑니다. 인간은 문화적 존재입니다. 전체성에 대한 감각을 가진 존재입니다. 자신이 속한 집단과 그 안의 사람들과 연결된 느낌이 행복의 존재론적 근원입니다. 그러므로 그들의 행복을 좌우하는 것은 기업문화입니다. 기업문화를 치유하면 그 안의 개인들의 일과 삶이 바뀝니다. 치유는 거듭남입니다.

현대 사회를 움직이는 것은 기업입니다. 기업은 사회의 공기와도 같습니다. 영리 기업이 아니더라도 우리 모두는 크고 작은 기업, 조직체에 속해 있습니다. '마음'이 없는 사람이 사이코패스psychopath 같은 행동으로 사회에 큰 해악을 미치듯이, 오직 이윤만을 추구하는 기업 역시 소시오패스sociopath가 되어 사회에 악영향을 미칩니다. 그 기업들에게 '마음'을 갖게 하는 것이 바로 기업문화입니다. 기업의 경영, 개인의 행복, 사회의 조화 이 모두를 위해 기업문화는 따로 다뤄져야 하며, 그것을 전문적으로 다루는 사람들이 있어야 한다고 말씀 드리고 싶습니다. 이들은 테라피스트therapist를 넘어 트랜스포머transformer입니다. 바로 여러분들입니다. 이제 그 길을 함께 가면 좋겠습니다.

2014년 겨울,

신상원

더 읽어볼 자료

성서의 구조인류학

에드먼드 리치 지음, 신인철 옮김 | 한길사 | 1996

인류학의 고전이자 필독서입니다. 이 책이 가지는 학문적 의의는 구조주의와 기능주의를 성공적으로 결합한 구조기능주의의 탄생이라고 할 수 있겠습니다만, 우리가 주목할 점은 '성서라는 한 텍스트'를 구조주의적으로 분석했다는 데 있습니다. 우리의 분석 대상 역시 특정한 한 기업의 문화이기 때문이죠. 또한 신화, 상징, 의례를 재구축하고자 하는 분들은 이 책을 통해 신화의 구조와 테마를 활용하는 방법, 상징을 통해 모순을 통합하는 방법, 분리-주변-통합으로 의례를 구성하는 방법을 배울 수 있습니다. 그것도 기독교라는 '막강한' 종교로부터 말이죠.

아미엥에서의 주장

루이 알튀세르 지음, 김동수 옮김 | 솔 | 1991

기업문화라는 용어는 최근에 만들어진 용어입니다. 그 전에는 기업 이데올로기라고 했었죠. '이데올로기는 어떻게 작동하는가', '이데올로기 안에서 주체는 어떻게 만들어지는가'에 대한 해답이, 제 대학 시절 내내 벗했던 이 책의 〈이데올로기와 이데올로기적 국가장치〉라는 논문에 담겨 있습니다. 그는 마르크스주의자로서 현대 사회와 문화를 비판하고 변혁하기 위해 평생을 바쳤는데, 그의 이론이 자본주의 기업의 문화 변화에 쓰이고 있다는 사실은 살짝 쓴웃음을 주기도 합니다. 그러나 '기업 구성원들에게 가장 적절한 문화'를 만든다는 목적은 그의 대의에도 부합한다고 생각합니다.

에크리: 라캉으로 이끄는 마법의 문자들

자크 라캉 지음, 김석 엮음 | 살림 | 2007

자크 라캉의 이론은 난해하기가 이를 데 없고 문장의 해석 자체가 불가능하다는 얘기가 나올 정도입니다. 이 책은 그러한 라캉의 이론을 비교적 쉽게 해설하고 있습니다. 상상계, 상징계, 실재계의 개념적 정의와 효과에 대한 실증을 통해 무의식의 구조를 들여다 볼 수 있으며, 《기업문화 오디세이 3》에서 여러 번 만난 주체의 무의식이 변형되는 화살표 도식의 원본, 오이디푸스 콤플렉스와 주체의 형성 메커니즘도 만나보실 수 있습니다. 물론, 이 책 역시 '어렵습니다'. 하지만 현대 문화 분석에서 결정적 지위를 차지하는 사람을 만나는 기쁨은 그 어려움을 상쇄하고도 남습니다. 그래도 이론이 머리 아프시다면, '라캉의 친구들'이라는 챕터만이라도 펼쳐 보십시오. 레비스트로스, 야콥슨 등 구조주의의 대가들과의 만남 부분에서는 감동마저 느껴집니다.

증여론

마르셀 모스 지음, 이상률 옮김 | 한길사 | 2002

인류학뿐 아니라 경제학의 '가장 위대한 책' 중의 하나입니다. 그런데도 재미있고 감동적이니, 반드시 읽어볼 것을 권합니다. 교류exchange의 한 형태로서의 증여donation가 어떻게 그 집단의 문화를 단단하게 형성하는지 그 원리와 구조를, 풍부한 민족지학적 연구와 아름다운 문장으로 그려내고 있습니다. 증여는 주어야 할 의무, 받아야 할 의무, 되돌려주어야 할 의무가 있고, 그것은 모든 사회에서 나타난다고 모스는 말합니다. 바꿔 말하면, 물건의 교환은 인간의 '마음'과 절대 분리될 수 없으며 그것은 더 큰 '마음의 우주적 체계'와 연결되어 있기 때문입니다. 즉 어떤 문화이던 그 문화는 증여의 촘촘한 고리로 짜여 있고 그것이 사회를 유지시키고 사회적 응집력을 강화한다는 것입니다. '증여적 사고'는 신화적 사고와 닮아있으며, 기업문화를 이해하는 데에 핵심적인 열쇠가 됩니다. 더불어 포틀래치 의례에서 볼 수 있는 극단의 증여 행위에 대한 분석에는 '명품 브랜드를 만드는 원리'가 숨어 있습니다. 한번 찾아보시겠어요?

최고문화경영자 CCO

그랜트 맥크래켄 지음, 유영만 옮김 | 김영사 | 2011

인류학자인 저자는 '문화를 알고 활용하는 것'이 기업의 운명을 결정짓는다고 주장합니다. 저자의 말처럼 지금까지의 경영학에는 문화가 비집고 들어갈 틈이 없었거나 무언가 다른 것으로 환원되었던 것이 사실이죠. 예컨대, 피터 드러커는 '목표'를, 에드워드 데밍은 '품질'을, 피터 드러커는 '전략'을 CEO/COO/CFO들에게 얘기하며 '문화'라는 것을 들러리로 만들었지요. 나이키, 폭스바겐, 마이크로소프트, P&G 등 글로벌 기업의 성공에는 '문화 경영자'가 있었음을 이야기 형식으로 소개하면서 C레벨 경영자로서 CCO, 즉 최고문화경영자Chief Culture Officer를 두어야 한다고 역설합니다. 특히 인류학의 방법론인 민족지학적 조사를 적극 도입해야 한다는 주장에 저는 전적으로 동의합니다. 다만, 그 조사의 대상에는 '기업의 내부'가 포함되어야 한다는 말을 덧붙입니다. 아무리 외부의 문화를 잘 분석하고 대응하여도, 내부의 사람들이 움직여주지 않으면 안 되니까요. 그러므로 CCO는 곧 Chief Corporate Culture Officer이기도 할 것입니다.

최고의 조직은 어떻게 만들어지는가

찰스 핸디 지음, 노혜숙 옮김 | 위즈덤하우스 | 2011

비유하자면 조직행동론이라는 과목의 수학의 정석 혹은 성문종합영어 같은 책입니다. 조직관리에 관심이 있는 분들이라면 한 권은 갖고 있어야 하는 책인 거죠. 전 세계에서 가장 영향력 있는 경영학자 중 한 명인 저자는 방대한 연구를 담은 이 책을 통해 기업이라는 조직을 관리하는 여러 이론과 연구를 소개하고 있습니다. 그럼에도 불구하고 '조직에 대한 완전한 이해는 불가능하다'고 말합니다. 그 대상이 복잡한 인간사회이기 때문이라는 거죠. 그렇기 때문에 저자는 특정한 주장을 하기보다는 다양한 방법론을 서로 비교, 분석하고 있습니다. 처음부터 차례차례 읽어나가기 보다는 동기부여, 리더십, 권력과 영향력, 조직구조, 조직 내 정치 등의 각 장을 필요가 있을 때마다 펼쳐서 활용하는 것을 권합니다.

콤플렉스 카페

가와이 하야오 지음, 위정훈 옮김 | 파피에 | 2011

정신분석에 대해 쉬우면서도 깊이 있는 책을 고르고 고르다 이 책을 추천하게 되었습니다. 참 좋아하는 저자입니다. '일본 심리학의 제 1인자'라고 할 수 있는 저자는, 강연체의 문장으로 칼 융의 분석 심리학과 프로이트의 정신분석 이론, 나아가 신화와 정신분석과의 관계 등에 대해 아주 쉽고 재미있게, 그러나 깊은 이해와 다양한 임상사례에 기반하여 전하고 있습니다. 조직에 내재한 콤플렉스를 극복하는 데에, 그리고 신화를 통해 새로운 문화로 진입하게끔 하는 데에 큰 통찰을 줄 수 있습니다. 융에 의하면 콤플렉스는 나쁜 것만은 아닙니다. 단지 '숨어 있는 자아'일 뿐이죠. 거꾸로 새로운 가능성의 실마리이기도 한 것입니다. 읽으면서 한번 생각해 보세요. 우리 조직에는 누군가의 죄를 대신하는 희생양 콤플렉스나 적대감을 강화하는 카인 콤플렉스는 없는지, 거꾸로 혁신을 가능하게 하는 프로메테우스 콤플렉스를 가질 수 있는 방안은 무엇인지. 지그문트 프로이트의《토템과 타부》, 칼 융의《인간과 상징》도 이 책과 꼭 함께 해야 할 동반자입니다.

찾 아 보 기

기업문화 오디세이 3

기업의 정신분석에 관한 달콤한 강의

초판 1쇄 인쇄일	2015년 1월 29일
초판 1쇄 발행일	2015년 2월 2일

지은이	신상원
펴낸이	김효형
펴낸곳	(주)눌와
등록번호	1999. 7. 26. 제10-1795호
	서울시 마포구 월드컵북로16길 51, 2층
전화	02. 3143. 4633
팩스	02. 3143. 4631
페이스북	facebook.com/nulwabook
블로그	blog.naver.com/nulwa
전자우편	nulwa@naver.com

편집	김지수 김선미
디자인	박우혁
마케팅	최은실 이예원

출력	블루엔
종이	정우페이퍼
인쇄	미르인쇄
제본	상지사

ISBN 978-89-90620-72-9 04320
978-89-90620-37-8 세트

이 도서의 국립중앙도서관 출판예정도서목록(CIP)은 서지정보유통지원시스템 홈페이지(http://seoji.nl.go.kr)와 국가자료공동목록시스템(http://www.nl.go.kr/kolisnet)에서 이용하실 수 있습니다.(CIP제어번호: CIP2015002174)

책값은 뒷표지에 표시되어 있습니다.

이 책은 콩기름 잉크soy ink로 인쇄한 친환경 인쇄물입니다.

PRINTED WITH SOY INK